AF644128

Mein ARD Buffet Strickbuch

Tanja Steinbach

Inhalt

PULLIS, CARDIGANS & CO.

VON KOPF BIS FUSS

FÜR ZUHAUSE

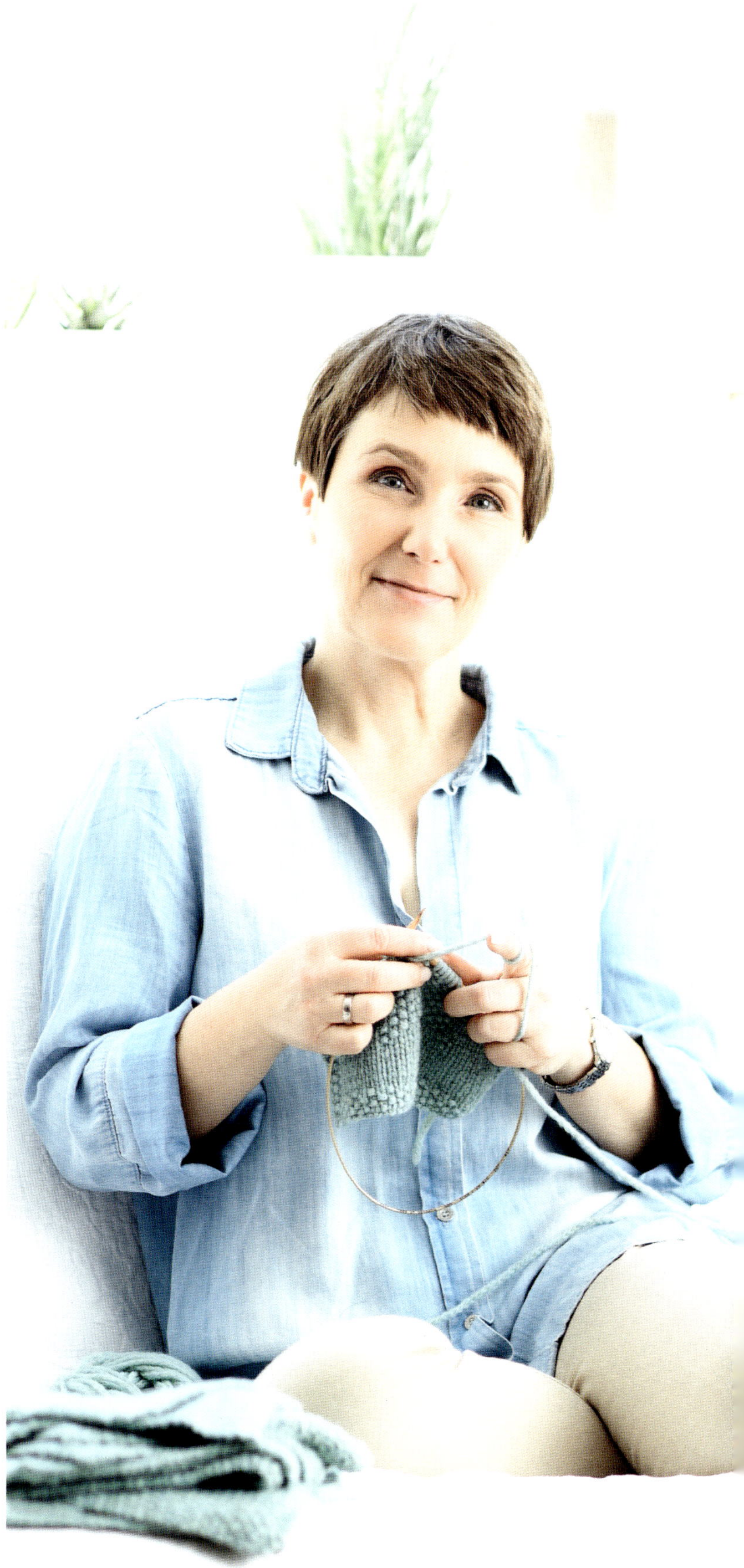

GRUND-WISSEN

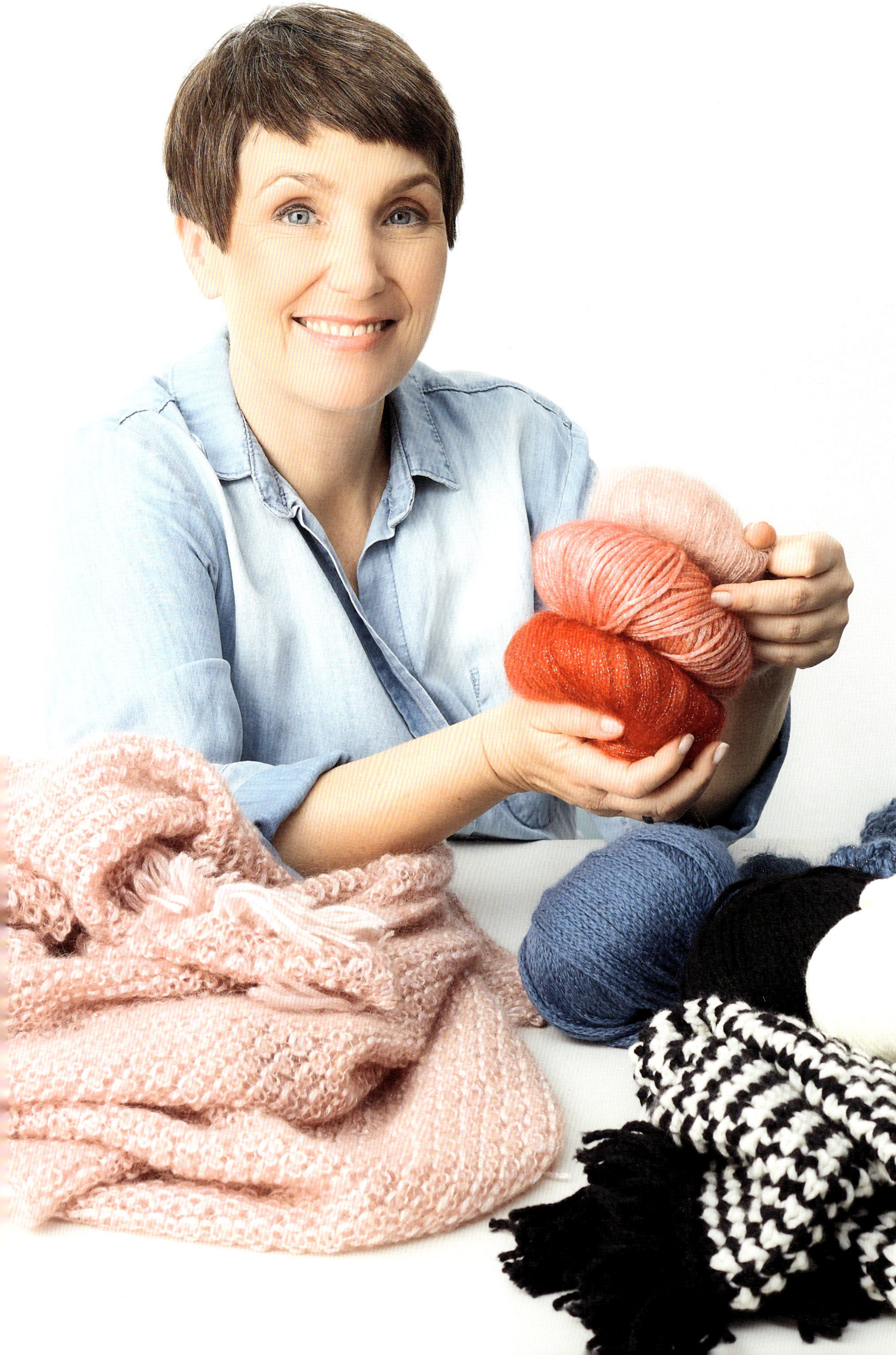

Liebe Strick- und Wollbegeisterte, liebe Leserinnen und Leser,

endlich ist es da: „Mein ARD-Buffet Strickbuch“!

Immer wieder werde ich nach den Sendungen gefragt, ob es die Anleitungen auch in gedruckter Form, als Buch oder Heft, gibt – nun halten Sie die Antwort in Händen.

Sie werden viele heiß geliebte Modelle hier im Buch finden, die schon aus den Sendungen bekannt sind. Damit es aber dennoch spannend bleibt, habe ich manche Modelle etwas aufgefrischt. So habe ich z.B. die Anfangsreihen des beliebten Tücher-Hits „Sommernachtstraum“ überarbeitet und verbessert, die Anleitung zum Plaid gibt es nun in kompakter Form zusammengestellt, und das allererste „Knit-A-Long“-Modell im ARD-Buffet, der Advents-Schal, wurde auch neu für Sie gestrickt.

Viele Modelle finden Sie auch in neuen Material- und Farbkombinationen. Dabei finde ich es ganz besonders interessant, wie damit ein komplett anderer Look entsteht! Schauen Sie sich mal das beliebte Pfeffer-&-Salz-Tuch auf Seite 54-57 an – hätten Sie es wiedererkannt? Ein Besuch in einem schönen Wollfachgeschäft in Ihrer Nähe inspiriert Sie bestimmt zu Ihrem ganz persönlichen Lieblingsstück.

Und natürlich habe ich einige neue, exklusive Modelle speziell für Sie ergänzt: Neben dem kuscheligen Seelenwärmer gibt es ein neues, tolles Tuch, einen klassischen Cardigan und vieles mehr.

Sehr gerne gebe ich Ihnen auch einen Einblick in meinen Tag im Studio und freue mich, wenn Sie mich so bei den Vorbereitungen zur Sendung begleiten. Schalten Sie doch wieder ein, wenn ich im ARD-Buffet live auf Sendung bin!

Ich wünsche Ihnen viel Freude beim Stöbern und Neuentdecken der Modelle,

Ihre

Tanja Steinbach

Hinter den Kulissen beim ARD-Buffet

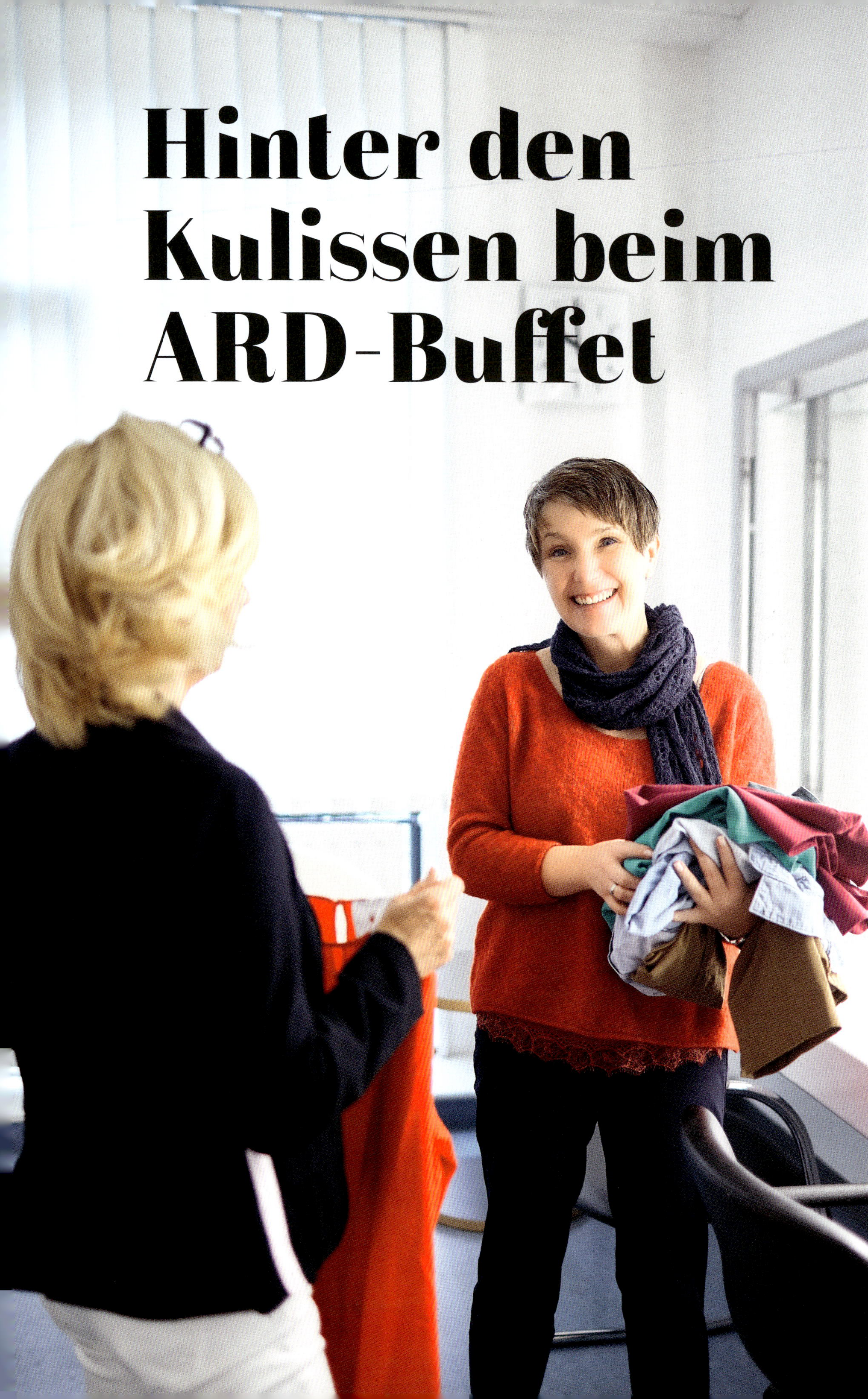

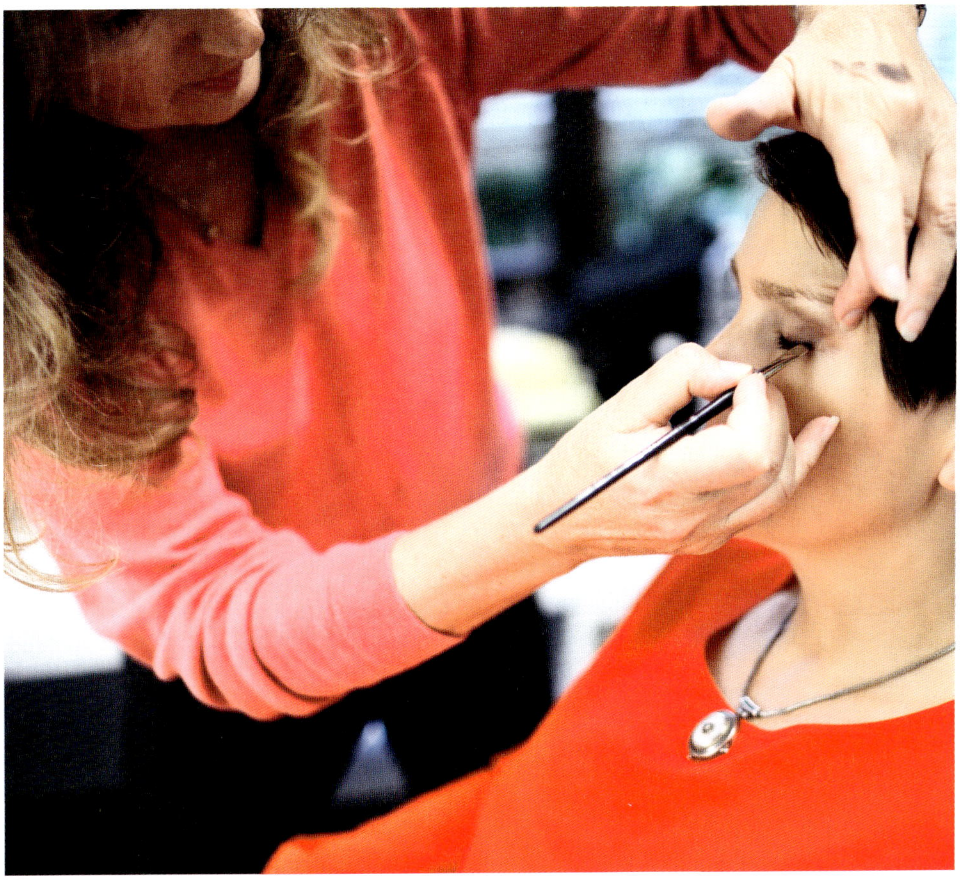

Seit 2011 präsentiere ich meistens einmal im Monat im „ARD-Buffet" in der Rubrik „Die gute Idee" ein Projekt zum Stricken oder Häkeln, und auch im SWR bei „Kaffee oder Tee" im Regionalprogramm des SWR bin ich ungefähr 4-6x im Jahr eingeladen. Eigentlich startete unsere Zusammenarbeit schon bereits Ende der 1990er Jahre. Als ich Mutter von Zwillingen wurde, habe ich aber eine kurze Pause eingelegt.

Bevor ich meine Designs live zeigen kann, brauche ich einiges an Vorbereitung. Sobald die Termine feststehen, suche ich nach passenden Ideen, die in die jeweilige Jahreszeit passen und gut umzusetzen sind. Ich habe ja nur ungefähr 4 Minuten, um alles Wichtige zu erklären und das fertige Modell und die wichtigsten Schritte zu zeigen. Dazu kommen noch Möglichkeiten für Varianten, die in der Grundanleitung stecken, wie z.B. individuelle Farbkombinationen oder der Einsatz von anderen Materialien, und natürlich ein paar Tricks und Kniffe, die das Nachmachen nochmal erleichtern. Normalerweise plane ich alle Projekte ein knappes halbes Jahr im Voraus, natürlich in Rücksprache mit der Redaktion der Sendung.

Von jedem Modell bereite ich dann einige Stücke vor: das fertige Modell, ein paar Varianten dazu sowie unterschiedliche Stufen in der Fertigstellung. Ganz wichtig ist natürlich die Anleitung für den Download auf der Webseite: Das Modell und manchmal auch die Schritte bis zur Fertigstellung werden fotografiert, der Anleitungstext wird geschrieben und Korrektur gelesen, damit ja kein Fehler drin ist, und alles für den Download vorbereitet. Es ist immer sehr spannend zu verfolgen, welche Modelle besonders oft heruntergeladen werden: So kann ich sehen, welche Projekte und Ideen meine Zuschauer ganz besonders begeistert haben und in welche Richtung ich weiter planen kann.

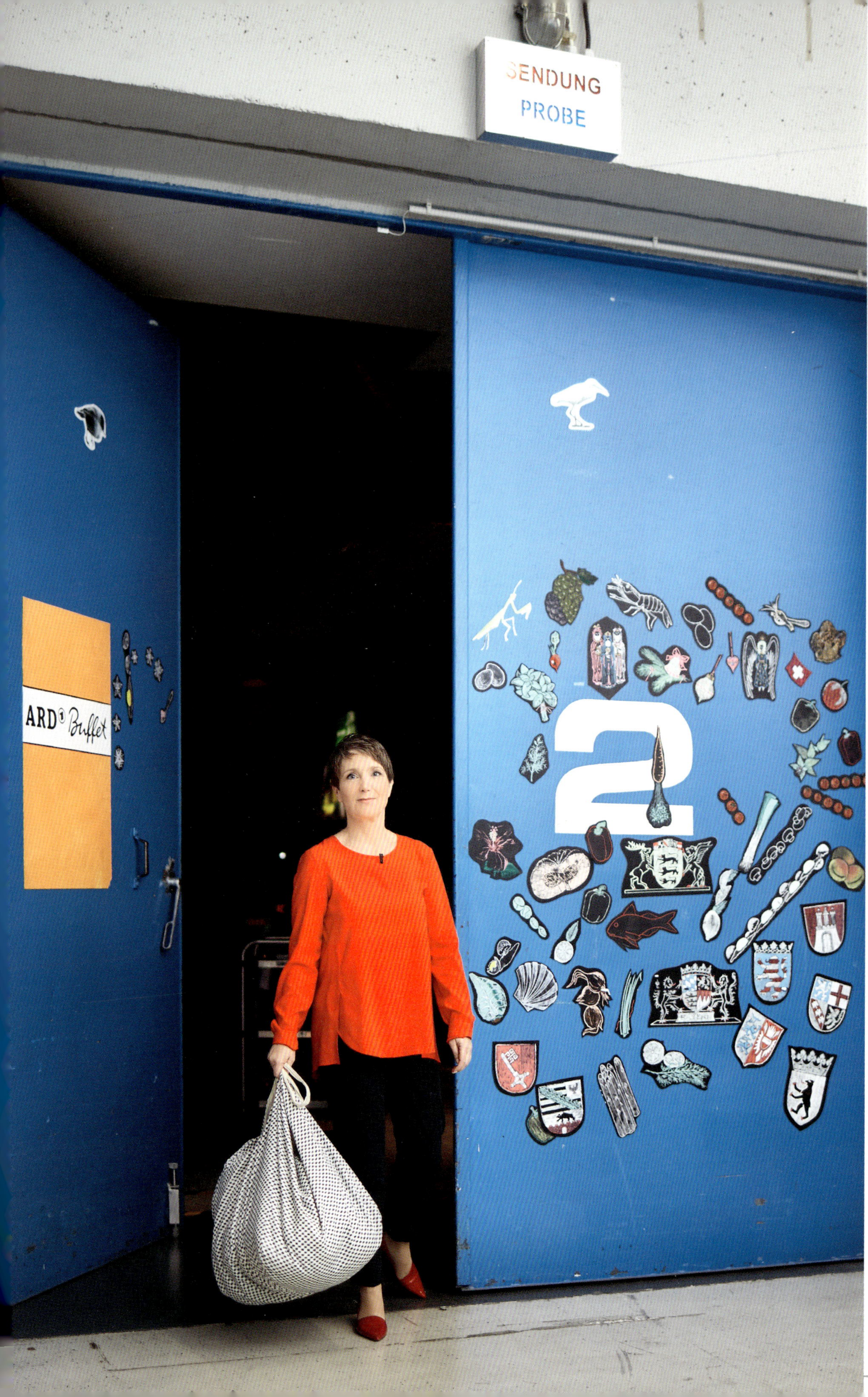
SENDUNG
PROBE
ARD Buffet

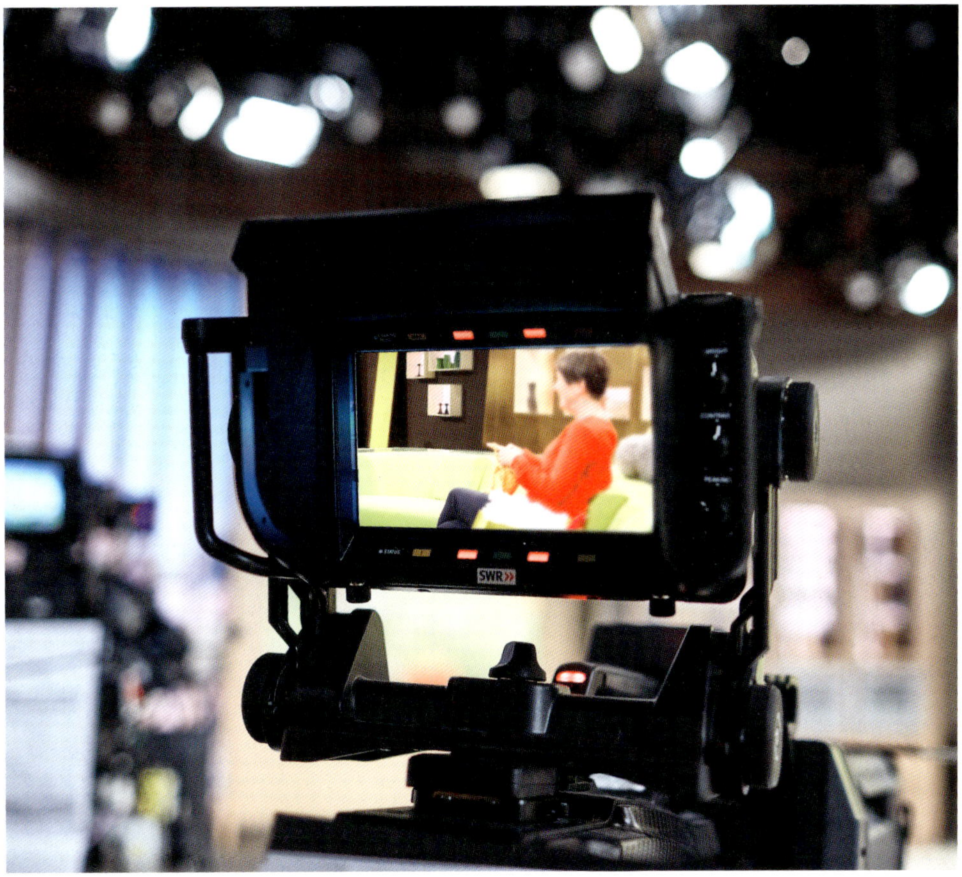

Am Tag der Sendung reise ich morgens mit dem Zug an, meistens starte ich um 7 Uhr. Und immer ist es spannend, ob die Bahn es schafft, dass ich pünktlich in Baden-Baden ankomme. Dort ist nämlich das Studio, in dem die Sendung live produziert wird. In meinem Gepäck befinden sich neben den Modellen natürlich auch ein paar Wollknäuel zur Deko und verschiedene Outfits zur Auswahl für die Sendung. Im Zug kann ich dann noch ein bisschen stricken, mich noch einmal in Ruhe vorbereiten und meinen Auftritt in den sozialen Netzwerken ankündigen, damit auch möglichst viele gleich zuschauen können. Ein Sammeltaxi vom SWR holt mich dann beim Bahnhof ab, und wir fahren zum Studio. Wenn ich gegen 9.30 Uhr ankomme, kann ich noch in Ruhe meinen Arbeitsplatz dort vorbereiten und dekorieren.

Um 9.45 Uhr gehe ich in die Maske und werde von einer Profi-Visagistin geschminkt und frisiert. Natürlich muss das Make-up für die Kamera speziell ausgeführt werden. Ungefähr um 10.30 Uhr gibt es dann eine Generalprobe für die komplette Sendung, da wir später live senden. Kameraleute, Assistenten, Regie und Moderation müssen ja schließlich wissen, wie die Abläufe genau sind, was sie erwartet und was die Zuschauer nachher ganz besonders interessiert.

Meist bleibt noch etwas Zeit für eine kleine Pause oder einen Gang in die Kantine. Ich freue mich schon, wenn ich die ersten Reaktionen auf den bevorstehenden Auftritt in den sozialen Netzwerken lesen kann. Make-Up und Haare werden nochmal kontrolliert, und dann wird es spannend!

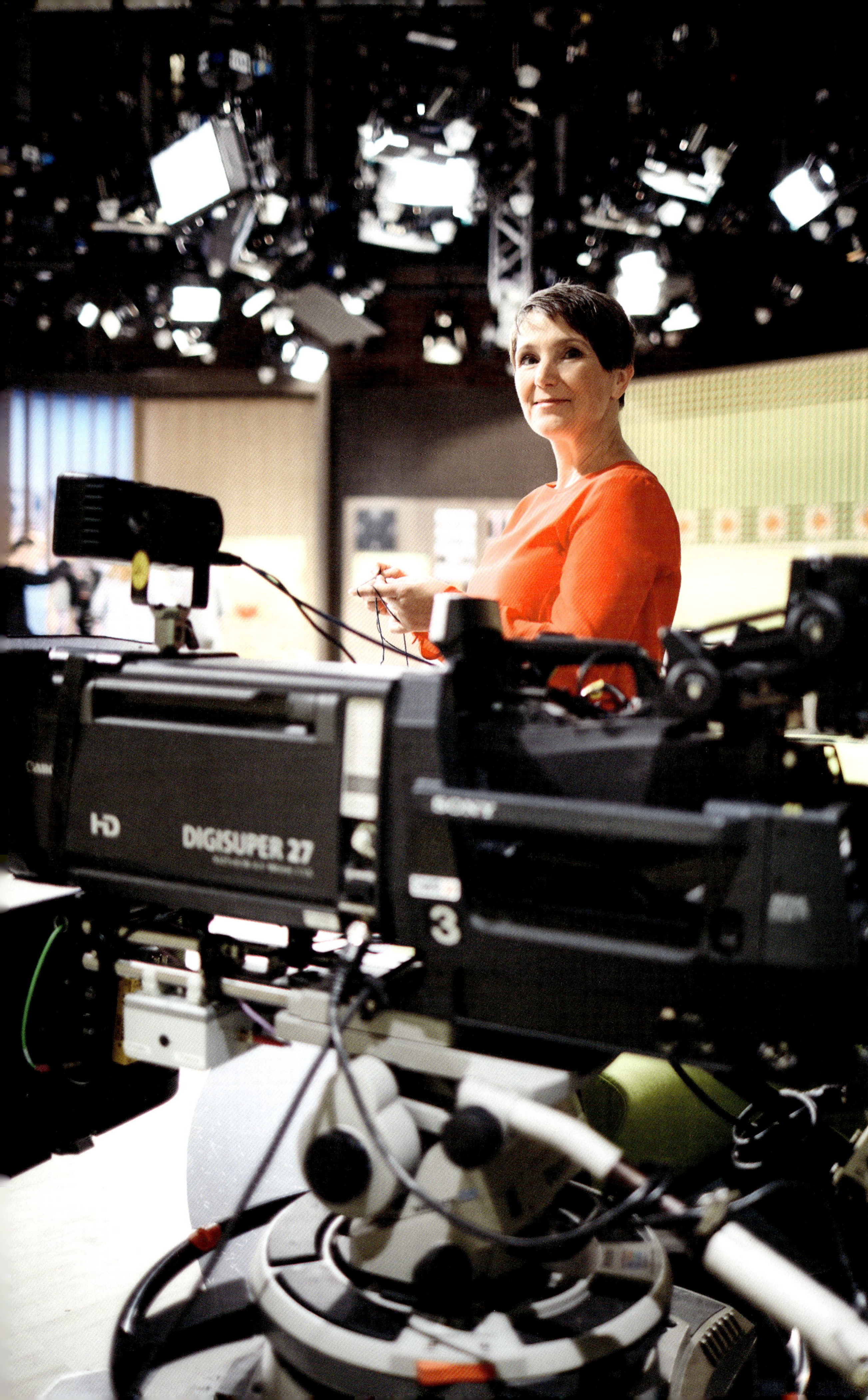
HD
DIGISUPER 27
SONY
3

Ab 12.15 Uhr geht es endlich live auf Sendung, mein Beitrag ist eine halbe Stunde später eingeplant. Auch nach vielen Jahren ist das immer noch ein aufregender Moment, den ich trotzdem sehr genieße. Es ist eine wunderbare Vorstellung, so vielen Zuschauern auf einmal eine kreative Idee aus Wolle und Garn zu zeigen und dazu anzuregen, doch einmal selbst die Nadeln in die Hand zu nehmen.

Auch nach der Sendung geht die Arbeit daran noch weiter. Wir besprechen die kommenden Projekte und Sendetermine, und dann geht's wieder nach Hause. Einen Clip von meinem Auftritt kann man auf der Webseite vom ARD-Buffet ansehen, wenn man keine Zeit zum Einschalten hatte, und die Anleitung steht für ein Jahr zum Download bereit. Ich freue mich immer ganz besonders über das Feedback von meinen Zuschauerinnen und Zuschauern. Nach einigen Tagen, manchmal auch schon nach Stunden, bekomme ich die ersten Fotos von den fertigen nachgestrickten Modellen zu sehen, das ist immer ein ganz besonderer Moment. Aber auch Fragen zu den Anleitungen und Wünsche zu kommenden Projektideen landen bei mir. Der Austausch darüber ist besonders wichtig für mich, um auch in Zukunft tolle Ideen entwickeln zu können.

Für dieses Buch haben wir die schönsten und beliebtesten Modelle zusammengestellt, damit sie auch noch lange nach der Sendung nachgestrickt werden können. Aber auch ganz neue und exklusive Ideen gibt es hier, die hoffentlich genauso viel Freude beim Stricken machen werden!

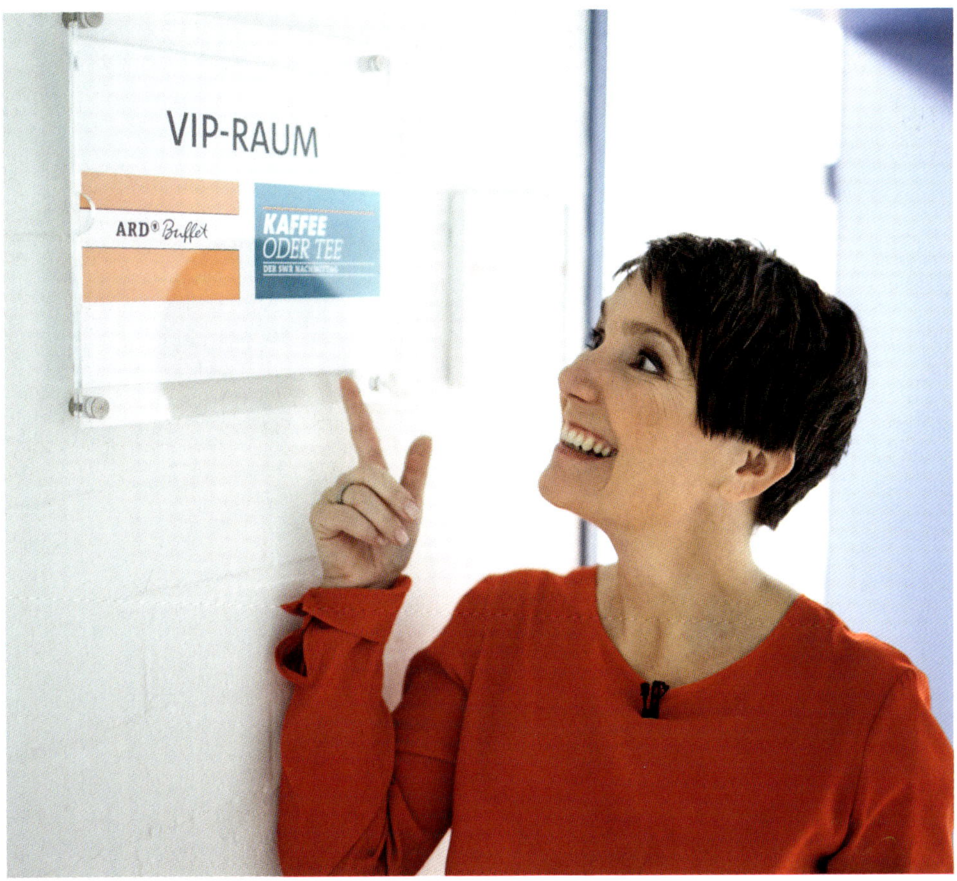

PULLIS, CARDIGANS & CO.

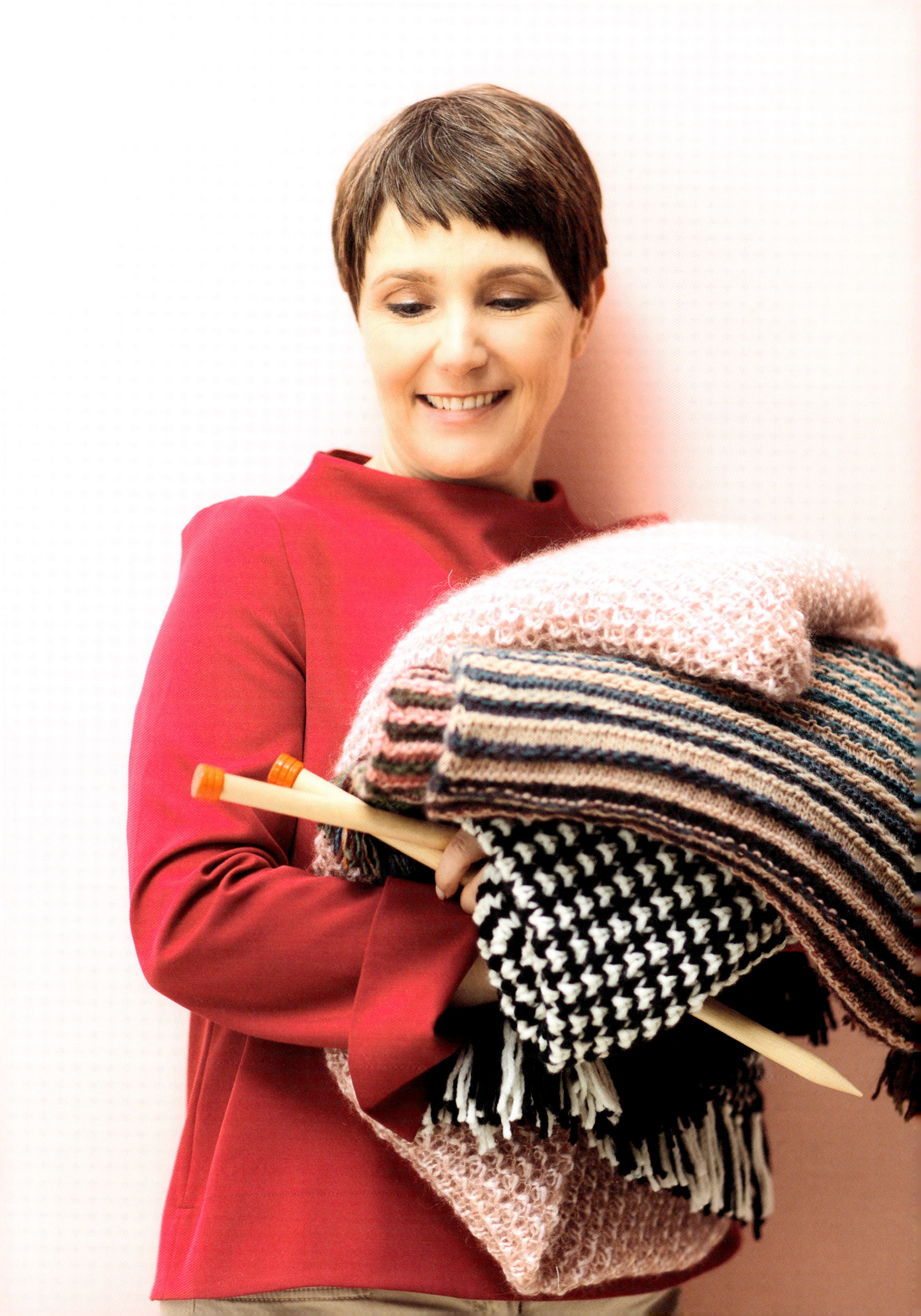

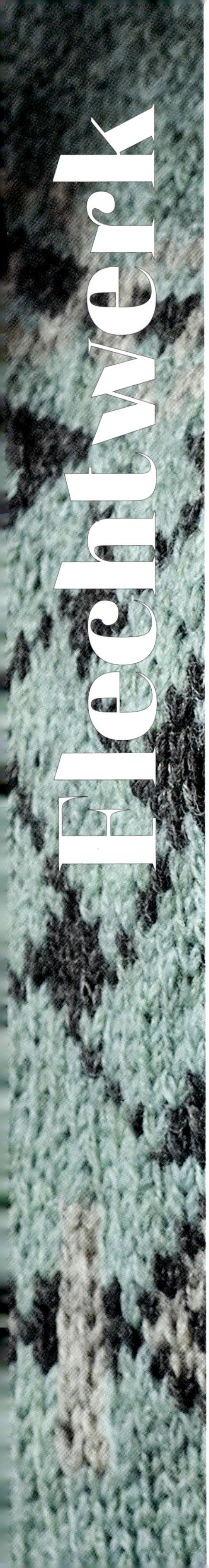

Flechtwerk

SCHWIERIGKEITSGRAD 3

GRÖSSEN

36-38/40-42/44-46

Die Angaben für Größe 36-38 stehen vor dem 1. Schrägstrich, für Größe 40-42 zwischen den Schrägstrichen, für Größe 44-46 nach dem 2. Schrägstrich. Steht nur eine Angabe, so gilt diese für alle Größen.

Pulloverlänge (an der hinteren Mitte gemessen): ca. 64/65,5/67 cm

Brustumfang: ca. 96/106/116 cm

MATERIAL

- Lana Grossa Landlust Merino (LL 180 m/50 g) in Mint (Fb 229), 350 g, in Dunkelgrau (Fb 219), 100 g, und in Hellgrau (Fb 218), 50 g
- Rundstricknadeln 5,5 mm, 80 cm lang, 60 cm lang und 40 cm lang
- 1-2 Nadelspielnadeln 4,0 mm
- Maschenmarkierer
- Wollnadel

MASCHENPROBE

Glatt rechts mit Nd 5,0-5,5 mm 20 M und 28 R = 10 cm x 10 cm

Im Einstrickmuster mit Nd 5,0-5,5 mm 21 M und 28 R = 10 cm x 10 cm

Bündchenmuster

In R: Hinr 1 M rechts, 1 M links im Wechsel str, in Rückr die M str wie sie erscheinen.

In Rd 1 M rechts, 1 M links im Wechsel str.

Glatt rechts

In Rd: Alle M rechts str.

In R: Hinr rechte M, Rückr linke M str.

2 Maschen rechts überzogen zusammenstricken

1 M wie zum Rechtsstr abheben, 1 M rechts str, die abgehobene M überziehen.

Lange Spannfäden einweben

Wenn der Musterfaden auf der Rückseite der Arbeit mehr als 8 M reicht, wird er mit dem Arbeitsfaden festgehalten. Dafür den Arbeitsfaden zwischen 2 M über den Arbeitsfaden legen und weiterstr. In der folgenden Rd sollte das Festhalten des Musterfadens zwischen 2 anderen M ausgeführt werden, damit sich auf der Vorderseite keine Streifen bilden.

Rechts verschränkte Maschen aus dem Querfaden zunehmen

Mit der rechten Nd-Spitze unter den Querfaden der Vor-R von vorne nach hinten einstechen und den Querfaden auf die linke Nd-Spitze heben, dann 1 M rechts verschränkt aus dieser Schlinge str. Dadurch fügt sich die Zunahme ohne Loch in das Strickbild ein.

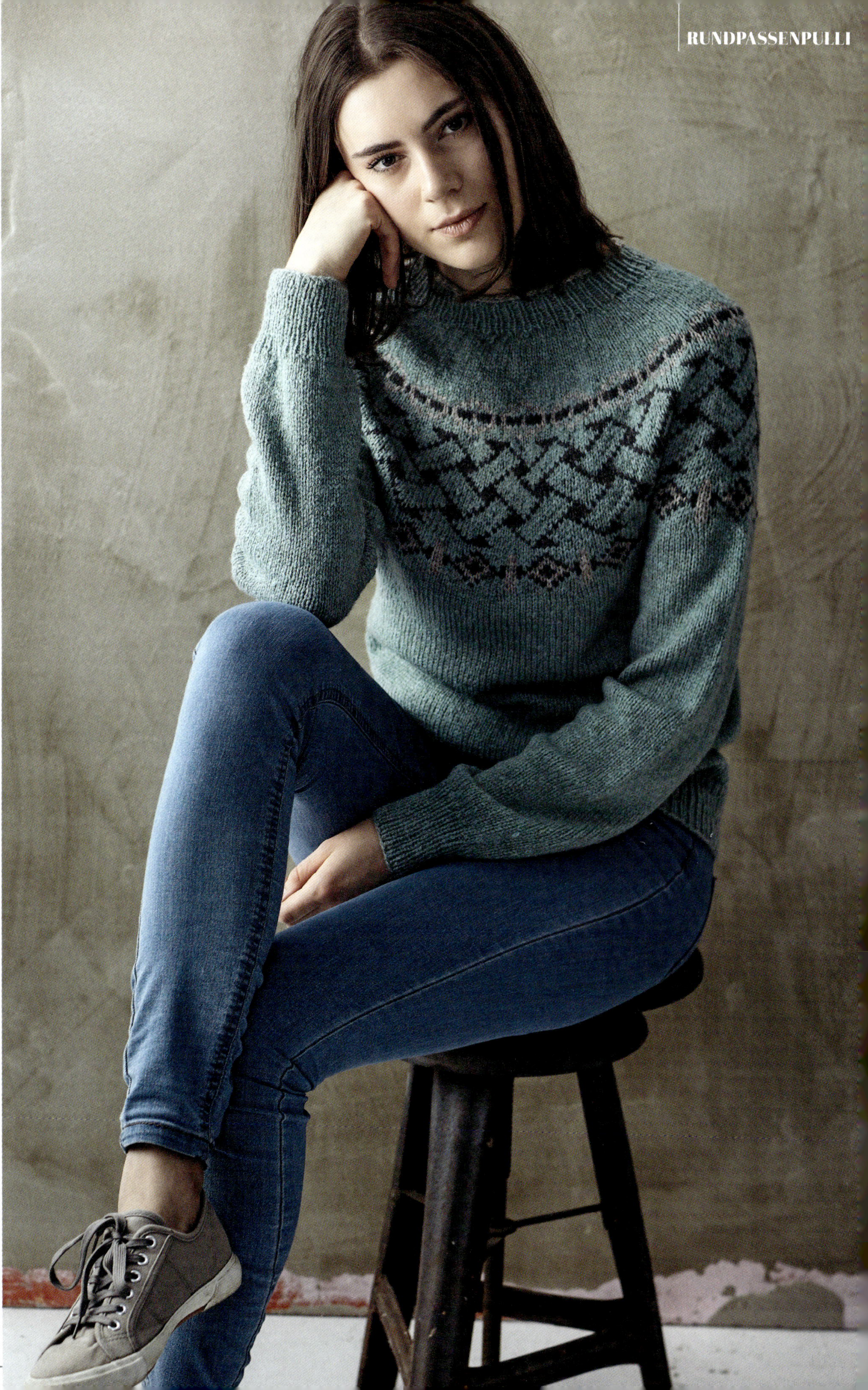

Kordelrand

Der Kordelrand wird, anders als üblich, von der Rückseite gestrickt, so erscheint er etwas dezenter.
Für den Kordelrand auf der linken Seite am R- oder Rd-Beginn auf eine Ndspiel-Nd 3 M aufstr bzw. neu anschl, mit der 2. Ndspiel-Nd * 2 M rechts str, 2 M rechts verschränkt zusammenstr, dabei ist die letzte M eine M der Abkettkante. Die Ndspiel-Nd nicht wenden, sondern die Nd so weit durch die 3 M zurückschieben, dass am rechten Ende der Nd wieder weiter gestrickt werden kann. Den Arbeitsfaden an den Nd-Anfang holen und wie ab * beschrieben wdh bis alle M der Abkettkante verarbeitet sind, dabei den Arbeitsfaden immer wieder fest anziehen, damit eine runde Kante entsteht.

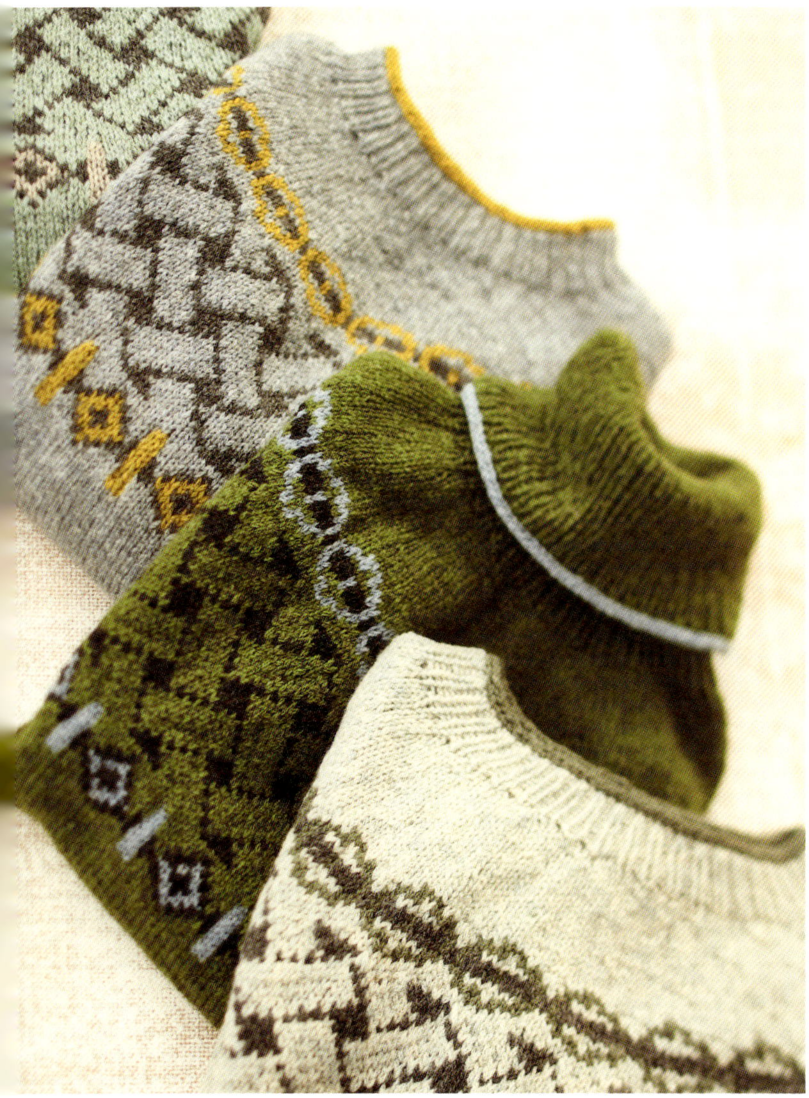

Am Ende die M des Kordelrands abk, den Faden abschneiden und durch die letzte M ziehen. Diese Abkettkante mit den Anfangs-M des Kordelrands zusammennähen und so zur Rd schließen.

Rundpasse

Nach dem Zählmuster glatt rechts str. Die 1.-9. Rd und die 49. und 41. Rd mit 3 Fb, die anderen Rd mit 2 Fb arb. Die M-Zahl ist zu Beginn teilbar durch 13, das Flechtmuster teilbar durch 12, für die obere Musterborte ist die M-Zahl teilbar durch 10.
1x die 1.-44. Rd str, die Abnahmen sind eingezeichnet.

Anleitung

Für das Vorder- und Rückenteil 192/212/232 M in Mint anschl und zur Rd schließen, den Rd-Beginn markieren. Der Rd-Beginn entspricht einer Seitennaht.
7 cm im Bündchenmuster str, weiter glatt rechts arb. In 37 cm Höhe, ab Anschlagkante gemessen, die M stilllegen, dabei die MM für die Einteilung der Rundpasse einsetzen: Für die erste Hälfte des ersten Ärmelstegs nach der 8./9./10. M einen MM einsetzen, nach weiteren 80/88/96 M mit einem weiteren MM das Vorderteil abgrenzen, nach 16/18/20 M wieder einen MM für den zweiten Ärmelsteg einsetzen und nach weiteren 80/88/96 M mit einem MM das Rückenteil abgrenzen. Die restlichen 8/9/10 M bilden die zweite Hälfte des ersten Ärmelstegs.
Für die Ärmel 48/51/54 M in Mint anschl und in R 7 cm im Bündchenmuster str. Weiter glatt rechts in R arb. Für die Ärmelschrägung in jeder 8. R 10x 1 M/in jeder 6. R 12x 1 M /in jeder 6. R 14x 1 M) vor bzw. nach der Rdm rechts verschränkt aus dem Querfaden zunehmen (= 68/75/82 M).
In 47 cm Gesamthöhe die M stilllegen, dabei MM für die Einteilung der Rundpasse einsetzen: Für die erste Hälfte des Ärmelstegs nach der 9./10./11. M einen MM einsetzen und nach weiteren 50/55/60 M einen zweiten MM einsetzen. Die restlichen 9/10/11 M bilden die zweite Hälfte des Ärmelstegs. Den zweiten Är-

mel ebenso arb. Die Ärmelnähte schießen, dafür die beiden äußeren M abnähen. Für die Rundpasse die stillgelegten M der beiden Ärmel und die M von Vorder- und Rückenteil auffassen, dabei die M für die beiden Ärmelstege nicht auffassen, diese M werden miteinander verbunden. Dafür jeweils die M eines Ärmelstegs mit den entsprechenden M von Vorder- und Rückenteil zusammennähen. Für die Rundpasse liegen nun 260/286/312 M auf der Rundstricknd: 80/88/96 M Rückenteil, 50/55/60 M Ärmel, 80/88/96 M Vorderteil und 50/55/60 M Ärmel. Die M zur Rd schließen und den Rd-Anfang markieren.

Symmetrischer Musterverlauf

Für einen symmetrischen Musterverlauf den Rd-Beginn in die hintere Mitte setzen.

Nun in Mint 1/4/7 Rd glatt rechts str, dann nach dem Zählmuster arb (= 20/22/24 M-Rapporte je Rd). 1x die 1.-44. Rd nach dem Zählmuster mit den Abnahmen arb (= 200/220/240 M). Mit sinkenden M-Zahlen auf die jeweils kürzere Rundstricknd wechseln.
Anschließend in Mint glatt rechts in Rd weiterstr, dabei in der 1. Rd die 4. und 5. M und noch 19/21/23x jede 9. und 10. M rechts zusammenstr (= 180/198/216 M). In der 6./7./8. Rd 20/22/24x jede 8. und 9. M rechts zusammenstr (= 160/176/192 M). In der 12./13./14. Rd die 3. und 4. M und noch 19/21/23x jede 7. und 8. M rechts zusammenstr (= 140/154/168 M). In der 16./17./18. Rd 20/22/24x jede 6. und 7. M rechts zusammenstr (= 120/134/144 M). Wenn die Rundpasse ca. 23/24,5/26 cm hoch ist, noch 30x jede 3. und 4. M/42x jede 2. und 3. M/48x jede 2. und 3. M rechts zusammenstr (= 90/90/96 M).
Für die Ausschnittblende noch 3-4 cm im Bündchenmuster in Rd str, dann die M von der linken Seite mit einem Kordelrand in Hellgrau abk.

Fertigstellen

Alle Fäden vernähen. Den Pullover anfeuchten und laut Schnittzeichnung spannen, dann trocknen lassen.

SCHNITTZEICHNUNG

Angaben in cm

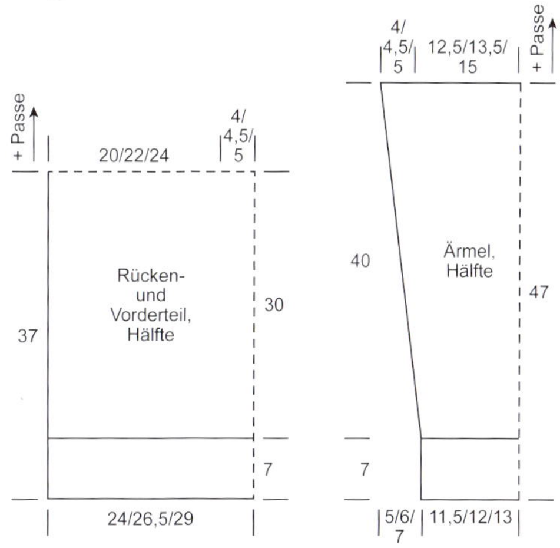

Zählmuster

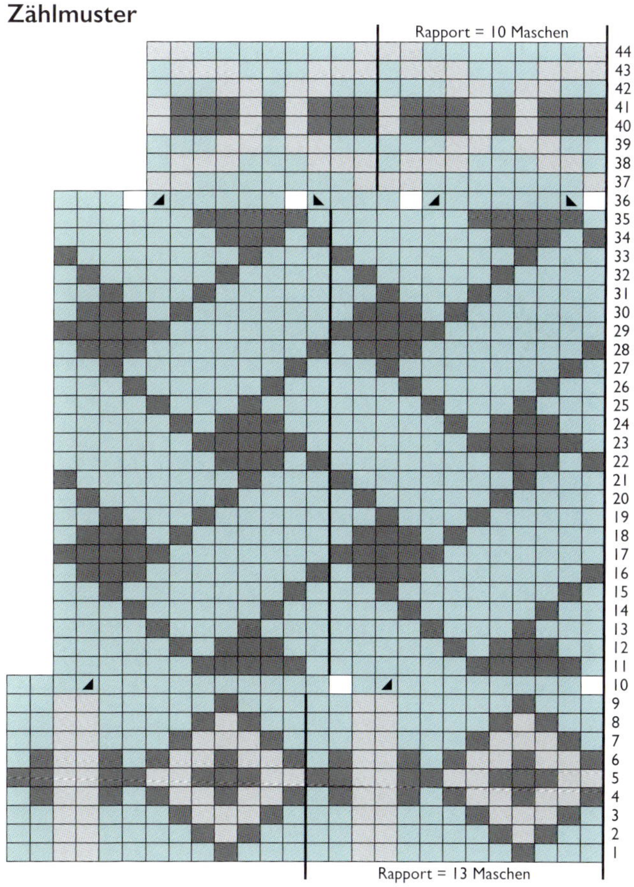

Legende

- = 1 Masche rechts in Mint
- = 1 Masche rechts in Dunkelgrau
- = 1 Masche rechts in Hellgrau
- ◢ = 2 Maschen rechts zusammenstricken
- ◣ = 1 Masche wie zum Rechtsstricken abheben, nächste Masche rechts stricken, abgehobene Masche überziehen

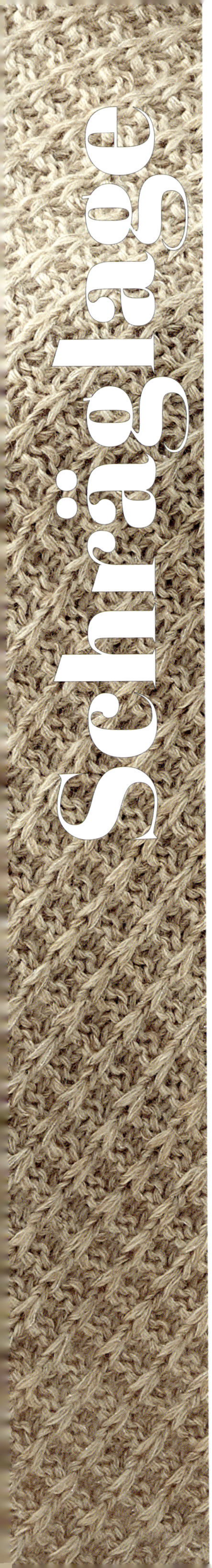

Schräglage

SCHWIERIGKEITSGRAD 2

GRÖSSE

Einheitsgröße 36-46

MATERIAL

- Lana Grossa Benessere (LL 125 m/50 g) in Beige/Rohweiß (Fb 03), 350 g
- Lana Grossa Silkhair Lusso (LL 210 m/25 g) in Pastellrosa (Fb 901), 100 g
- Rundstricknadel 8,0 mm, 80 cm lang
- Nadelspiel 8,0 mm
- Wollnadel

MASCHENPROBE

Im Waffelmuster mit Nd 8,0 mm und doppeltem Faden (ungedehnt gemessen) 14 M und 23 R = 10 cm x 10 cm

Doppelte Randmasche

Die DRdm entlang einer Kante arb. Sie entspricht später der unteren Kante, wird über 2 M und in den Hin- und Rückr gleichermaßen gearbeitet: Die 1. der beiden M wie zum Linksstr abheben, den Faden dabei vor der Arbeit weiterführen, die nächste M rechts str, dann mustergemäß weiterarb.

Nahtrandmasche

Die Rdm in den Hinr rechts, in den Rückr links str.

Waffelmuster

In R, M-Zahl teilbar durch 3 + 2 + 3 Rdm, die Rdm sind im Muster beschrieben.

1. R (Hinr): Naht-Rdm, * 2 M links, 1 M wie zum Linksstr abheben, den Faden dabei hinter der M weiterführen, ab * stets wdh, enden mit 2 M links, DRdm.

2. R: DRdm, * 2 M rechts, 1 M wie zum Linksstr abheben, den Faden dabei vor der M weiterführen, ab * stets wdh, enden mit 2 M rechts, Naht-Rdm.

3. R: Naht-Rdm, bis 2 M vor R-Ende rechte M str, DRdm.

4. R: DRdm, bis 1 M vor R-Ende linke M str, Naht-Rdm.

Die 1.-4. R stets wdh.

Rippenmuster mit Hebemaschen

In Rd, gerade M-Zahl

1. Rd: * 1 M wie zum Linksstr abheben, den Faden dabei hinter der M weiterführen, 1 M links, ab * stets wdh.

2. Rd: 1 M rechts, 1 M links im Wechsel str.

Die 1.-2. Rd stets wdh.

Maschen neu aufstricken

Diese Zunahmen werden immer am rechten Rand des Strickstücks gearbeitet. Das Strickstück ggf. so wenden, dass der Arbeitsfaden und die 1. M in der Arbeitsposition (= linke Nd, 1. M am rechten Rand) liegen. Den Arbeitsfaden hinter die Nd legen. * Mit der rechten Nd in die 1. M wie zum Rechtsstr einstechen und eine Schlinge bilden. Schlinge und M nicht von der Nd gleiten lassen. Mit der linken Nd-Spitze von vorne nach hinten in die Schlinge auf der rechten Nd einstechen und diese als neue M auf die linke Nd nehmen. Ab * so oft wdh, bis die gewünschte M-Zahl erreicht ist. Für jede neue M dabei in die zuletzt gebildete M einstechen.

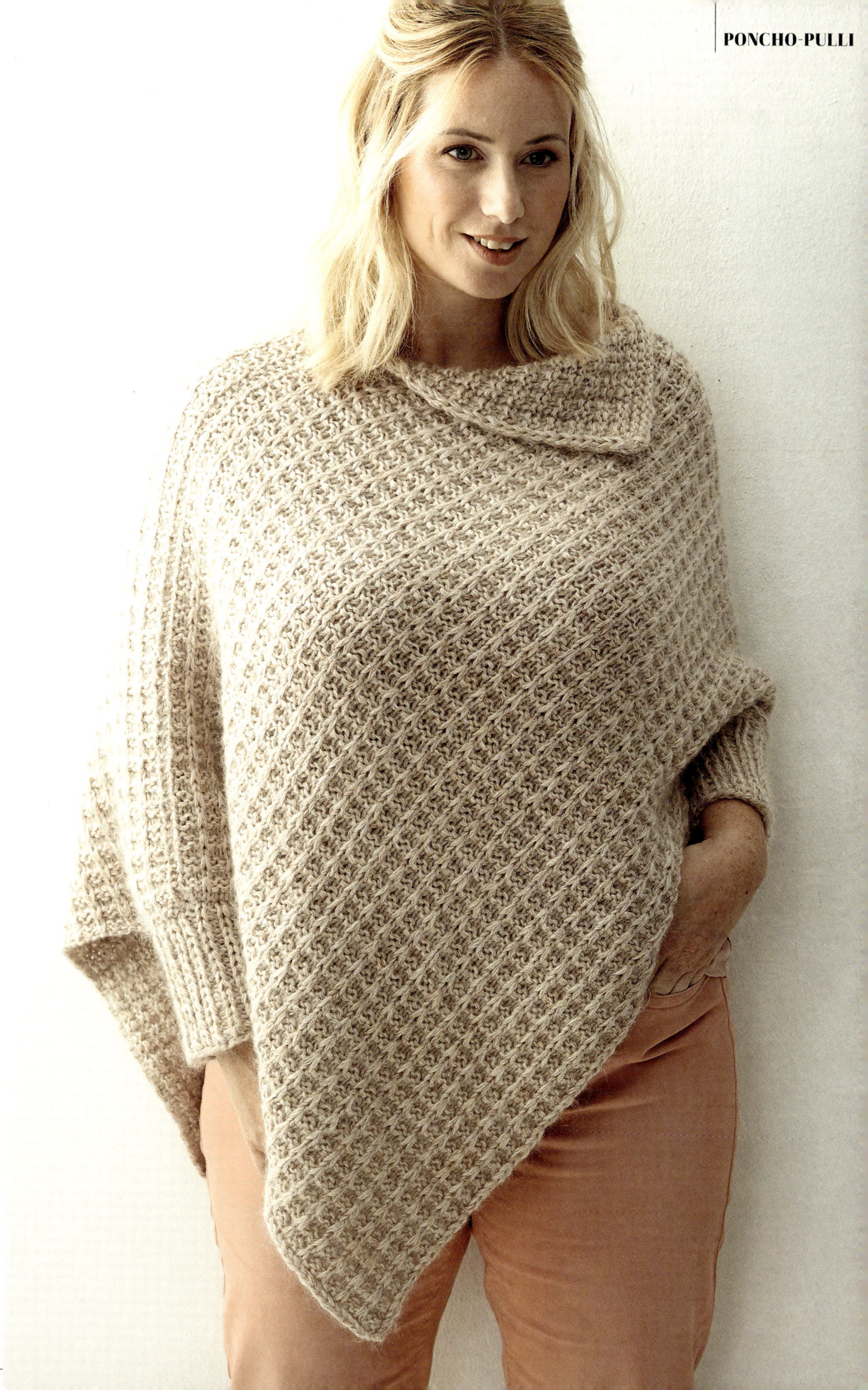

Schräglage

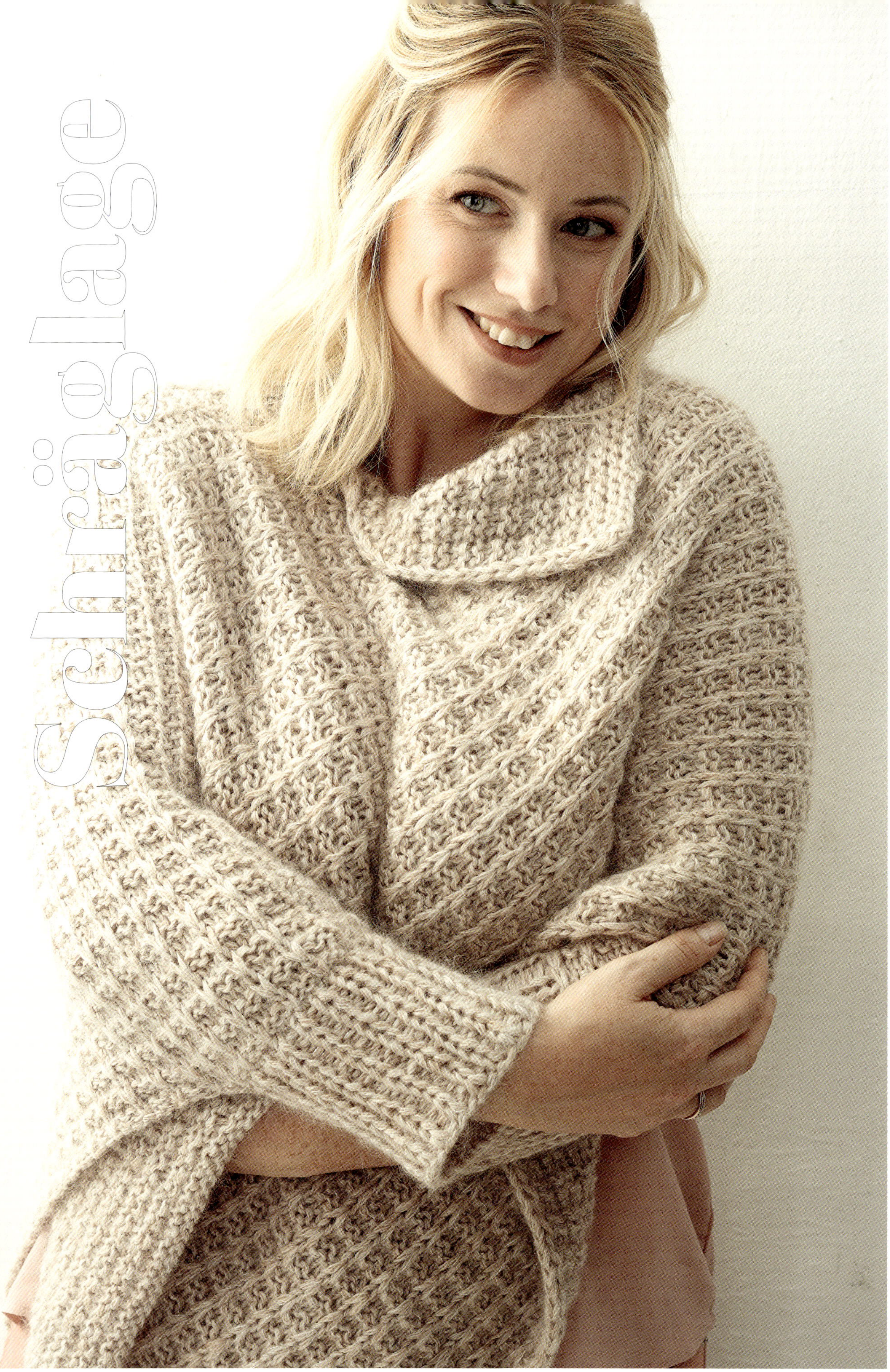

Anleitung

HINWEIS: Das Modell wird doppelfädig, mit einem Faden je Garn, gestrickt.

Das Modell, ein Rechteck 55 cm breit und 150 cm lang, wird quer gestrickt. An einer Seite (= untere Kante) werden die Rdm als DRdm gearbeitet.
80 M locker anschl. In der ersten Rückr die ersten beiden M als DRdm arb, dann die R mit linken M beenden. Weiter im Waffelmuster mit Hebe-M wie beschrieben str, dabei ergibt sich in der nächsten Hinr folgende M-Einteilung: Naht-Rdm, 77 M Waffelmuster, DRdm über 2 M. In einer Höhe von ca. 50 cm an der rechten Kante 1 M aufstr (= 81 M) und die Rdm an dieser Kante ebenfalls über die folgenden 25 cm als DRdm arb. Dieser Rand bildet später die die Kante des Halsausschnitts.
Nach 23 cm (= 73 cm Gesamthöhe) in der nächsten Rückr die letzten 18 M des Waffelmusters (= ca. 11-12 cm Breite) rechts str, die DRdm weiterführen.
In den folgenden beiden R je 1 Hin- und 1 Rückr über diese 18 M kraus rechts str, die restlichen M der R wie gewohnt im Waffelmuster bzw. als DRdm arb. In der nächsten Hinr die ersten 20 M (= DRdm + 18 M rechts) rechts str und dabei abk. Das ergibt den senkrechten Schlitz für den Ausschnitt. In der folgenden R die abgeketteten M wieder neu aufstr. In den nächsten 4 R in der gleichen M-Einteilung wie vor dem Schlitz str, d.h. DRdm, 18 M kraus rechts, DRdm. Anschließend wieder über alle M zwischen den doppelten Rdm entlang beider Kanten im Waffelmuster str. Nach ca. 25 cm ab der neuen Anschlagkante (= gleiche Länge wie vor dem Schlitz) die für die DRdm zugenommene M abnehmen und entlang der rechten Kante die Rdm wieder über 1 M als Naht-Rdm arb. In einer Gesamthöhe von 150 cm, in einer 4. R des Waffelmusters, alle M wie beschrieben str und dabei abk.

Fertigstellen

Das Strickstück so zur Hälfte legen, dass ein 55 cm breites und 75 cm langes Rechteck entsteht, der senkrechte Schlitz liegt im Umbruch. Die rechte Kante mit der entsprechend gegenüberliegenden Kante mit der Naht-Rdm zusammennähen, dabei bleibt der ca. 25 cm lange Bereich mit der DRdm als Schlitz für den Halsausschnitt offen.
Für die beiden kurzen Ärmelstulpen 1x an der unteren Kante jeweils 20 M vor und nach der Umbruchkante aus der doppelten Rdm herausstr, auf 3 Nd des Ndspiels verteilen und zur Rd schließen (= 40 M). 12 cm im Rippenmuster mit Hebe-M arb, dann alle M in einer 2. Rd abk. Für die zweite Ärmelstulpe aus der Anschlag- bzw. Abkettkante jeweils 20 M vor und nach der Naht herausstr, ebenfalls auf 3 M des Ndspiels verteilen und zur Rd schließen (= 40 M). Ebenso wie die erste Ärmelstulpe beenden. Alle Fäden vernähen.

Größe verändern

Unser Model Kassandra trägt Konfektionsgröße 44/46 und ist 173 cm groß, ihr passt die Einheitsgröße ohne Änderung. Für eine Körpergröße über 170 cm können Sie das Modell etwas verlängern. Dafür stricken Sie jeweils ca. 5 cm mehr in der Breite und Länge, sodass ein Strickstück von ca. 60 cm x 155 cm entsteht. Von beiden Qualitäten benötigen Sie dann jeweils 1 Knäuel mehr. Die Maße für den Halsausschnitt bleiben gleich, den Nahtbereich verlängern Sie entsprechend.

SCHNITTZEICHNUNG

Angaben in cm

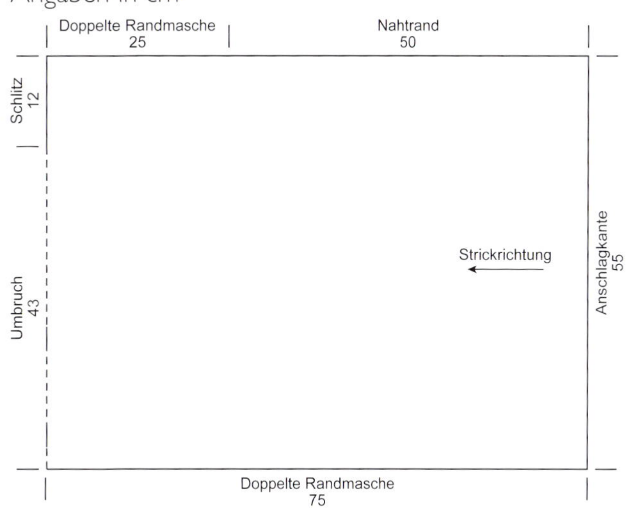

SCHWIERIGKEITSGRAD 2

GRÖSSEN

Einheitsgrößen für 36-42/44-50

Die Angaben für Größe 36-42 stehen vor dem Schrägstrich, die Angaben für die Größe 44-50 nach dem Schrägstrich. Steht nur eine Angabe, so gilt diese für beide Größen.

MATERIAL

- Lana Grossa Brigitte N° 2 (LL 135 m/50 g) in Grau-Oliv (Fb 18), 450/500 g
- Rundstricknadel 6,0 mm, 80-120 cm lang
- Zopf- oder Hilfsnadel
- 2 Maschenmarkierer
- Wollnadel

MASCHENPROBE

Im großen Perlmuster Nd 6,0 mm 15 M und 26 R = 10 cm x 10 cm

Doppelte Randmasche

Entlang beider Kanten eine DRdm über jeweils 2 M arb. Dafür am Anfang und Ende jeder R die 1. der beiden M wie zum Linksstr abheben, den Faden dabei vor der M weiterführen, 1 M rechts str, dann mustergemäß weiterarb.

Rippenmuster

In R, M-Zahl teilbar durch 4 (+ Rdm).
Bitte die entsprechende Mustereinteilung beachten, so setzen sich die Rippen im Zopfmuster entsprechend fort.
Hinr: 1 M rechts, * 2 M links, 2 M rechts, ab * stets wdh, enden mit 2 M links, 1 M rechts.
Rückr: Die M str wie sie erscheinen.
Diese beiden R stets wdh.

Großes Perlmuster

In R, gerade M-Zahl
1. R: 1 M rechts, 1 M links im Wechsel str.
2.+4. R: Die M str wie sie erscheinen.
3. R: 1 M links, 1 M rechts im Wechsel str.
Die 1.-4. R stets wdh.

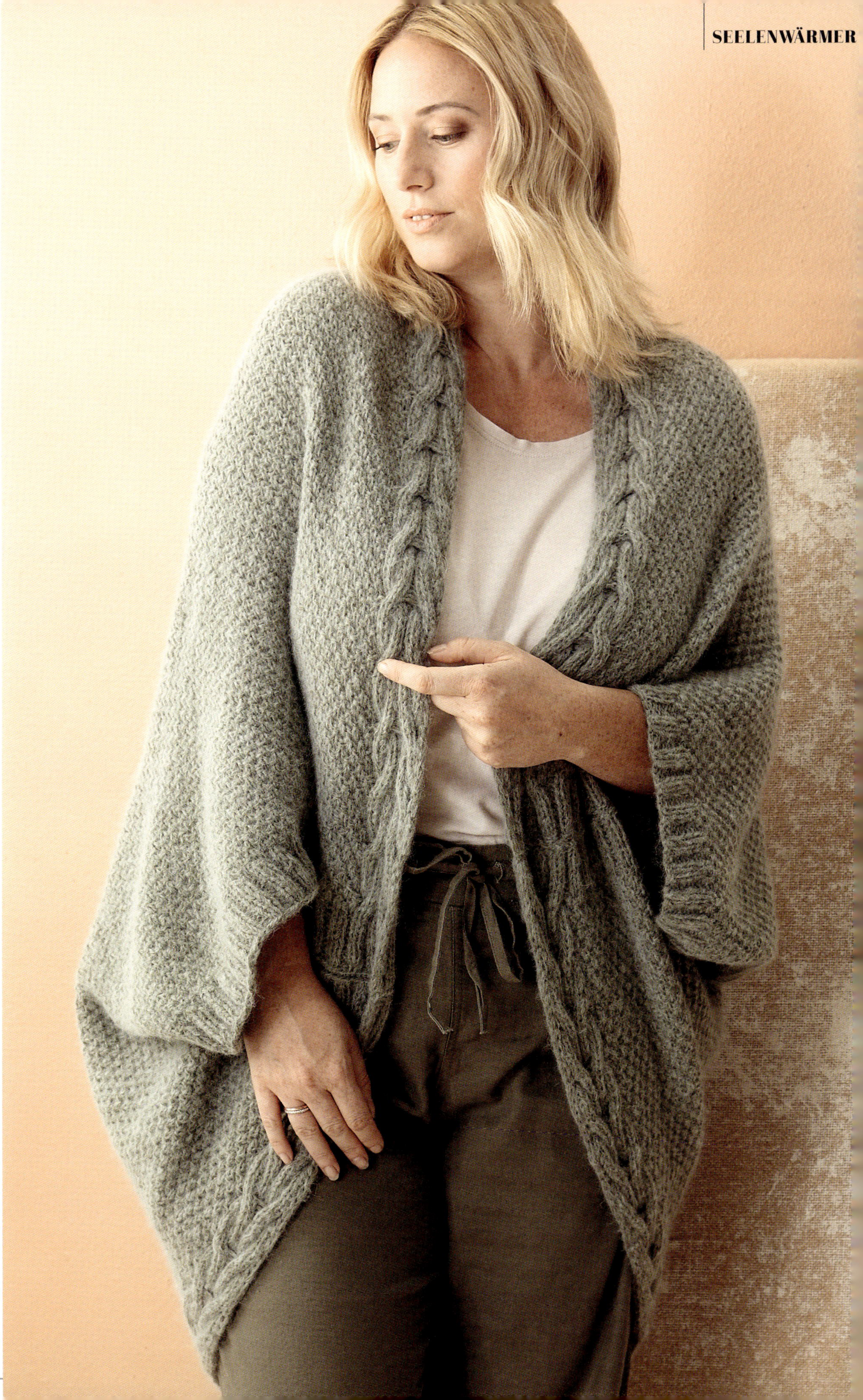

Zopfband

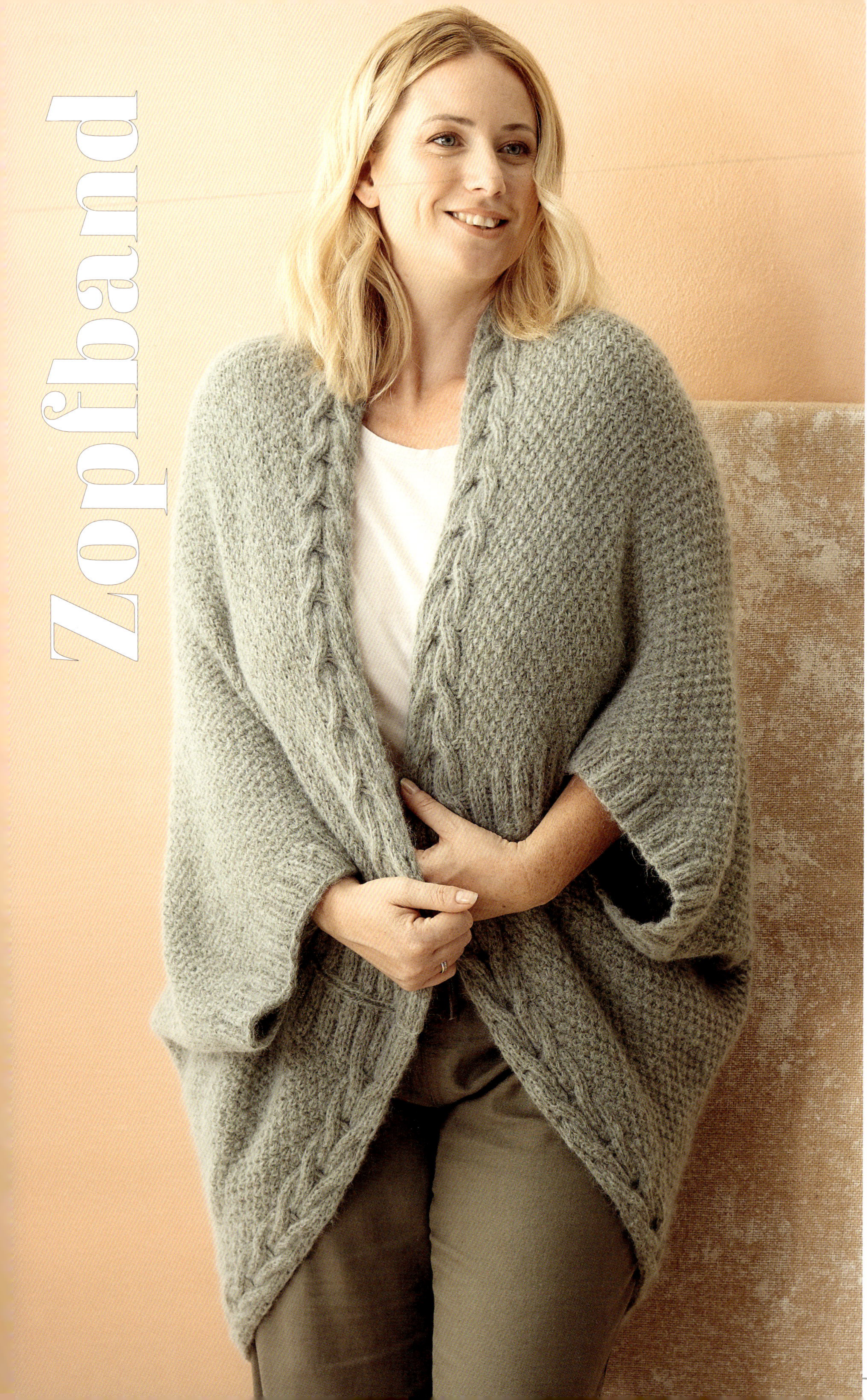

Zopfmusterstreifen 1 und 2

In R nach der Strickschrift arb.
Die 1.-10. R stets wdh.
Der Zopfstreifen wird entlang der seitlichen Kanten nach bzw. vor der Rdm gearbeitet. Für die erste Hälfte des Modells den Zopfmusterstreifen 1, für die zweite Hälfte den Zopfmusterstreifen 2 arb. Es sind Hin- und Rückr gezeichnet, die gerade R bezeichnen die Rückr, die ungeraden die Hlnr. Die M sind so gezeichnet, wie sie auf der Vorderseite erscheinen.

Zopfmusterstreifen 1

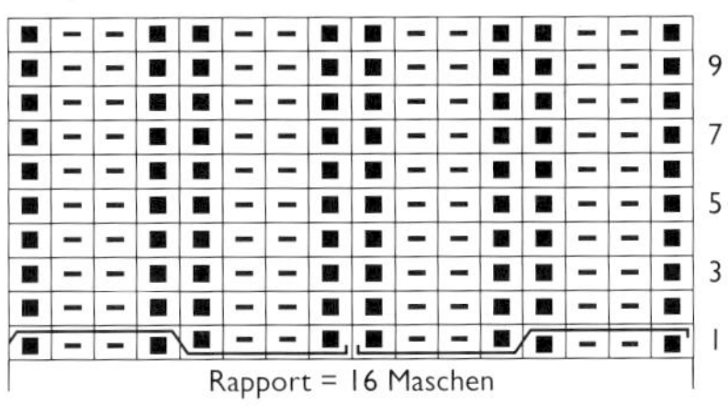

Zopfmusterstreifen 2

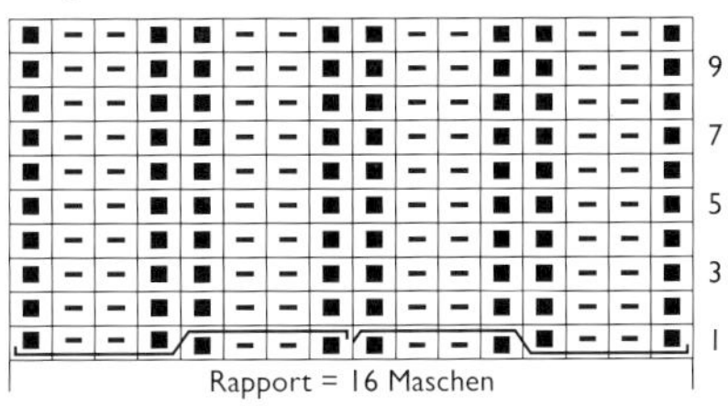

Legende

■ = 1 Masche rechts
– = 1 Masche links
= 4 Maschen auf einer Hilfsnadel hinter die Arbeit legen, 1 Masche rechts, 2 Maschen links, 1 Masche rechts stricken. Dann die Maschen der Hilfsnadel stricken wie sie erscheinen (1 Masche rechts, 2 Maschen links, 1 Masche rechts)
= 4 Maschen auf einer Hilfsnadel vor die Arbeit legen, 1 Masche rechts, 2 Maschen links, 1 Masche rechts stricken. Dann die Maschen der Hilfsnadel stricken wie sie erscheinen (1 Masche rechts, 2 Maschen links, 1 Masche rechts)

Anleitung

Für den Seelenwärmer wird ein Rechteck 100/110 cm breit und 110/115 cm hoch gestrickt. Der Musterverlauf ist quer, sodass der Zopfstreifen oben und unten entlang der Kanten verläuft und nach Beenden und Schließen der Naht rundherum als Kante zu sehen ist.
168/184 M anschl und 5/9 R im Rippenmuster str, dabei entlang der beiden Kanten eine DRdm arb. Ab der nächsten Hinr in folgender M-Einteilung weiterarb: DRdm, 16 M Zopfmusterstreifen 1, 132/148 M großes Perlmuster, 16 M Zopfmusterstreifen 1, DRdm. Die 1.-10. R des Zopfmusterstreifen 1 insgesamt 14x arb. Zur Kontrolle: Es sollte nun ca. 2 cm über die hintere Mitte hinaus gestrickt worden sein (= ca. 57/59 cm ab Anschlagkante gemessen). Mit einem kompletten Rapport (= 10 R Zopfmusterstreifen 1) enden.
Nun das Zopfmuster wechseln und ab der nächsten Hinr in folgender M-Einteilung weiterarb: DRdm, 16 M Zopfmusterstreifen 2, 132/148 M großes Perlmuster, 16 M Zopfmusterstreifen 2, DRdm. Die 1.-10. R des Zopfmusterstreifen 1 insgesamt 13x arb, anschließend noch 2 R in der gewohnten M-Einteilung str, dabei noch einmal die 1.-2. R des Zopfmusterstreifens 2 str. Jetzt noch 1x 5/9 R im Rippenmuster über alle M str, dabei entlang der beiden Kanten eine DRdm arb. Dann alle M abk.

Fertigstellen

Das Strickstück so zur Hälfte legen, dass ein Rechteck von 50/55 cm x 110/115 cm entsteht. Nun die Schmalkanten von den offenen Kanten bis hin zur Umbruchlinie zusammennähen, sodass eine Öffnung für die Arme von ca. 40 cm bestehen bleibt. Alle Fäden vernähen.

SCHNITTZEICHNUNG

Angaben in cm

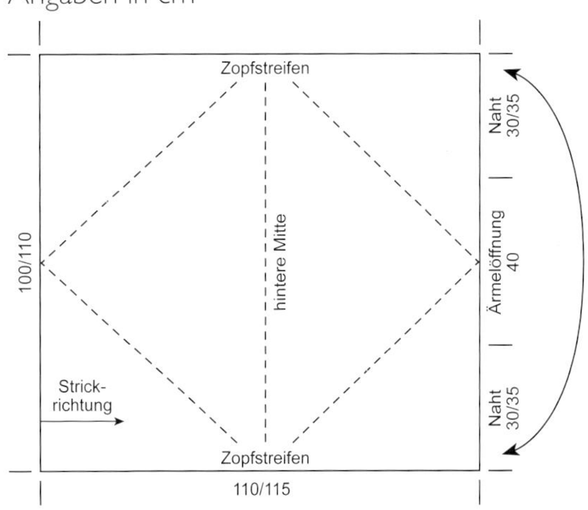

Sommerfrische

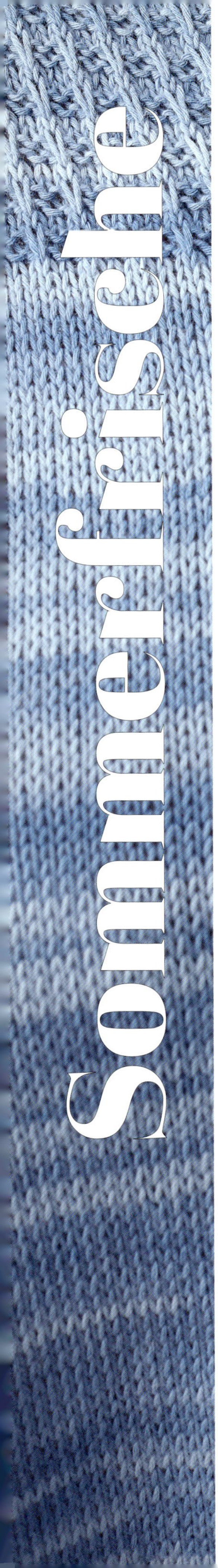

SCHWIERIGKEITSGRAD 2

GRÖSSEN

36-40/42-46/48-50

Die Angaben für Größe 36-40 stehen vor dem 1. Schrägstrich, für Größe 42-46 zwischen den Schrägstrichen, für Größe 48-50 nach dem 2. Schrägstrich. Steht nur eine Angabe, so gilt diese für alle Größen.

MATERIAL

- Schachenmayr Tahiti (LL 280 m/50 g) in Faded Ocean (Fb 7631), 250/300/350 g
- 2 Rundstricknadeln 3,0 mm, 80 cm lang
- Maschenraffer zum Stilllegen der Maschen
- 2 Nadelspielnadeln 2,5 mm
- Wollnadel

MASCHENPROBE

Glatt rechts mit Nd 3,0 mm 32 M und 44 R = 10 cm x 10 cm

Kraus rechts

In Hin- und Rückr rechts M str.

Glatt rechts

In Hinr rechte M, in Rückr linke M str.

1 Masche abheben

Die M ungestrickt wie zum Linksstr abheben.

Strukturmuster

In R, M-Zahl teilbar durch 3 + 2 M + entsprechende Rdm ergänzen, siehe Anleitung.

1. R (Hinr): * 2 M links, 1 M abheben, dabei den Faden hinter der M weiterführen, ab * stets wdh, enden mit 2 M links.
2. R: * 2 M rechts, 1 M abheben, dabei den Faden vor der M weiterführen, ab * stets wdh, enden mit 2 M rechts.
3. R: Alle M rechts str.
4. R: Alle M links str.

Die 1.-4. R stets wdh.

Patentrand

Diesen Randabschluss entlang der offenen Längskanten (= Seitenschlitze, vorderer Ausschnitt und Ärmeloffnungen) über die jeweils ersten bzw. letzten 3 M arb.

In den Hinr die ersten und letzten 3 M wie folgt str: 1 M rechts, 1 M abheben, dabei den Faden vor der M weiterführen, 1 M rechts.

In den Rückr die ersten und letzten 3 M wie folgt str: 1 M abheben, dabei den Faden vor der M weiterführen, 1 M rechts, 1 M abheben, dabei den Faden vor der M weiterführen.

Anleitung

HINWEIS: Auf Knäuelwechsel innerhalb einer Reihe verzichten, neue Knäuel immer am Rand ansetzen.

Für das Rückenteil 198/218/238 M (= 62/68/74 cm) anschl und 15 cm kraus rechts str, dabei jeweils die ersten und letzten 3 M als Patentrand arb, er bildet den Abschluss für die seitlichen Schlitzkanten. Nach 15 cm über alle M glatt rechts str. In 39 cm Höhe ab Anschlagkante beidseitig über die ersten und letzten 10 M der R die Armabschlüsse wie folgt weiterarb:

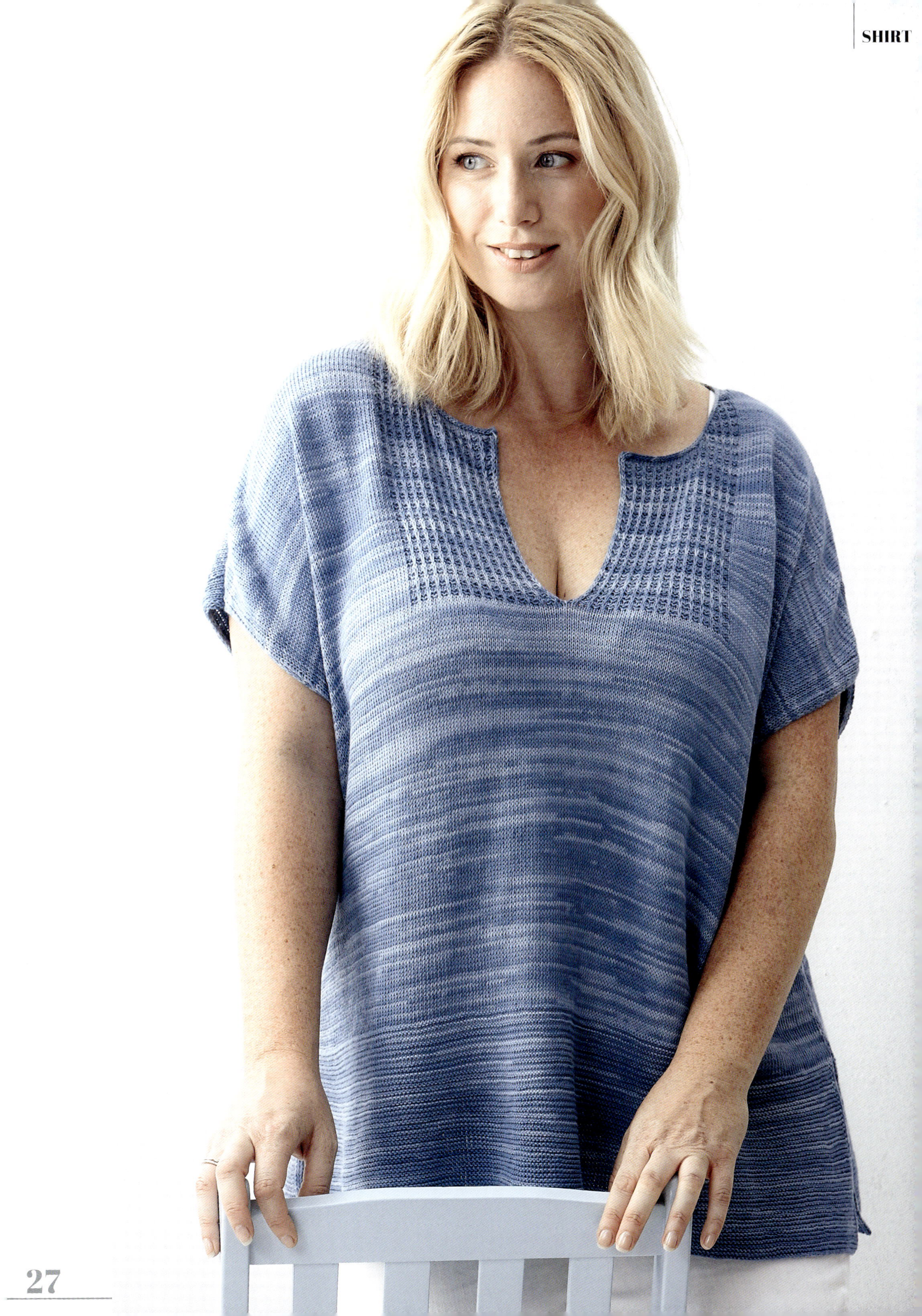

In den Hinr: 3 M Patentrand, 1 M links, 2 M rechts, 1 M links, 2 M rechts, 1 M links, 178/198/218 M rechts, die letzten 10 M gegengleich str: 1 M links, 2 M rechts, 1 M links, 2 M rechts, 1 M links, 3 M Patentrand.

In den Rückr: Die M str wie sie erscheinen, dabei die 3 M für den Patentrand wie beschrieben arb. In 54/56/58 cm Höhe beidseitig mit den Abnahmen für die Schulterschräge beginnen, dafür beidseitig je 3/6/5 M abk, dann in der folgenden 2. R beidseitig 15/16/18x 4 M abk bzw. überziehen (siehe Tipp) bis beidseitig jeweils 63/70/77 M abgekettet sind und in ca. 61,5/64/66,5 cm Höhe die restlichen mittleren 72/78/84 M für den rückwärtigen Halsausschnitt stilllegen.

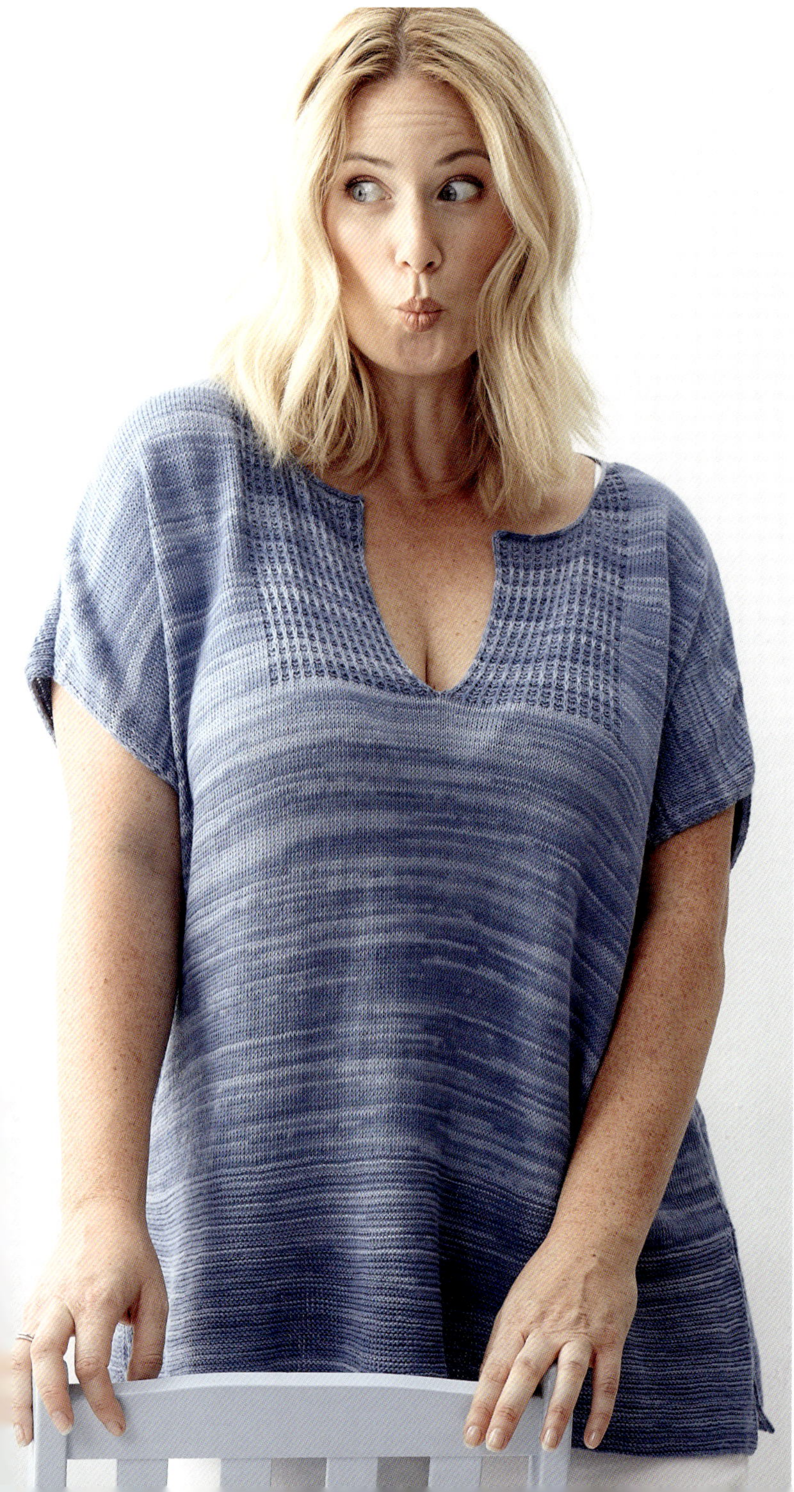

Abnahme an der Schulterschräge

Einen Tipp für eine schöne, gerade Abkettkante ohne sogenannte „Treppchen" finden Sie auf S. 33.

Das Vorderteil wie das Rückenteil str, allerdings in 39 cm Höhe, zusätzlich zu den beidseitigen Randabschlüssen für die Armausschnitte, die Arbeit mittig für den vorderen Schlitz teilen und wie folgt weiterarb:

Die linke Vorderteilhälfte in einer Hinr mit den 10 M für den Armabschluss wie im Rückenteil beschrieben beginnen, die nächsten 55/62/69 M rechts str und dann einen MM setzen, um den Übergang zum Strukturmuster zu kennzeichnen. Die nächsten 32/35/38 M im Strukturmuster wie beschrieben str, die letzten 3 M als Patentrand arb, dabei für die letzte M die M vor der Mitte verdoppeln: 1 M rechts, 1 M links aus einer M str, die Arbeit wenden. Die restlichen 99/109/119 M der R für die rechte Vorderteilhälfte stilllegen. In dieser M-Einteilung über die nächsten 15/17/19 cm weiterarb, dann mit der Schulterschräge wie beim Rückenteil beginnen und gleichzeitig für den Halsausschnitt die ersten 22/24/25 M (= 3 M Patentrand) und die ersten 19/21/22 M im Strukturmuster stilllegen. Für die Rundung des Halsausschnitts in jeder 2. R 15/16/18x 1 M abnehmen bzw. stilllegen, hierfür mit Dm wie folgt arb:

Arbeiten mit doppelten Maschen

Für eine Dm in einer Rückr den Faden vor die Arbeit nehmen und die M mit dem Faden zusammen wie zum Linksstr abheben, dann die M mit dem Faden fest nach hinten ziehen, die M liegt jetzt doppelt. Wird der Faden nicht fest genug gezogen, entstehen später Löcher. Die Dm in einer Hinr wird ebenso gearbeitet.

Für den Halsausschnitt dabei folgendes beachten:
Für den Halsausschnitt der linken Vorderteilhälfte die Dm jeweils am Anfang einer Rückr arb (für die 1. Abnahme: In der Hinr unmittelbar vor den stillgelegten M die Arbeit wenden und in der folgenden Rückr die 1. M als Dm arb.) In jeder folgenden Hinr vor der Dm der Vor-R stoppen, die Arbeit wenden und die folgende M (= 1. M) der Rückr als Dm arb.
Für den Halsausschnitt der rechten Vorderteilhälfte die Dm jeweils am Anfang einer Hinr arb (für die 1. Abnahme: Nach der Rückr unmittelbar vor den stillgelegten M die Arbeit wenden und in der folgenden Hinr die 1. M als Dm arb.) In jeder folgenden Rückr vor der Dm der Vor-R stoppen, die Arbeit wenden und die folgende M (= 1. M) der Hinr als Dm arb.
So reduziert sich die Anzahl der M in jeder R um 1 M, die R werden also verkürzt gestrickt und die Dm werden dabei auf dem Nadelseil stillgelegt. Die Abnahmen wdh wie beschrieben.

HINWEIS: Die Dm werden erst beim Fertigstellen abgestrickt.

Die rechte Vorderteilhälfte gegengleich zur linken arb, dafür die stillgelegten M wieder aufnehmen und in der ersten Hinr wie folgt str: 1. M verdoppeln, dabei die ersten 3 M als Patentrand arb, 32/35/38 M im Strukturmuster str, einen MM einsetzen, 55/62/69 M rechts str, die letzten 10 M für den Armabschluss wie beim Rückenteil beschrieben str.

HINWEIS: Wenn Ihnen der Halausschnitt mit Dm zu kompliziert ist, können Sie die M für den Halsausschnitt auch auf herkömmliche Weise abk und anschließend für die Halsblende die M wieder auffassen.

Fertigstellen

Die Schulternähte schließen. Die stillgelegten M für den Halsausschnitt auf eine Rundstricknd auffassen, 1 R rechte M str und dabei die Dm der verkürzten R jeweils rechts zusammenstr.

Die ersten 3 M (ursprünglich der Patentrand des Schlitzes der rechten Vorderteilhälfte) auf eine dünnere Ndspiel-Nd nehmen und damit die M des Halsausschnitts mit einer Strickkordel abk. Die M des Patentrandes werden nun immer rechts gestrickt. Zu Beginn für die Rundung 2 R wie beschrieben für die Strickkordel str, ohne M aus dem Halsausschnitt einzuarb.
Für die Strickkordel * 2 M rechts str, anschließend 2 M rechts zusammenstr, dabei ist die letzte M eine M des Halsausschnitts. Nun die Ndspiel-Nd nicht wenden, sondern die Nd soweit durch die die 3 M zurückschieben, dass am rechten Ende der Nd wieder weiter gestrickt werden kann. Den Arbeitsfaden an den Nd-Anfang holen und wie ab * beschrieben stets wdh bis alle M des Halsausschnitts verarbeitet sind, dabei den Arbeitsfaden immer wieder fest anziehen, damit eine runde Kante entsteht. Nach der letzten M, an der vorderen Kante der linken Vorderteilhälfte noch 2 R wie beschrieben str, ohne dabei M aus dem Halsausschnitt einzuarb, dann die 3 M im M-Stich mit den 3 M des Patentrands zusammennähen. Das Vorder- und Rückenteil anfeuchten und auf die Schnittmaße spannen, dann trocknen lassen. Die Seitennähte unterhalb der Armausschnitte zusammennähen, dabei die unteren 15 cm als Seitenschlitz offen lassen. Alle Fäden vernähen.

SCHNITTZEICHNUNG

Angaben in cm

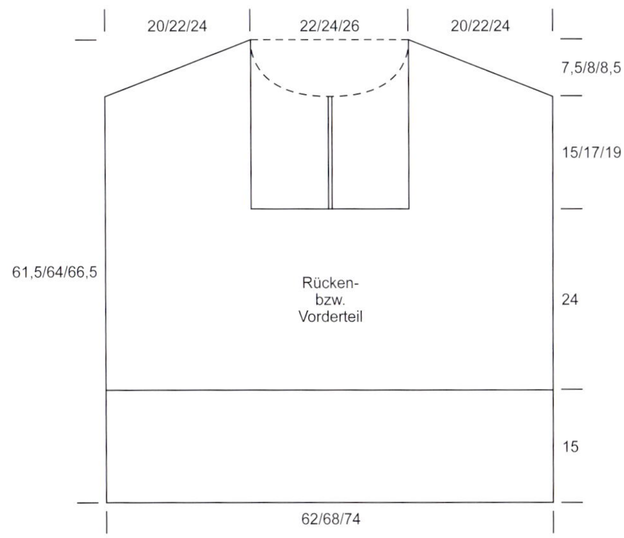

SCHWIERIGKEITSGRAD I

GRÖSSEN

S-M/L-XL

Die Angaben für Größe S-M stehen vor dem Schrägstrich, für Größe L-XL nach dem Schrägstrich. Steht nur eine Angabe, so gilt diese für beide Größen.

MATERIAL

- Lana Grossa Brigitte N° 2 (LL 135 m/50 g) in Petrol (Fb 22), 400/500 g
- Rundstricknadel 6,0 mm, 80 cm lang
- Rundstricknadel 6,0 mm, 40-80 cm lang für den Taschenbeutel
- Wollnadel

MASCHENPROBE

Glatt rechts mit Nd 6,0 m 15 M und 32 R = 10 cm x 10 cm

Kraus rechts

In Hin- und Rückr rechte M str.

Perlrand

Die Rdm werden in Hinr- und Rückr rechts gestrickt. Bei den vorderen Kanten besonders darauf achten, dass der Faden dabei fest angezogen wird damit ein schöner Rand entsteht.

Glatt rechts

In Hinr rechte M, in Rückr linke M str.

Maschen aufstricken

Diese Zunahmen werden immer am rechten Rand des Strickstückes gearbeitet. Wenden Sie ggf. das Strickstück so, dass Arbeitsfaden und 1. M in der Ausgangsposition (= linke Nd, 1. M am rechten Rand) liegen, den Arbeitsfaden hinter die Nd legen. * Stechen Sie nun mit der rechten Nd in die 1. M wie zum Rechts str ein und bilden eine Schlinge, die Schlinge und die M dabei nicht von den Nd gleiten lassen. Stechen Sie nun mit der linken Nd-Spitze von vorne nach hinten in die Schlinge auf der rechten Nd ein und nehmen diese als neue M auf die linke Nd. Ab * stets wdh, bis die gewünschte M-Zahl erreicht ist. Für jede neue M stechen Sie dabei in die zuletzt gebildete M ein.

Matratzenstich

Die beiden zu verbindenden Strickteile mit der Vorderseite nach oben aneinanderlegen. Die Rdm der unteren Anschlagkanten in Form einer „8" miteinander verbinden, dafür mit der Wollnadel neben den unteren Eckm der beiden Strickteile jeweils von unten nach oben vor bzw. nach der Rdm ausstechen und den Faden durchziehen, dabei am linken Strickteil beginnen. Ein 2. Mal von unten nach oben durch die gleiche Stelle des linken Strickteils stechen, dann an der gegenüberliegenden Stelle auch wieder in die gleiche Stelle einstechen allerdings von oben nach unten, dann den darüber liegenden Querfaden erfassen und die Nd zurück zum linken Strickteil führen. * In die vorhergehende Einstichstelle von oben einstechen, die darüber liegenden 2 Querfäden erfassen, die Nd zum rechten Strickteil zurückführen, in die vorhergehende Einstichstelle von oben einstechen, die darüber liegenden 2 Querfäden erfassen, dann die Nd zum linken Strickteil zurückführen. Ab * stets wdh bis die ganze Naht geschlossen ist, den Faden dabei hin und wieder festziehen.

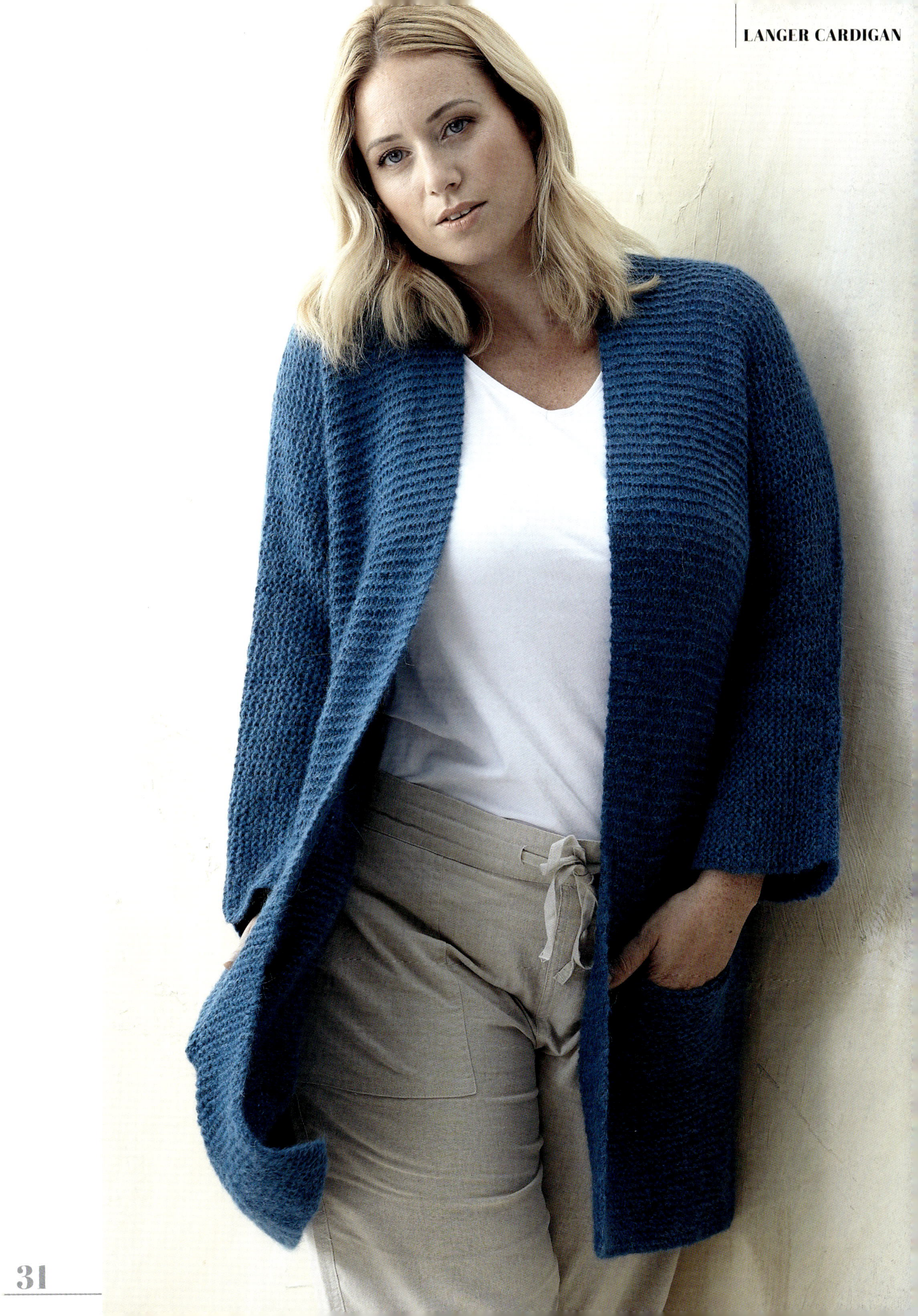

Anleitung

Das Modell verzichtet auf einen Ausschnitt im Vorder- und Rückenteil, aber auch mit dieser modernen und einfachen Schnittführung ergibt sich eine gute Passform.

Rückenteil

84/98 M anschl (= 60/70 cm) und kraus rechts in R str. In ca. 63/59,5 cm Höhe beidseitig je 59/52 M (= 42/37 cm) für die Ärmel aufstr (= 202 M).

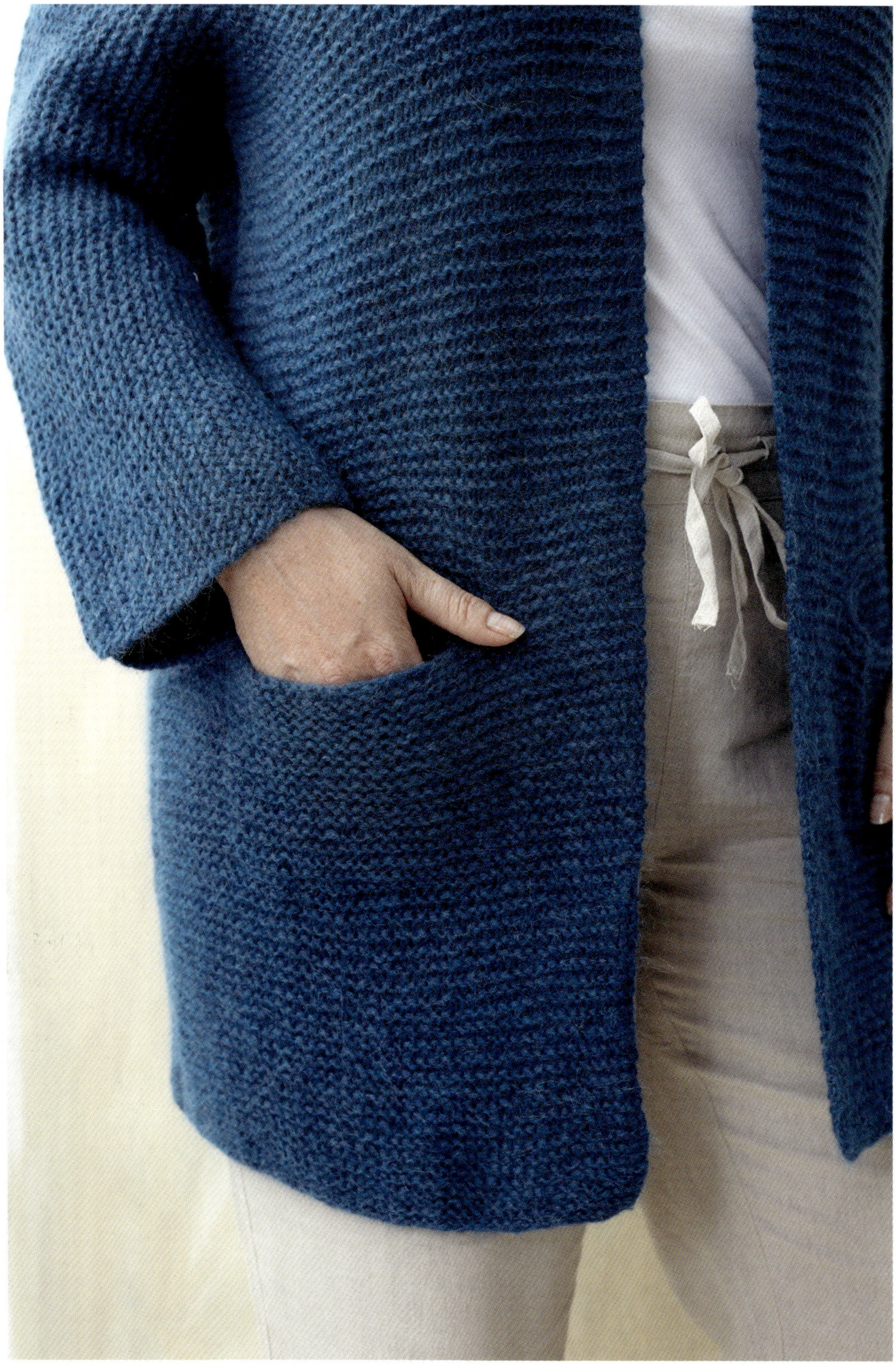

Nach weiteren 15/17,5 cm mit den Abnahmen für die Schulterschräge beginnen, dafür beidseitig jeweils die ersten 14 M abk, dann in jeder folgenden 2. R beidseitig 7x 10 M abk bzw. überziehen (siehe Tipp). In 84 cm Höhe die restlichen 38 M gerade abk.

Abnahme an der Schulterschräge

Eine schöne, gerade Abkettkante ohne sogenannte „Treppchen" erhalten Sie durch folgende Technik: In der Reihen vor der geplanten Abnahme bis 1 Masche vor der letzten Masche stricken und die Arbeit wenden. Die ungestrickte Masche befindet sich nach dem Wenden auf der rechten Nadel, nun die folgende Masche der linken Nadel ebenfalls abheben. Jetzt die 1. Masche der rechten Nadel von rechts nach links über die 2. Masche ziehen (= 1 M abgekettet). Falls weitere Maschen abgekettet werden sollen, die nächste Masche stricken und die 1. Masche der rechten Nadel von rechts nach links über die 2. Masche ziehen. Diesen Vorgang wiederholen bis die gewünschte Maschenzahl abgekettet ist. Die restlichen Maschen mustergemäß stricken.

Linke Vorderteilhälfte

42/49 M anschl (= 30/35 cm) und kraus rechts in R str. In ca. 27/25 cm Höhe für den Taschenschlitz in der nächsten Rückr 10/13 M str, die nächsten 22 M (= 15 cm) für den Tascheneingriff rechts str und dabei abk. Bis zum R-Ende wie gewohnt weiterstr.
Für den Taschenbeutel mit der 2. Rundstricknd 30 M neu anschl und 10 cm glatt rechts, dann noch 5 cm kraus rechts str (= 15 cm Taschenbeutelhöhe). Mit 1 Rückr enden. Diese M in der nächsten Hinr in das Vorderteil entsprechend einfügen und über alle M weiterstr.
In ca. 63/59,5 cm Höhe am rechten Rand 59/52 M (= 42/37 cm) für den Ärmel aufstr (= 101 M).
Nach weiteren 15/17,5 cm mit den Abnahmen für die Schulterschräge beginnen, dafür in der nächsten Hinr die ersten 14 M abk, dann in jeder folgenden 2. R 7x 10 M abk bzw. überziehen (siehe Tipp). In 84 cm Höhe die restlichen 19 M gerade abk.

Rechte Vorderteilhälfte

Gegengleich zur linken Vorderteilhälfte str.

Fertigstellen

Alle Schnittteile anfeuchten und spannen, dann trocknen lassen. Alle Nähte im Matratzenstich schließen, zuerst die Schulternähte, dabei darauf achten, dass die vorderen Kanten aneinander stoßen. Danach unteren Ärmel- und die Seitennähte schließen. Die Taschenbeutel auf der linken Seite mit überwendlichen Stichen annähen, dabei den Faden nicht zu fest anziehen. Alle Fäden vernähen.

SCHNITTZEICHNUNG

Angaben in cm

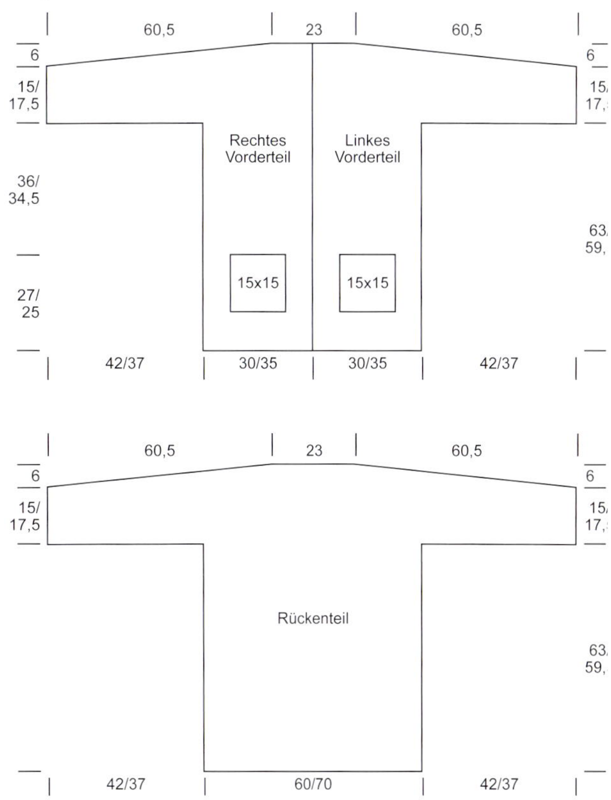

Wandelbar

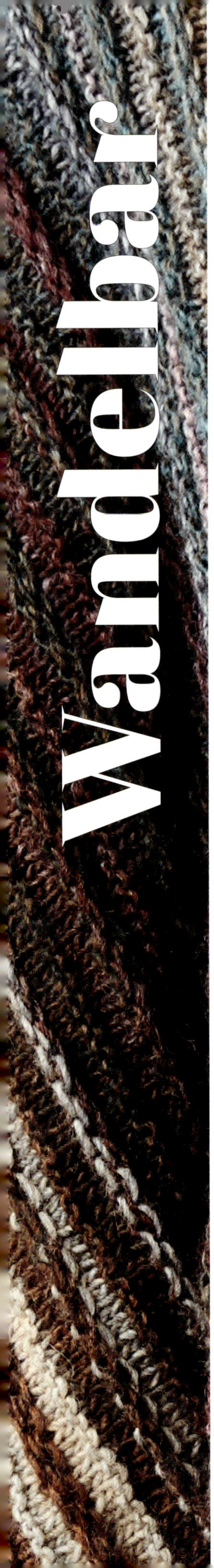

SCHWIERIGKEITSGRAD I

GRÖSSEN

S/M-L/XL

Die Angaben für Größe S stehen vor dem 1. Schrägstrich, für Größe M-L zwischen den Schrägstrichen, für Größe XL nach dem 2. Schrägstrich. Steht nur eine Angabe, so gilt diese für alle Größen.

MATERIAL

- Lana Grossa Gomitolo Versione (LL 700 m/200 g) in Ocker/Rotbraun/Senfgelb/Türkis/Petrol (Fb 407), 200 g (= 1. Farbe)
- Lana Grossa Gomitolo Molto (LL 700 m/200 g) in Orange/Hellgrau/Dunkelgrau/Blauviolett/Pink/Jeans (Fb 610), 200 g (= 2. Farbe)
- Rundstricknadel 4,5 mm, 80 cm lang
- Rundstricknadel 4,0 mm, 80 cm lang
- Nadelspiel 4,0 mm
- Wollnadel

MASCHENPROBE

Im Strukturstreifen-Muster mit Nd 4,5 mm 17 M und 36 R = 10 cm x 10 cm

Kraus rechts

In Hinr und Rückr rechte M str.

Glatt rechts

In Hinr rechte M, in Rückr linke M str.

Rippenmuster

In Rd, M-Zahl teilbar durch 4
2 M rechts, 2 M links im Wechsel str.

Strukturstreifen-Muster

M-Zahl teilbar durch 2 + 1 + 4 Rdm

HINWEIS: Die Rdm sind nicht gesondert aufgeführt. Die letzten 3 M jeder Hinr und die ersten 3 M jeder Rückr als Patentrand arb. Dieser Rand bildet den Saum der Weste. Am rechten Rand (= obere Schulternähte) für die Rdm 1 M kraus rechts str.

HINWEIS: *Aus einem einfachen Schal wird mit 2 kurzen Nähten und angestrickten Ärmelbündchen eine Weste. Durch die einfache Konstruktion entsteht ein lässiges Modell und die Größenangaben sind nur als ungefähre Richtlinie zu sehen. Ab einer Körpergröße von ca. 170 cm die angegebene Breite für XL wählen, da so die Weste etwas länger wird. Die Länge kann nach Belieben (154 cm und 184 cm) auch entsprechend angepasst werden.*

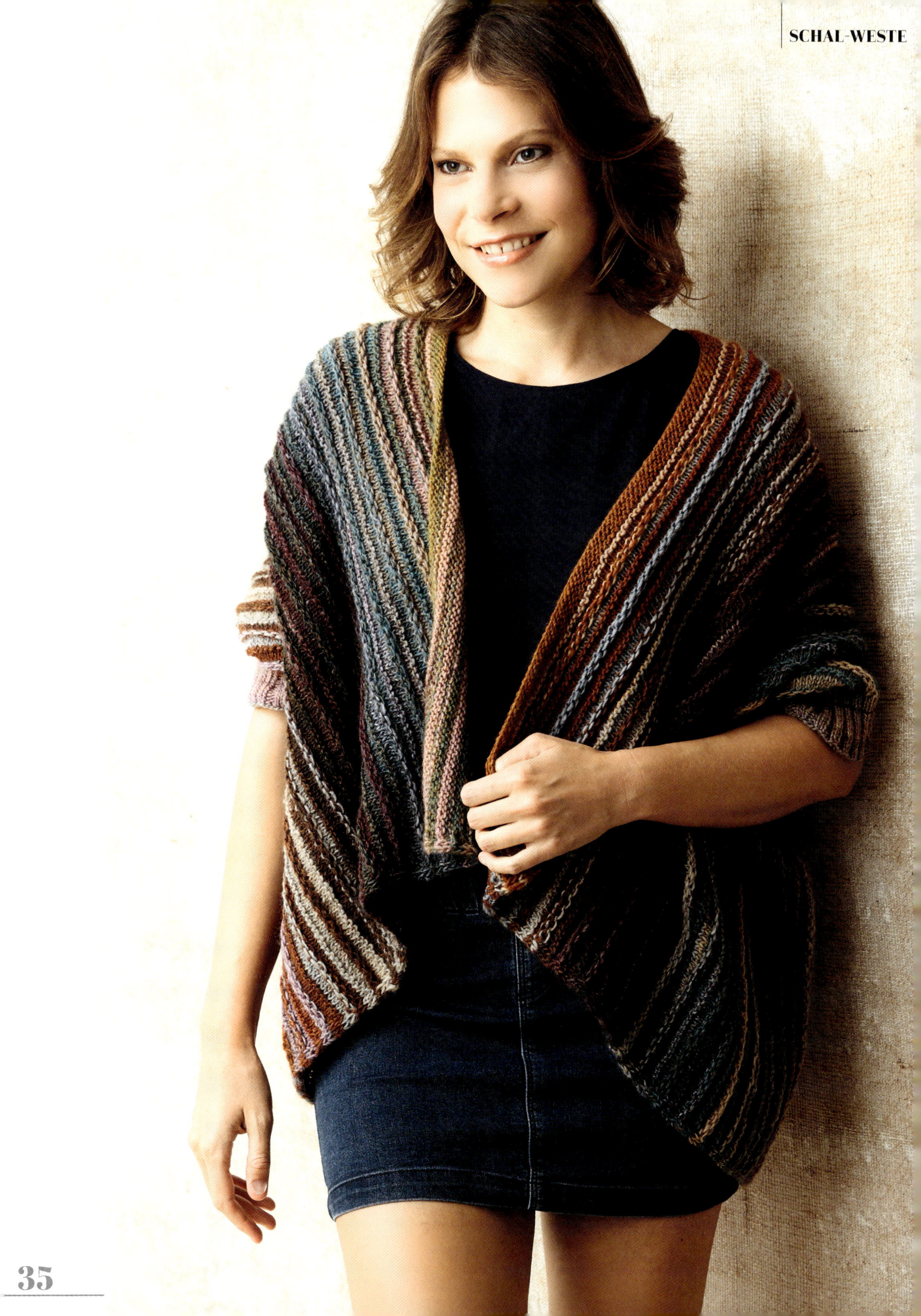

1. R (Hinr): Alle M rechts str.
2. R: Alle M rechts str.
3. R: Alle M rechts str.
4. R: Alle M links str.
5. R: Alle M rechts str.
6. R: 1 M rechts, * 1 M wie zum Linksstr mit dem Faden hinter der M abheben, (= Flottung auf der Vorderseite), 1 M rechts, ab * stets wdh.
7. R: * 1 M wie zum Linksstr mit dem Faden vor der M abheben, 1 M links, ab * stets wdh, enden mit 1 M wie zum Linksstr mit dem Faden vor der M abheben.
8. R: Wie die 6. R str.
9. R: Alle M rechts str.
10. R: Alle M links str.
Die 1.-10. R stets wdh, dabei die Fb immer nach 4 R wechseln, so mischen sich Fb und Muster immer neu.

Patentrand

Den Patentrand nur am linken Rand über 3 M arb.

In den Hinr die letzten 3 M wie folgt str: 1 M rechts, 1 M abheben, dabei den Faden vor der M weiterführen, 1 M rechts.
In den Rückr die ersten 3 M wie folgt str: 1 M abheben, dabei den Faden vor der M weiterführen, 1 M rechts, 1 M abheben, dabei den Faden vor der M weiterführen.

Anleitung

Die 1. Fb wird für die Blenden verwendet und bei Grösse S und M-L auch für die Ärmelbündchen. Bei Grösse XL wird die 2. Fb für die Ärmelbündchen verwendet.
Mit Nd 4,0 mm in der 1. Fb 89/97/105 M locker anschl und 5 R kraus recht str, dabei ist die 1. R eine Rückr. Entlang der linken Kante, also gleich zu Beginn der 1. Rückr den Patentrand wie beschrieben arb.
Danach zu Nd 4,5 mm wechseln und mit der 2. Fb im Strukturstreifen-Muster weiterarb, den Patentrand dabei fortsetzen. Jeweils 4 R in der 2. Fb und 4 R in der 1. Fb im Wechsel str.

SCHNITTZEICHNUNG

Angaben in cm

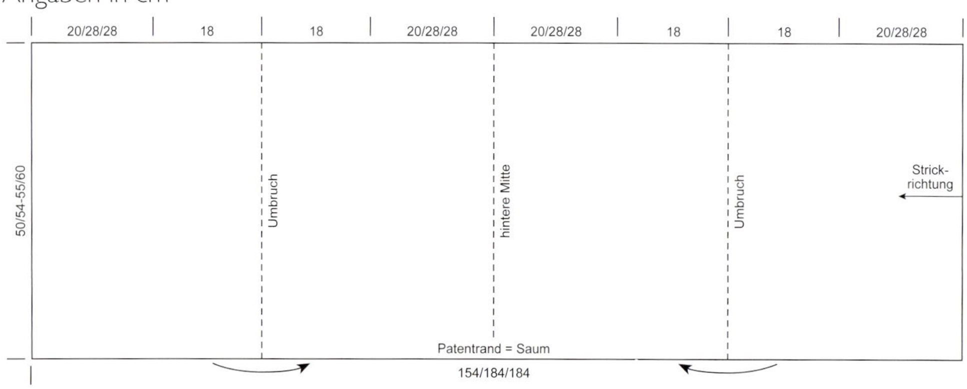

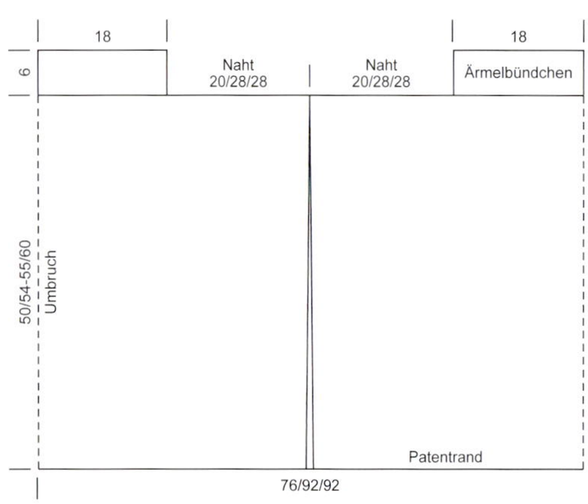

In ca. 154/184/184 cm Höhe, nach einer 2. Rückr des Strukturstreifen-Musters (= nach einem Streifen kraus rechts) wieder zu den kleineren Nd wechseln und in der 1. Fb 6 R kraus rechts für die Blende str, anschließend noch 1 Hinr rechte M arb und die M dabei abk.

Fertigstellen

Das Strickteil laut Schnittzeichnung zusammenlegen (die Schnittzeichnung zeigt 1x das Strickstück im Ganzen und 1x die gefaltete Version), die Anschlag- und Abkettkanten stoßen dabei als vordere Blenden aneinander, der Patentrand bildet die den Saum der unteren Kante.
Nun die Naht an der oberen Kante schließen, dabei die beiden Armausschnitte offen lassen, der Umfang beträgt jeweils ca. 36 cm. Aus den Armausschnitten mit den Nd des Ndspiels jeweils 92 M in der 1./1./2. Fb auffassen und zur Rd schließen. Nun für das Bündchen ca. 6 cm im Rippenmuster in Rd str, dann locker abk. Alle Fäden vernähen.

Tragetipp

Für die Kurzwesten-Version die Weste so anziehen, dass die Blenden der Anschlag- und Abkettkante entlang der vorderen Mitte aneinander stossen. Insgesamt die Weste etwas nach hinten ziehen, so bildet sich im Rücken ein kleiner V-Ausschnitt und die vorderen Säume rutschen etwas nach oben.
Alternativ kann man das Ganze auch umdrehen: Die ursprüngliche Saumlinie bildet dann eine Art Schalkragen, die beiden Blenden bilden am unteren Rücken einen Schlitz, ähnlich wie bei einem Frackschoss. Die Silhouette ist insgesamt etwas länger und durch den Schlitz am Rücken kann man bequem sitzen.

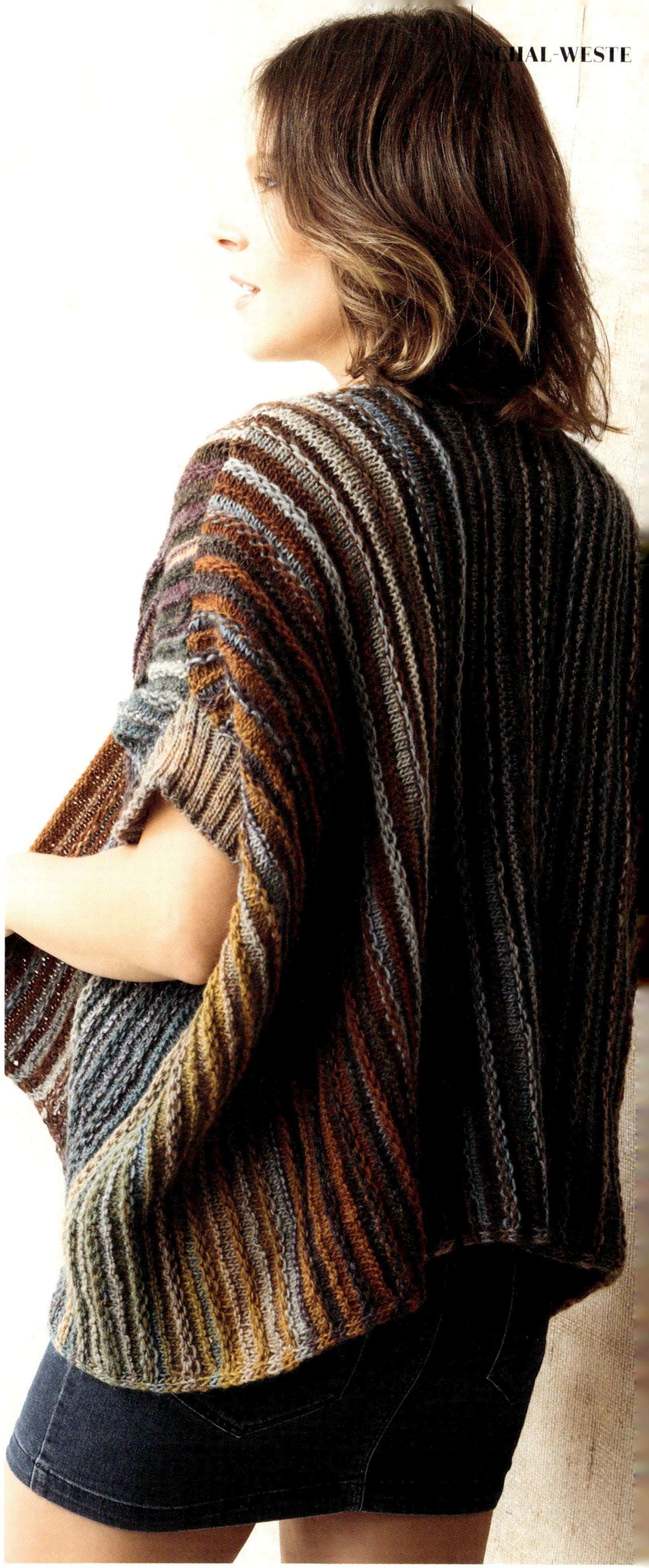

VON KOPF BIS FUSS

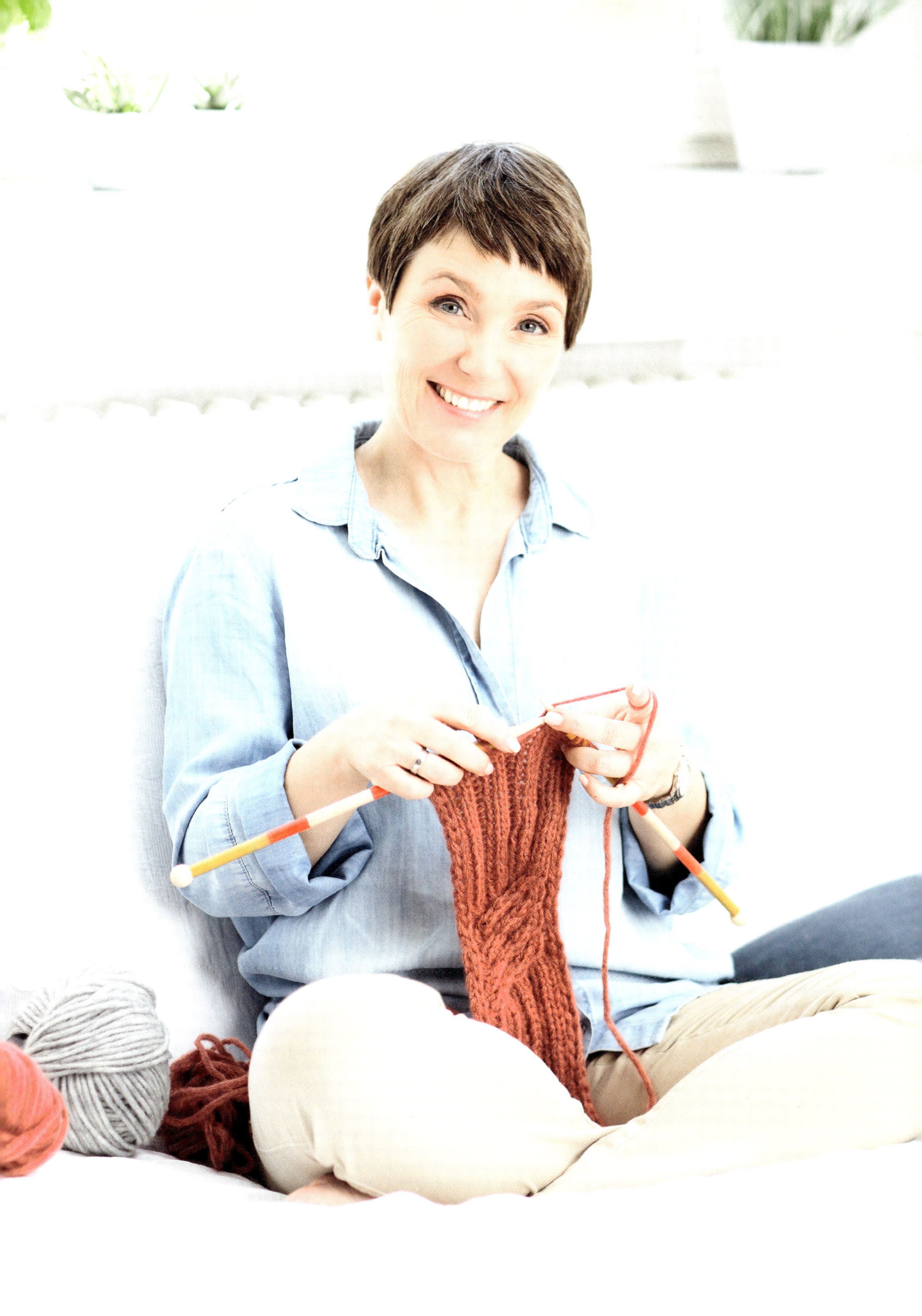

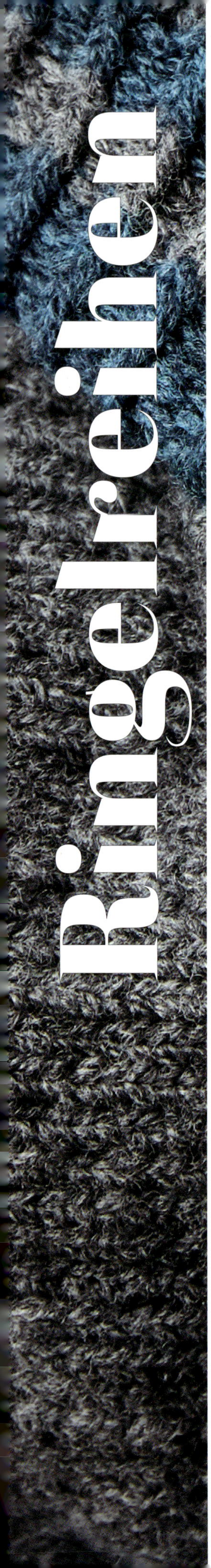

Ringelreihen

SCHWIERIGKEITSGRAD 1

GRÖSSEN

Größe 1 (Damen): Umfang ca. 47-48 cm, für Kopfumfang 54-56 cm

Größe 2 (Herren): Umfang ca. 50 cm, für Kopfumfang 56-58 cm

Wenn nicht anders beschrieben stehen die Angaben für Größe 1 vor dem Schrägstrich, für Größe 2 nach dem Schrägstrich. Ist nur eine Angabe vorhanden, so gilt diese für alle angegebenen Größen.

MATERIAL

BASICMÜTZE

- Lana Grossa Cashmere 16 Fine (LL 320 m/50 g) in Oliv (Fb 34), 50 g
- Nadelspiel 3,5 mm
- Rundstricknadel 3,5 mm, 50 cm lang
- 2 Nadelspielnadeln 2,5-3,0 mm
- Maschenmarkierer
- Wollnadel

WENDEMÜTZE

- Lana Grossa Cashmere 16 Fine (LL 320 m/50 g) in Anthrazit (Fb 16), 50 g/100 g und in Petrol (Fb 13), 50 g
- Nadelspiel 3,5 mm
- Rundstricknadel 3,5 mm, 50 cm lang
- Maschenmarkierer
- Wollnadel

MASCHENPROBE

Glatt rechts in Rd mit Nd 3,5 mm 27 M und 42 Rd = 10 cm x 10 cm

Glatt rechts

In Rd alle M rechts str.

Bündchenmuster

In Rd, gerade M-Zahl

1 M rechts verschränkt, 1 M links im Wechsel str.

Masche verdoppeln

Aus einer M 2 M herausstr: 1 M wie gewohnt rechts str, die ursprüngliche M auf der linken Nd belassen und für die 2. M noch 1 M rechts verschränkt aus dem hinteren M-Schenkel der ursprünglichen M str.

Basicmütze (alle Größen)

Die Mütze wird von oben (= Mützenspitze) nach unten (= Bündchen) gestrick. Dafür 8 M auf 3 Ndspiel-Nd verteilt anschl, zur Rd schließen und wie folgt arb:

1. Rd: Alle M verdoppeln (= 16 M).

2. und jede gerade Rd: Alle M rechts str, dabei in der 2. Rd die M gleichmäßig auf 4 Ndspiel-Nd verteilen.

3. Rd: * 1 M verdoppeln, 1 M rechts, ab * stets wdh (= 24 M).

5. Rd: * 1 M verdoppeln, 2 M rechts, ab * stets wdh (= 32 M).

7. Rd: * 1 M verdoppeln, 3 M rechts, ab * stets wdh (= 40 M).

9. Rd: * 1 M verdoppeln, 4 M rechts, ab * stets wdh (= 48 M).

11. Rd: * 1 M verdoppeln, 5 M rechts, ab * stets wdh (= 56 M).

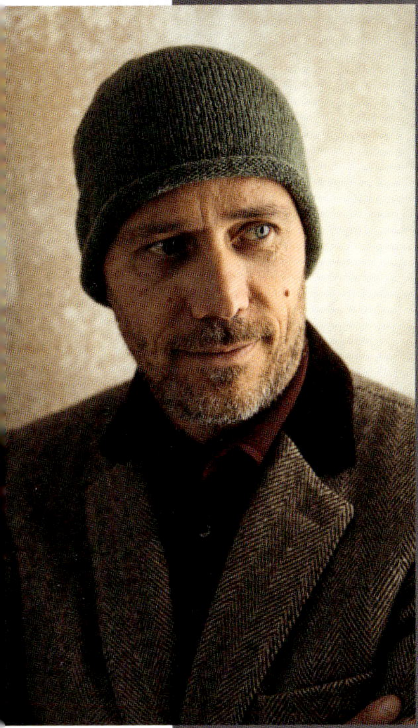

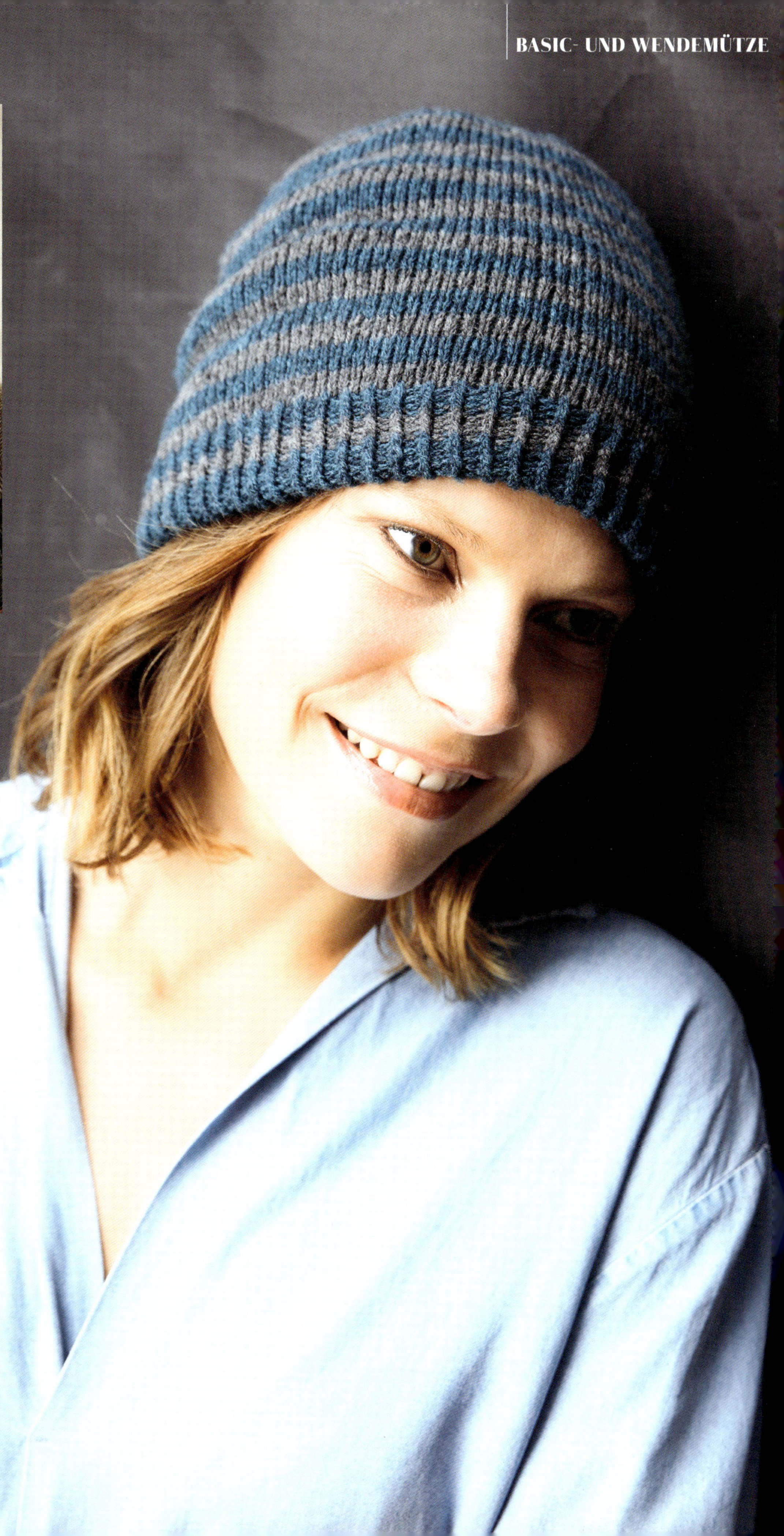

13. Rd: * 1 M verdoppeln, 6 M rechts, ab * stets wdh (= 64 M).
15. Rd: * 1 M verdoppeln, 7 M rechts, ab * stets wdh (= 72 M).
17. Rd: * 1 M verdoppeln, 8 M rechts, ab * stets wdh (= 80 M).
19. Rd: * 1 M verdoppeln, 9 M rechts, ab * stets wdh (= 88 M).
21. Rd: * 1 M verdoppeln, 10 M rechts, ab * stets wdh (= 96 M).
23. Rd: * 1 M verdoppeln, 11 M rechts, ab * stets wdh (= 104 M).
25. Rd: * 1 M verdoppeln, 12 M rechts, ab * stets wdh (= 112 M).
27. Rd: * 1 M verdoppeln, 13 M rechts, ab * stets wdh (= 120 M).
29. Rd: * 1 M verdoppeln, 14 M rechts, ab * stets wdh (= 128 M).
Für Größe 1 ohne Zunahmen über die 128 M (= ca. 47-48 cm Umfang) glatt rechts weiterstr.
Für Größe 2 noch eine weitere Zunahme-Rd arb:
31. Rd: * 1 M verdoppeln, 15 M rechts, ab * stets wdh (= 136 M).
Dann für Größe 2 ebenfalls ohne Zunahmen über die 136 M (= ca. 50 cm Umfang) glatt rechts weiterstr.
In 26 cm Höhe ab Spitze alle M locker abk. Als Variante die M mit einer Strickkordel abk.

Kurze Rundstricknadel

Etwas bequemer lässt es sich nach den Zunahmen mit eine 50 cm kurze Rundstricknadel stricken, dafür einfach auf eine kurze Rundstricknadel in passender Nadelstärke wechseln, dabei den Rundenbeginn mit einem Maschenmarkierer kennzeichnen.

Abketten mit einer Strickkordel

Für den Kordelrand werden 2 kurze Ndspiel-Nd mit einer etwas kleineren Ndstärke benötigt. Am Rd-Beginn auf eine Ndspiel-Nd 3 M aufstr, dann mit der 2. Ndspiel-Nd * 2 M rechts str, anschließend 2 M rechts überzogen zusammenstr, dafür 1 M abheben, 1 M (= 1 M des Mützenrands) rechts str und dann die abgehobene M überziehen. Nun die Ndspiel-Nd nicht wenden, sondern die Nd soweit durch die 3 M zurückschieben, dass am rechten Ende der Nd wieder weiter gestrickt werden kann. Den Arbeitsfaden an den Nd-Anfang holen und wie ab * beschrieben stets wdh bis alle M der Mütze verarbeitet sind. Dabei den Arbeitsfaden immer wieder fest anziehen, damit eine runde Kante entsteht. Am Ende die M des Kordelrands abk, den Faden abschneiden, durch die letzte M ziehen und mit dem Kordelrandanschlag zur Rd zusammennähen. Alle Fäden vernähen, dabei den Anfangsfaden in die Anschlagrunde einweben und zusammenziehen.

Wendemütze (alle Größen)

Für die Wendemütze werden 2 Mützen in einem gestrickt, eine Seite geringelt, die andere einfarbig. Dafür werden im Prinzip zwei aneinanderhängende Mützen gestrickt. Es wird von Mützenspitze zu Mützenspitze gearbeitet. Die Mütze wird von oben nach unten gestrickt.
Dafür in Anthrazit 8 M auf 3 Ndspiel-Nd verteilt anschl und zur Rd schließen. Die 1.-29./1.-31. Rd für die Mützenzunahmen wie bei der Basicmütze beschrieben arb, dabei jeweils nach 4 Rd die Fb wechseln, die Anschlag-R zählt als 1. Rd. Nun ohne Zunahmen über die 128/136 M glatt rechts weiterstr, dabei den Fb-Wechsel nach jeweils 4 Rd wie gewohnt fortsetzen. Nach insgesamt 23/25 Ringeln ab Anschlag, wieder wie gewohnt die Fb wechseln, dann 1 Rd glatt rechts str, weiter 3 Rd im Bündchenmuster, dann 4 Rd im Bündchenmuster in Anthrazit und noch weitere 8 Rd im Bündchenmuster in Petrol str. Anschließend wird nur noch in Anthrazit weitergearbeitet. Weitere 8 Rd im Bündchenmuster str. Dann 62/68 Rd glatt rechts arb. Ab der 63./69. Rd die Abnahmen entsprechend der zu Beginn gemachten Zunahmen str, dafür bitte vor Beginn der Abnahmen die Fäden vernähen.
1. Abnahme-Rd: * 2 M rechts zusammenstr, 14/15 M rechts, ab * stets wdh (= 120/128 M).
2. und jede gerade Abnahme-Rd: Alle M rechts str.

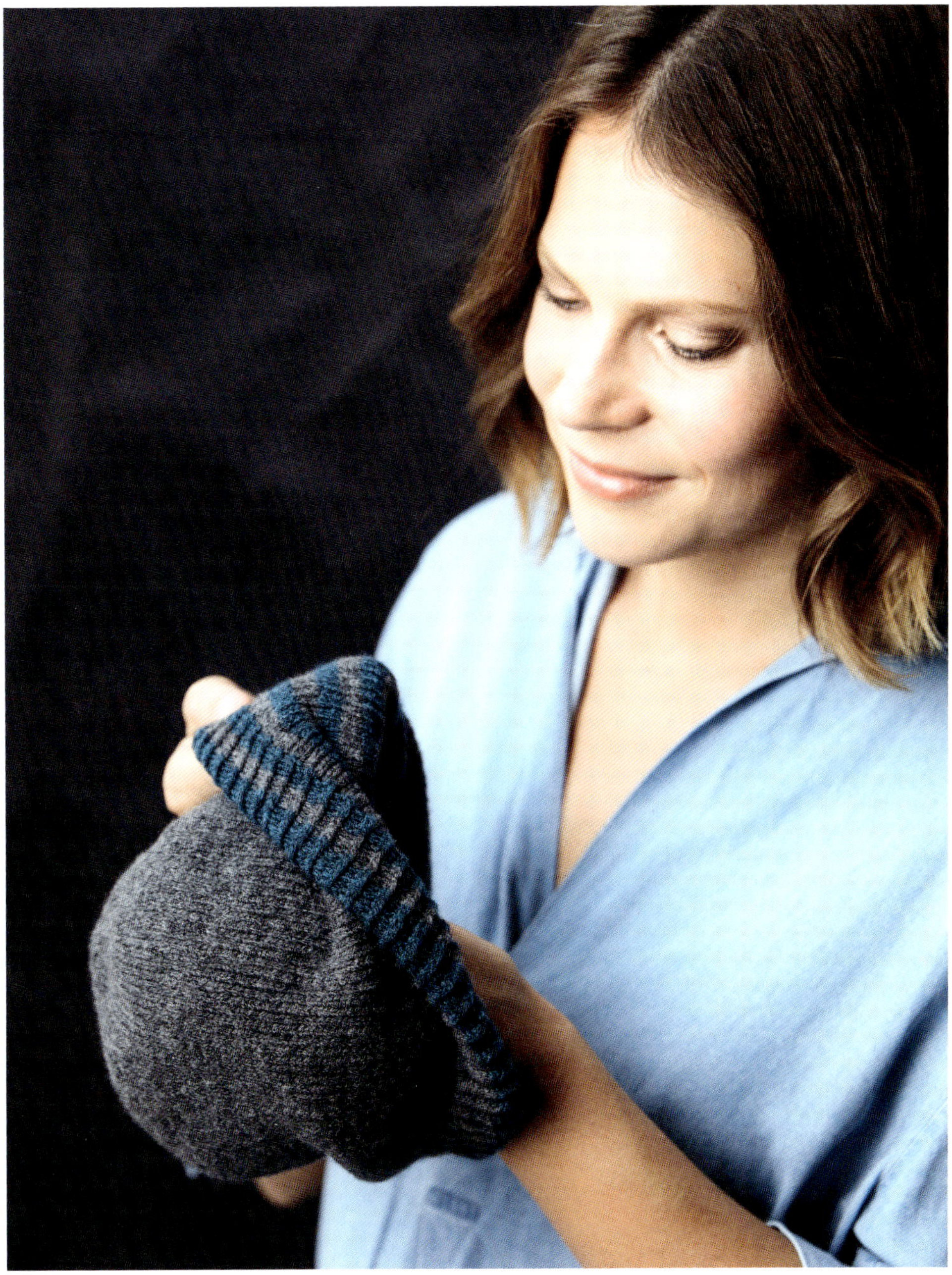

3. Abnahme-Rd: * 2 M rechts zusammenstr, 13/14 M rechts, ab * stets wdh (= 112/120 M).
5. Abnahme-Rd: * 2 M rechts zusammenstr, 12/13 M rechts, ab * stets wdh (= 104/112 M).
In diesem Prinzip fortfahren, d.h. in einer Abnahme-Rd (= ungerade Rd) verringert sich die M-Zahl nach der 1. Abnahme um 1, dann bis zum Ende der Rd dies entsprechend wdh bis noch insgesamt 16 M übrig sind. Abschließend noch 1 Rd ohne Abnahmen str, in der nächsten Rd jeweils 2 M rechts zusammenstr. Den Faden abschneiden und 2x durch die restlichen 8 M ziehen. Die Mützen ineinander stülpen und mit dem Faden die beiden Mützenspitzen zusammenheften.

Fertigstellen

Die Mützen anfeuchten und in Form ziehen, dann trocknen lassen. Die fertige Mützenhöhe beträgt ca. 24/26 cm.

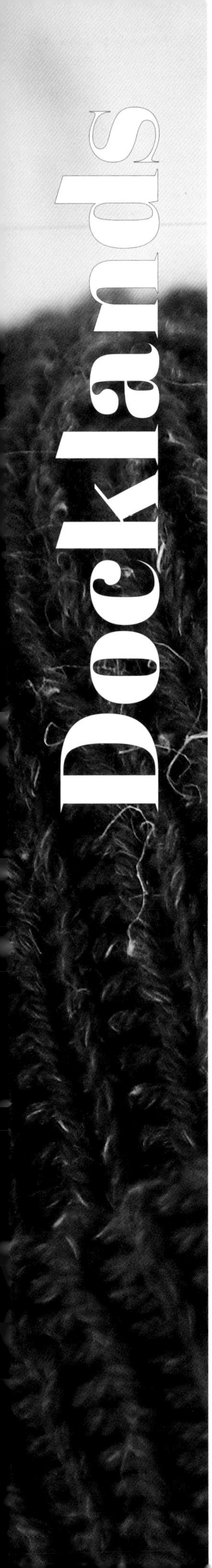

Docklands

SCHWIERIGKEITSGRAD I

GRÖSSEN

Größe 1 (Kind): ungedehnt gemessen ca. 36-38 cm, für Kopfumfang 48 50 cm

Größe 2 (Erwachsene): ungedehnt gemessen ca. 44 cm, für Kopfumfang 56-58 cm

Die Angaben für Größe 1 stehen vor dem Schrägstrich, für Größe 2 nach dem Schrägstrich. Steht nur eine Angabe, so gilt diese für beide Größen.

HINWEIS: Je nach Dehnbarkeit des Strickmusters sollte der Mützenumfang ca. 15-20% geringer sein als der tatsächliche Mützenumfang – bei diesem Modell ist das Muster sehr dehnbar, daher ist der Mützenumfang entsprechend knapp berechnet.

MATERIAL

- Lana Grossa Slow Wool Canapa (LL 100 m/50 g) für Größe 1 in Marine (Fb 10) oder für Größe 2 in Dunkelgrau (Fb 05), je 100 g
- Nadelspiel 4,0 mm
- Maschenmarkierer
- Wollnadel

MASCHENPROBE

Im Rippenmuster mit Nd 4,0 mm (ungedehnt gemessen)
28 M und 29 Rd = 10 cm x 10 cm

Rippenmuster

In Rd, gerade M-Zahl
1 M rechts, 1 M links im Wechsel str.

Anleitung

96/112 M gleichmäßig auf 4 Ndspiel-Nd verteilt anschl (= 24/28 M je Nd), zur Rd schließen, den Rd-Beginn mit einem MM kennzeichnen. Im Rippenmuster str. Nach 18/23 cm Gesamtlänge ab Anschlagkante für die Abnahmen auf jeder Nd die 10.-14./12.-16. M kennzeichnen (= 5 M – je 1 M links, rechts, links, rechts und links, vor und nach diesen M jeweils einen MM einsetzen). Nun mit den Abnahme-Rd beginnen:

1.+2. Rd: Vor diesen 5 markierten M 2 M rechts zusammenstr, nach diesen 5 markierten M 2 M rechts verschränkt zusammenstr (= 88 M nach der 1. und 80. M nach der 2. Rd/104 nach der 1. und 96 M nach der 2. Rd).

Die 3. und 4. Rd ohne Abnahmen im Rippenmuster str.

Die 1.-4. Rd noch 3/4x wdh (= 32 M).

Nun noch 1 Rd ohne Abnahmen im Rippenmuster str, dann in der folgenden Rd im Wechsel 2 M rechts verschränkt zusammenstr, 2 M links zusammenstr (= 16 M). Noch 1 Rd ohne Abnahmen im Rippenmuster arb. Den Faden abschneiden und 2x durch die restlichen 16 M fädeln und zusammenziehen.

Fertigstellen

Alle Fäden vernähen. Die Mütze anfeuchten und in Form ziehen, dann trocknen lassen. Den unteren Mützenrand 6-7 cm breit nach außen umschlagen. Die fertige Mützenhöhe (mit Umschlag) beträgt ca. 16/20 cm.

Schöne Anschlagkante

Die Abnahmen sehen auf der Innenseite schöner aus. Deshalb die Mütze wenden. So ist beim Umschlag auch die schönere Anschlagkante sichtbar.

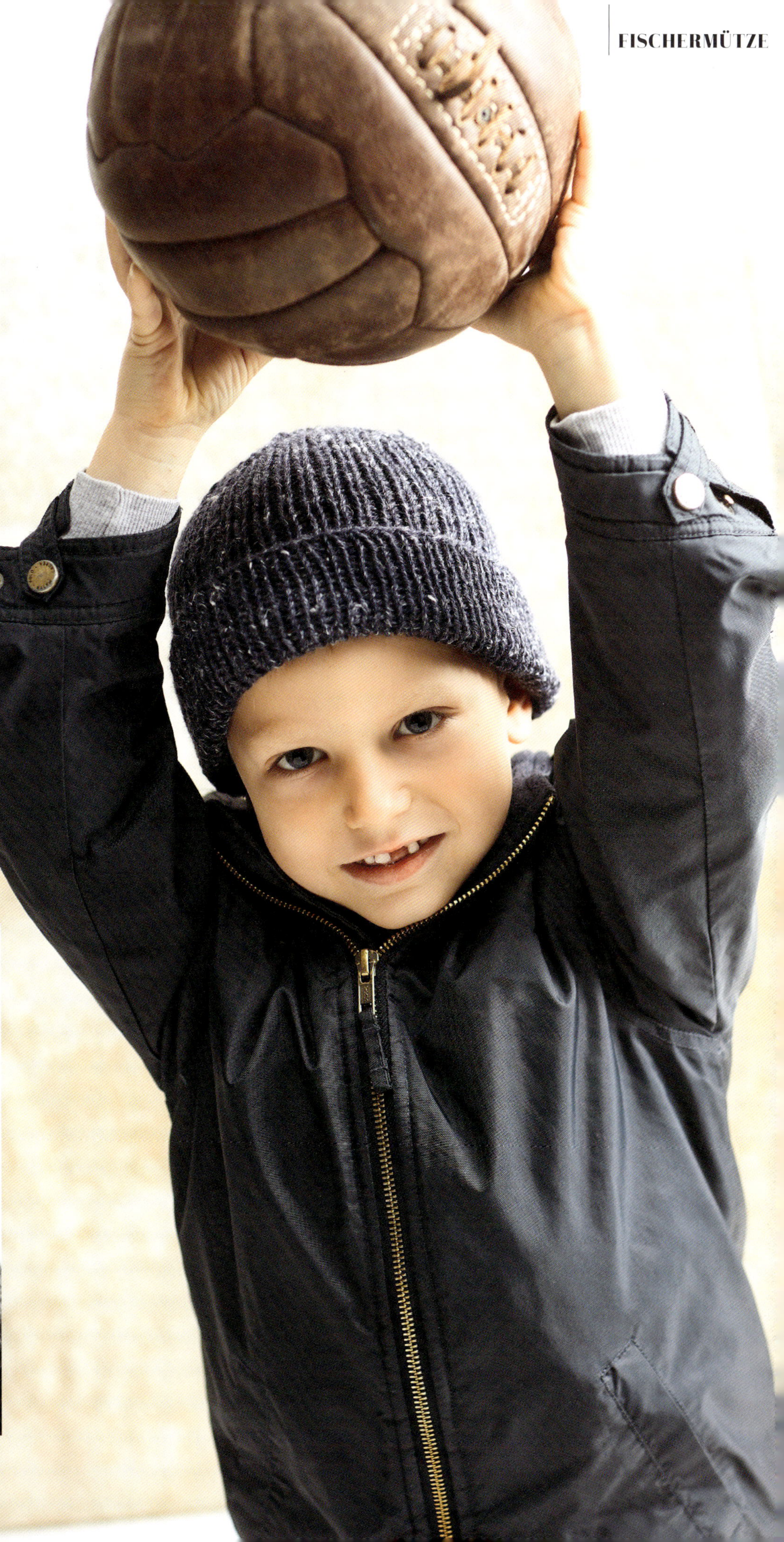

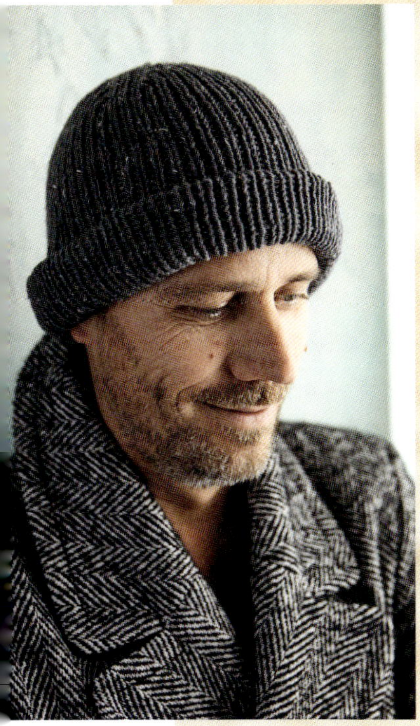

Rippenrunde

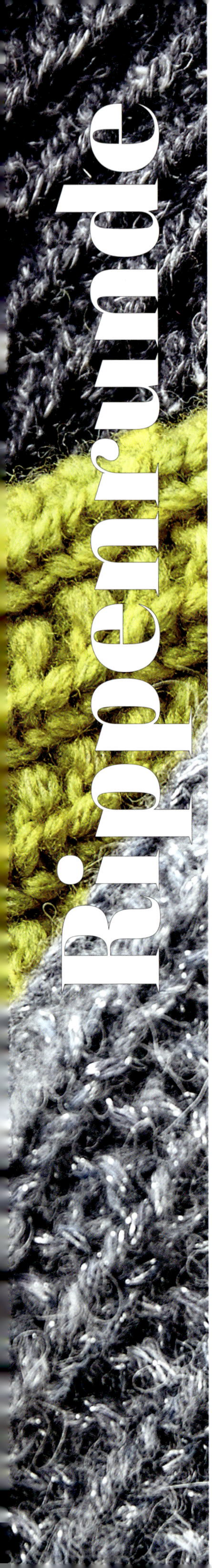

SCHWIERIGKEITSGRAD I

GRÖSSE

Damen/Kinder ungedehnt gemessen 46/40 cm, für Kopfumfang 54-56/48-50 cm

Die Angaben für die Damengröße stehen vor dem Schrägstrich, für die Kindergröße nach dem Schrägstrich. Steht nur eine Angabe, so gilt diese für beide Größen.

Je nach Dehnbarkeit des Strickmusters sollte der Mützenumfang 10-15% geringer sein, als der tatsächliche Kopfumfang.

MATERIAL

Das Modell kann mit verschiedenen Garnen ähnlicher Garnstärke gestrickt werden.

MODELL 1

- Lana Grossa Lala Berlin Shiny (LL 150 m/50 g) in Grau (Fb 06), 100 g
- Nadelspiel 5,0 mm, 20 cm lang
- Rundstricknadel 5,0 mm, 50 cm lang

MODELL 2

- Lana Grossa Slow Wool Canapa (LL 100 m/50 g) in Anthrazit (Fb 07), 100 g
- Nadelspiel 4,0 mm, 20 cm lang
- Rundstricknadel 4,0 mm, 50 cm lang

MODELL 3

- Lana Grossa Alta Moda Cashmere 16 (LL 110 m/50 g) in Senf/Oliv (Fb 36), 100 g
- Nadelspiel 6,0 mm, 20 cm lang
- Rundstricknadel 6,0 mm, 50 cm lang

FÜR ALLE MODELLE

- Maschenmarkierer
- Wollnadel

MASCHENPROBEN

Im Rippenmuster mit Nd 5,0 mm und Lala Berlin Shiny
18 M und 24 Rd = 10 cm x 10 cm

Im Rippenmuster mit Nd 4,0 mm und Slow Wool Canapa
25 M und 30 Rd = 10 cm x 10 cm

Im Rippenmuster mit Nd 6,0 mm und Alta Moda Cashmere
20 M und 28 Rd = 10 cm x 10 cm

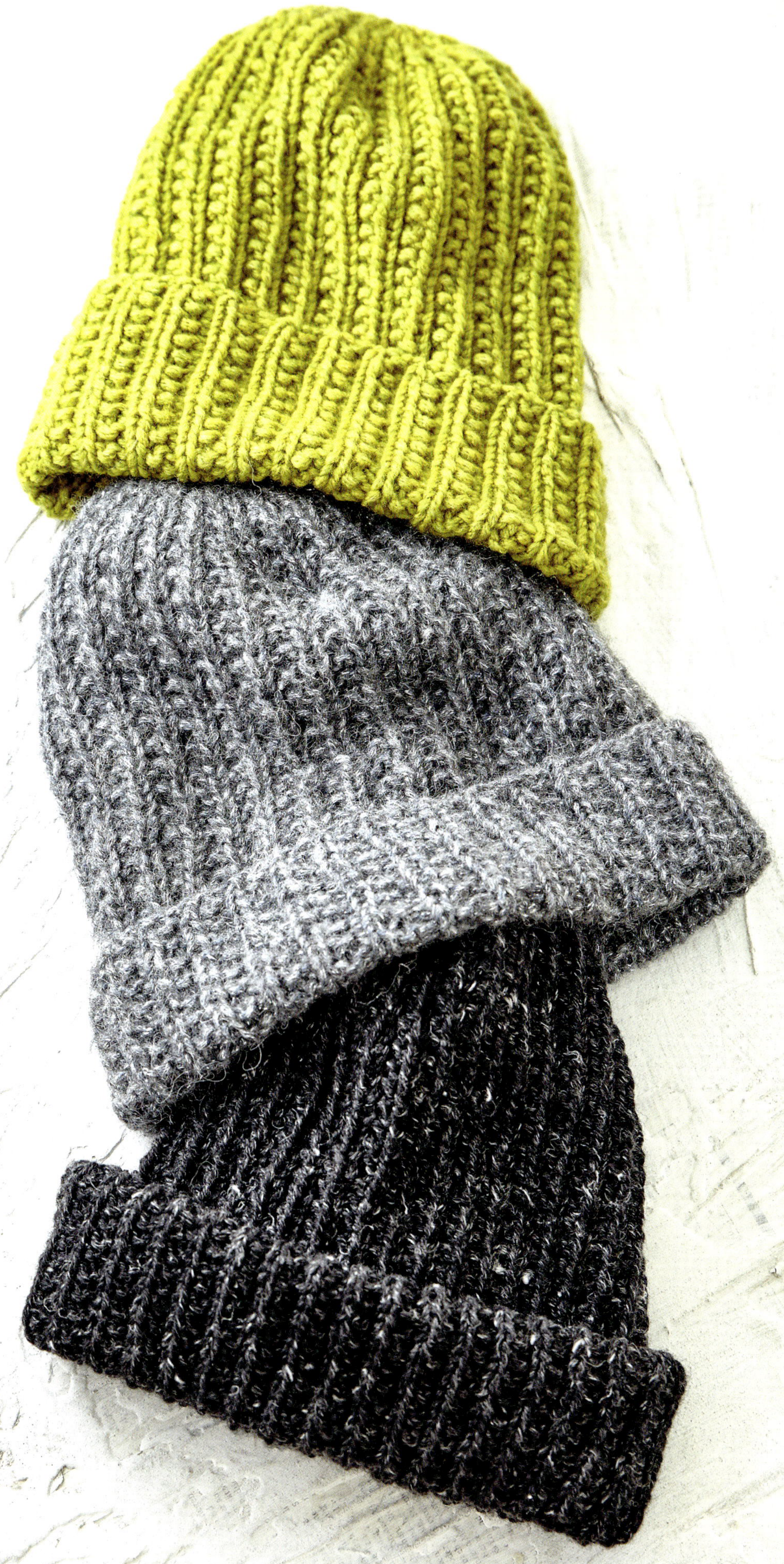

Rippenrunde

Rippenmuster

In Rd, M-Zahl teilbar durch 3

1. Rd: 2 M rechts, 1 M links im Wechsel str.

2. Rd: 1 M rechts, 2 M links im Wechsel str.

Die 1. und 2. Rd stets wdh.

Anleitung

Für Modell 1 87/78 M, für Modell 2 108/96 M und für Modell 3 75/66 M anschl und gleichmäßg auf die Nd des Ndspiels verteilen oder die entsprechenden M auf eine 50 cm lange Rundstricknd anschl, zur Rd schließen und den Rd-Anfang mit einem MM kennzeichnen.

30/26 cm im Rippenmuster str. Dann mit den Abnahmen für die Mützenspitze beginnen. Dafür in der nächsten 1. Rd des Rippenmusters wie folgt str: * 2 M rechts verschränkt zusammenstr, 1 M links, ab * stets wdh. Danach 1 Rd 1 M rechts, 1 M links im Wechsel str. In der nächsten Rd immer jeweils 2 M rechts verschränkt zusammenstr. Anschließend 1 Rd rechte M str, in der letzten Rd immer jeweils 2 M rechts zusammenstr. Den Faden abschneiden, 2x durch die restlichen M fädeln und zusammenziehen.

Fertigstellen

Alle Fäden vernähen. Die Mütze anfeuchten und in Form ziehen, dann trocknen lassen. Den unteren Mützenrand 6-7 cm breit nach außen schlagen.

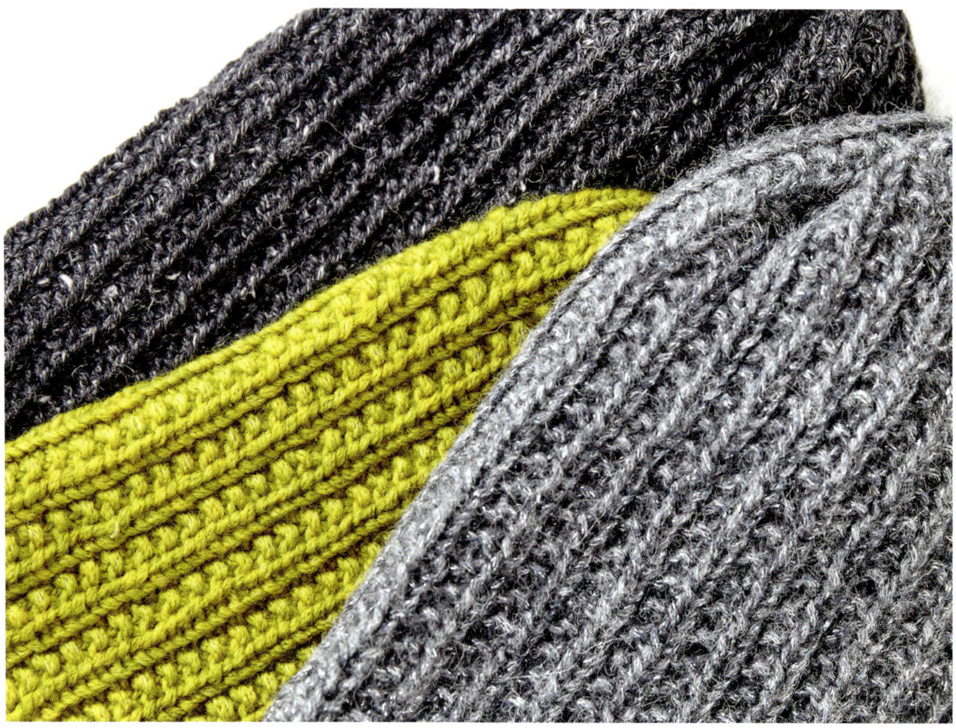

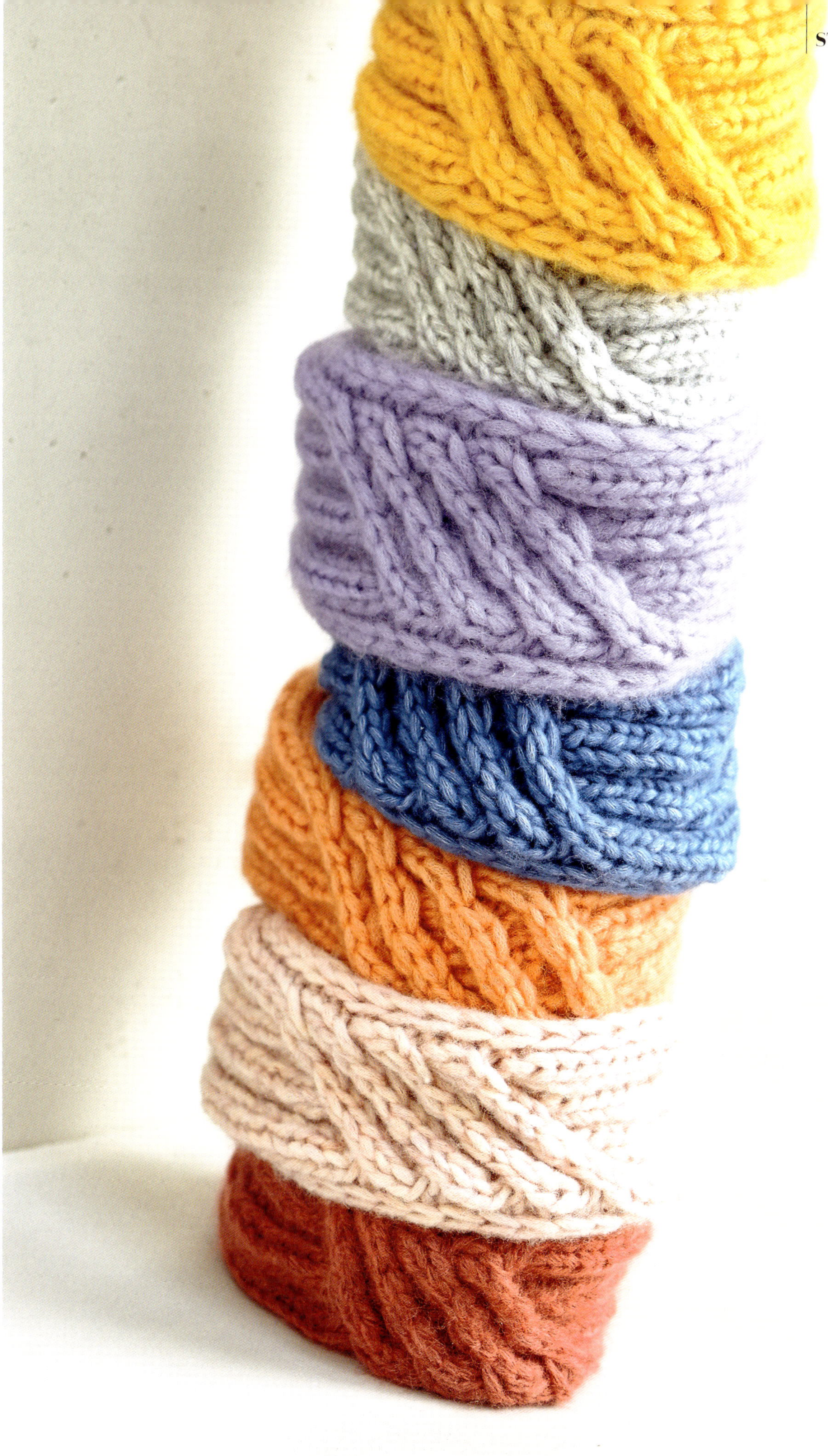

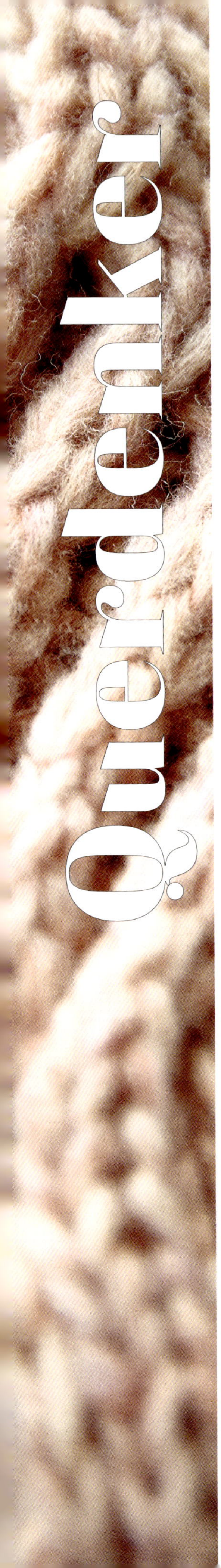

Querdenker

SCHWIERIGKEITSGRAD 2

GRÖSSE

Passend für Kopfumfang 52-56 cm, Länge ca. 46 cm, 11 cm breit

MATERIAL

- Lana Grossa Lala Berlin Lovely Cashmere (LL 60 m/25 g) in Dottergelb (Fb 01), Lila (Fb 11), Lachs (Fb 02), Erika (Fb 03) oder Wunschfarbe, 25 g

ALTERNATIV

- Lana Grossa Lala Berlin Lovely Cotton (LL 75 m/50 g) in Hellgrau (Fb 05), Jeansblau (Fb 14), Rosa (Fb 03) oder Wunschfarbe, 50 g

FÜR BEIDE MODELLE

- 2 Nadelspielnadeln 7,0 mm oder eine kurze Rundstricknadel 7,0 mm
- Zopf- oder Hilfsnadel
- Wollnadel

MASCHENPROBE

Im Rippenmuster mit Nd 7,0 mm 18 M und 16 R = 10 cm x 10 cm

Doppelte Randmasche

1. und alle weiteren R: 1 M wie zum Linksstr abheben, den Faden dabei vor der M weiterführen, 1 M rechts str, bis 2 M vor R-Ende mustergemäß str. Enden mit 1 M wie zum Linksstr abheben, dabei den Faden vor der M weiterführen, 1 M rechts.
Diese R stets wdh.

Rippenmuster

Hinr: 1 M links, * 2 M rechts, 2 M links, ab * stets wdh, enden mit 2 M rechts, 1 M links.
In den Rückr die M str wie sie erscheinen.

Verzopfung

1. R (Hinr): DRdm, 1 M links, 2x [2 M rechts, 2 M links], die nächsten 4 M auf eine Hilfsnd hinter die Arbeit legen, 2 M rechts str, dann die M der Hilfsnd 2 M links und 2 M rechts abstr, enden mit 1 M links, DRdm.
2. R und alle weiteren Rückr: Die M str wie sie erscheinen, bzw. wie sie beschrieben sind.
3. R: DRdm, 1 M links, 2 M rechts, 2 M links, die nächsten 4 M auf einer Hilfsnd hinter die Arbeit legen, 2 M rechts, dann die M der Hilfsnd 2 M links und 2 M rechts abstr, enden mit 2 M links, 2 M rechts, 1 M links, DRdm.
5. R: DRdm, 1 M links, die nächsten 4 M auf einer Hilfsnd hinter die Arbeit legen, 2 M rechts, dann die M der Hilfsnd 2 M links und 2 M rechts abstr, 2 M links, die nächsten 4 M auf einer Hilfsnd hinter die

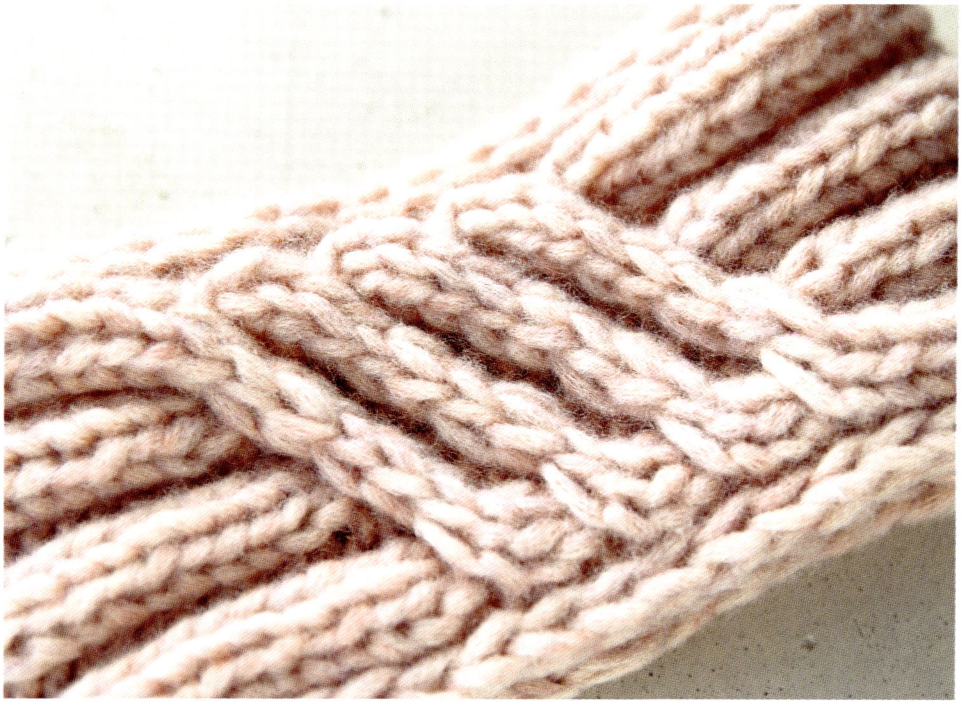

Arbeit legen, 2 M rechts, dann die M der Hilfsnd 2 M links und 2 M rechts abstr, enden mit 1 M links, DRdm.

7.-14. R: Die 3.-6. R 2x wdh.

15. R: Wie die 3. R str.

17. R: DRdm, 1 M links, die nächsten 4 M auf einer Hilfsnd hinter die Arbeit legen, 2 M rechts, dann die M der Hilfsnd 2 M links und 2 M rechts abstr 2x [2 M links, 2 M rechts], enden mit 1 M links, DRdm.

HINWEIS: Das Garn wird etwas fester als üblich verarbeitet.

Anleitung

Das Stirnband wird quer als Band im Rippenmuster gestrickt, mittig wird 1x das Zopfmotiv über 18 R gestrickt, so zieht sich das Stirnband oberhalb des Gesichtsfeldes etwas zusammen.

20 M anschl, die M wie folgt einteilen und str: DRdm, 16 M Rippenmuster, DRdm. Nach 15 cm, ab Anschlagkante gemessen, die 18 R der Verzopfung str. Anschließend im Rippenmuster wie zu Beginn die Arbeit fortführen und nach 46 cm Gesamtlänge alle M abk oder stilllegen (siehe Tipp).

Flache Naht

Eine besonders flache Naht entsteht, wenn Sie die Maschen nicht abketten, sondern im Maschenstich direkt mit der Anschlagkante verbinden.

Fertigstellen

Die Anschlag- und Abkettkante zusammennähen, so entsteht ein Ring. Alle Fäden vernähen.

Eckstein

SCHWIERIGKEITSGRAD I

GRÖSSEN

Damen/Kinder Umfang 60 cm/50 cm, 25/17 cm hoch

Die Angaben für die Damengröße stehen vor dem Schrägstrich, für die Kindergröße nach dem Schrägstrich. Steht nur eine Angabe, so gilt diese für beide Größen.

MATERIAL

- Lana Grossa Alta Moda Cashmere 16 (LL 110 m/50 g) in Dunkelpetrol (Fb 37), oder in Rotviolett (Fb 38), 150/100 g
- Rundstricknadel 8,0 mm, 60-80 cm lang
- Wollnadel

MASCHENPROBE

Im Perlmuster mit Nd 8,0 mm 13 M und 24 R = 10 cm x 10 cm

Perlmuster

Ungerade M-Zahl. Es sind alle M inkl. Rdm beschrieben.
In Hinr und Rückr 1 M rechts, 1 M links im Wechsel str, enden mit 1 M rechts.

Anleitung

Der Loop wird diagonal in R gestrickt und am Ende zum Ring geschlossen. Durch die Abnahmen entsteht ein besonderer Musterverlauf inkl. eines asymmetrischen Teils.
105/75 M anschl (= 78/54 cm) und in R im Perlmuster arb, dabei für die Formgebung am Ende jeder Hinr die letzten beiden M rechts zusammenstr. So wird in jeder Hinr 1 M abgenommen.
In ca. 48/38 cm Höhe, entlang der geraden Kante gemessen, alle M wie gewohnt str und dabei abk.

Fertigstellen

Die Abkettkante mit den entsprechenden M der Anschlagkante (siehe entsprechende farbliche Markierung in der Schnittzeichnung) zusammennähen, so entsteht ein Ring. Die diagonale Kante entspricht der oberen Loopkante. Alle Fäden vernähen. Den Loop anfeuchten und in Form ziehen, dann trocknen lassen.

SCHNITTZEICHNUNG

Angaben in cm

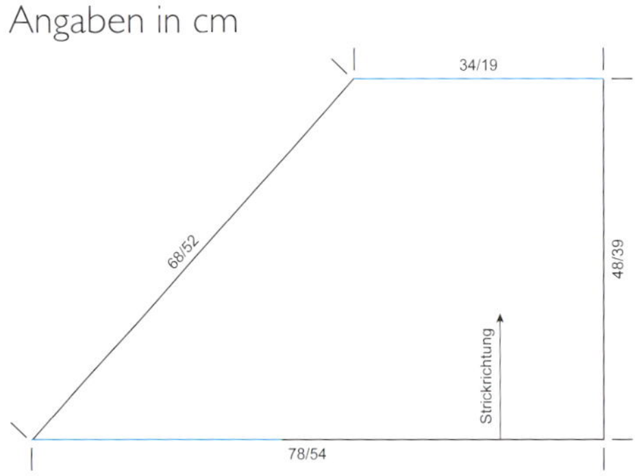

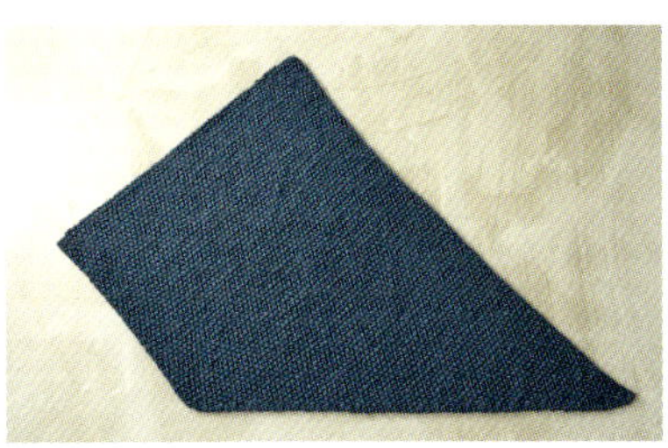

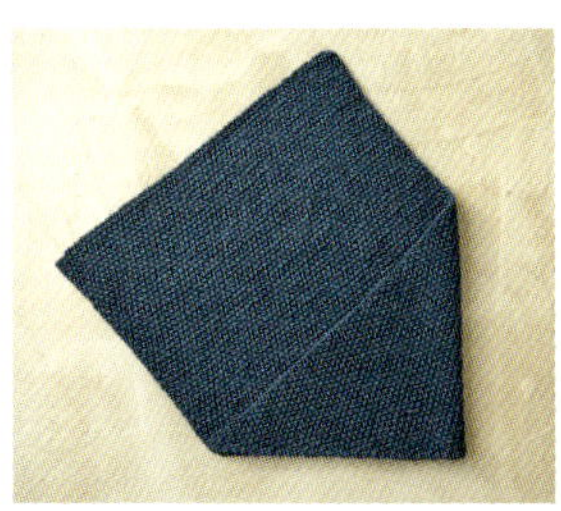

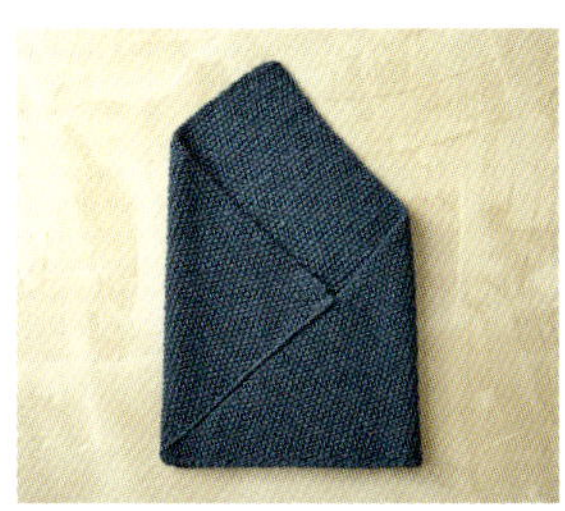

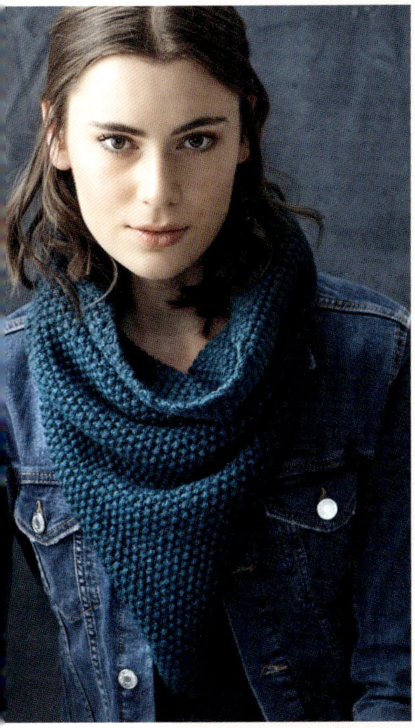

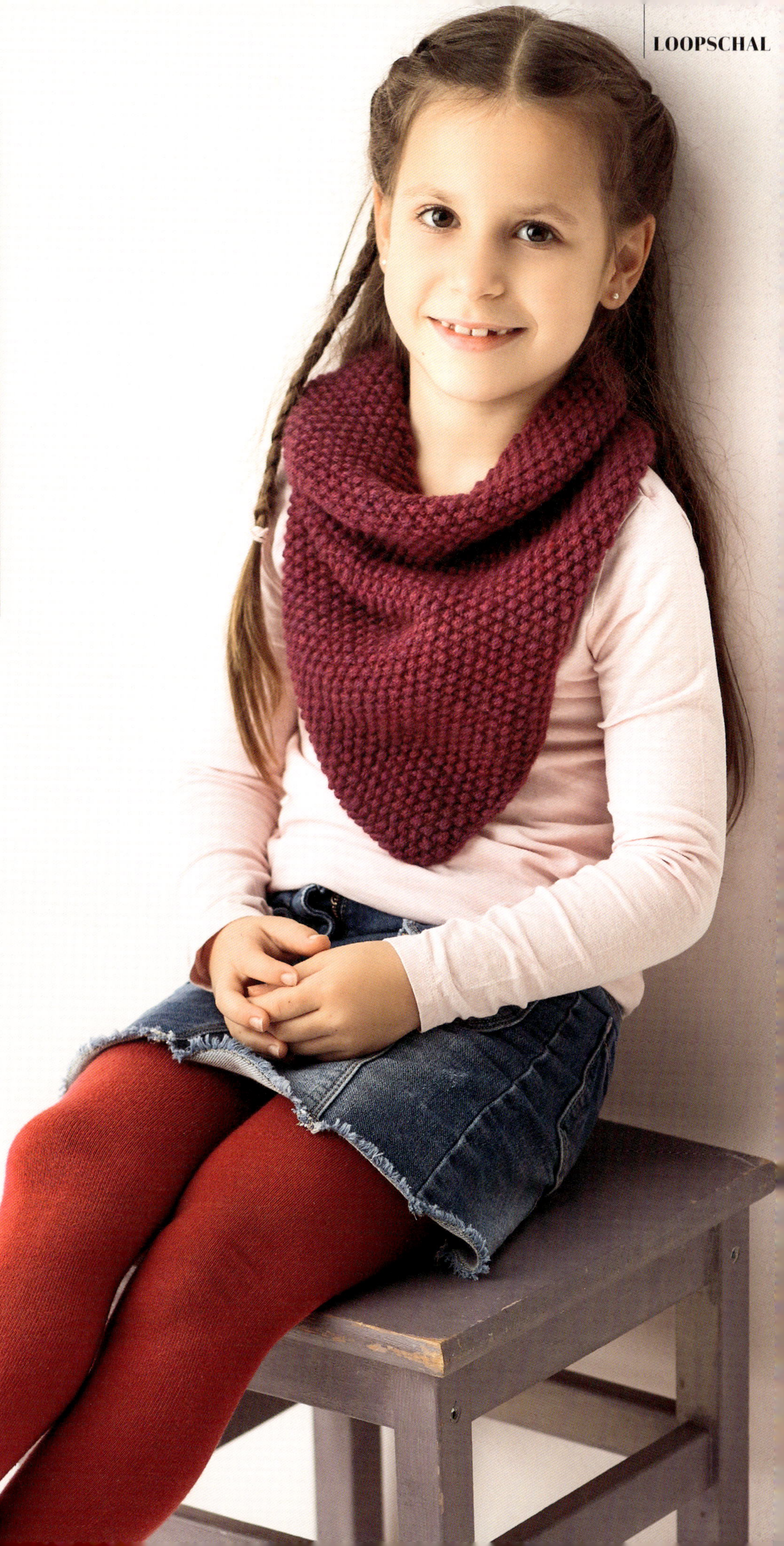

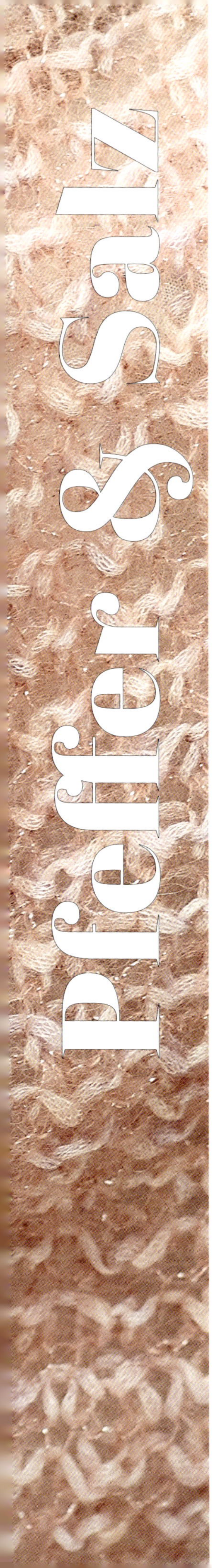

Pfeffer & Salz

SCHWIERIGKEITSGRAD 2

GRÖSSE

120 cm breit (Anschlagkante) und 100 cm lang (rechte Kante)

MATERIAL

MODELL IN ROSÉ

- Material 1: Lana Grossa Mia (LL 110 m/25 g) in Rosé (Fb 02), 100 g
- Material 2: Lana Grossa Silkhair Lusso (LL 210 m/25 g) in Altrosa (Fb 902), 50 g
- Rundstricknadel 7,0 mm, 80-100 cm lang

MODELL IN BLAU

- Material 1: Lana Grossa Alta Moda Cashmere 16 (LL 110 m/50 g) in Taubenblau (Fb 33), 200 g
- Material 2: Lana Grossa Silkhair Lusso (LL 210 m/25 g) in Dunkelpetrol (Fb 920), 50 g
- Rundstricknadel 9,0 mm, 80-100 cm lang

MODELL IN SCHWARZ-WEISS

- Material 1: Lana Grossa Alta Moda Cashmere 16 (LL 110 m/50 g) in Schwarz (Fb 15), 200 g
- Material 2: Lana Grossa Alta Moda Cashmere 16 (LL 110 m/50 g) in Wollweiß (Fb 16), 150 g
- Rundstricknadel 9,0-10,0 mm, 80-100 cm lang

FÜR ALLE MODELLE

- Maschenmarkierer
- Häkelnadel 7,0 mm zum Einknüpfen der Fransen
- Wollnadel
- Evtl. großer Druckknopf und farblich passendes Nähgarn

MASCHENPROBE

Modell in Rosé mit Nd 7,0 mm 12 M und 29 R = 10 cm x 10 cm
Modell in Blau mit Nd 9,0 mm 10 M und 24 R = 10 cm x 10 cm
Modell in Schwarz-Weiß mit Nd 9,0 mm 10 M und 24 R = 10 cm x 10 cm

1 Masche abheben

1 M wie zum Linksstr abheben, dabei den Faden vor der Nd weiterführen.

1 tiefergestochene Masche

In die M 1 R tiefer einstechen: Mit der rechten Nd-Spitze unter dem querliegenden M-Teil der linken M einstechen, den Faden holen und wie gewohnt 1 M rechts str, dabei die darüber liegende M auflösen.

Patentrand

Die beiden Kanten werden jeweils über 3 M als Patentrand gearbeitet.
In den Hinr die ersten und letzten 3 M wie folgt str: 1 M rechts, 1 M abheben, dabei den Faden vor der M weiterführen, 1 M rechts.
In den Rückr die ersten und letzten 3 M wie folgt str: 1 M abheben, dabei den Faden vor der M weiterführen, 1 M rechts, 1 M abheben.

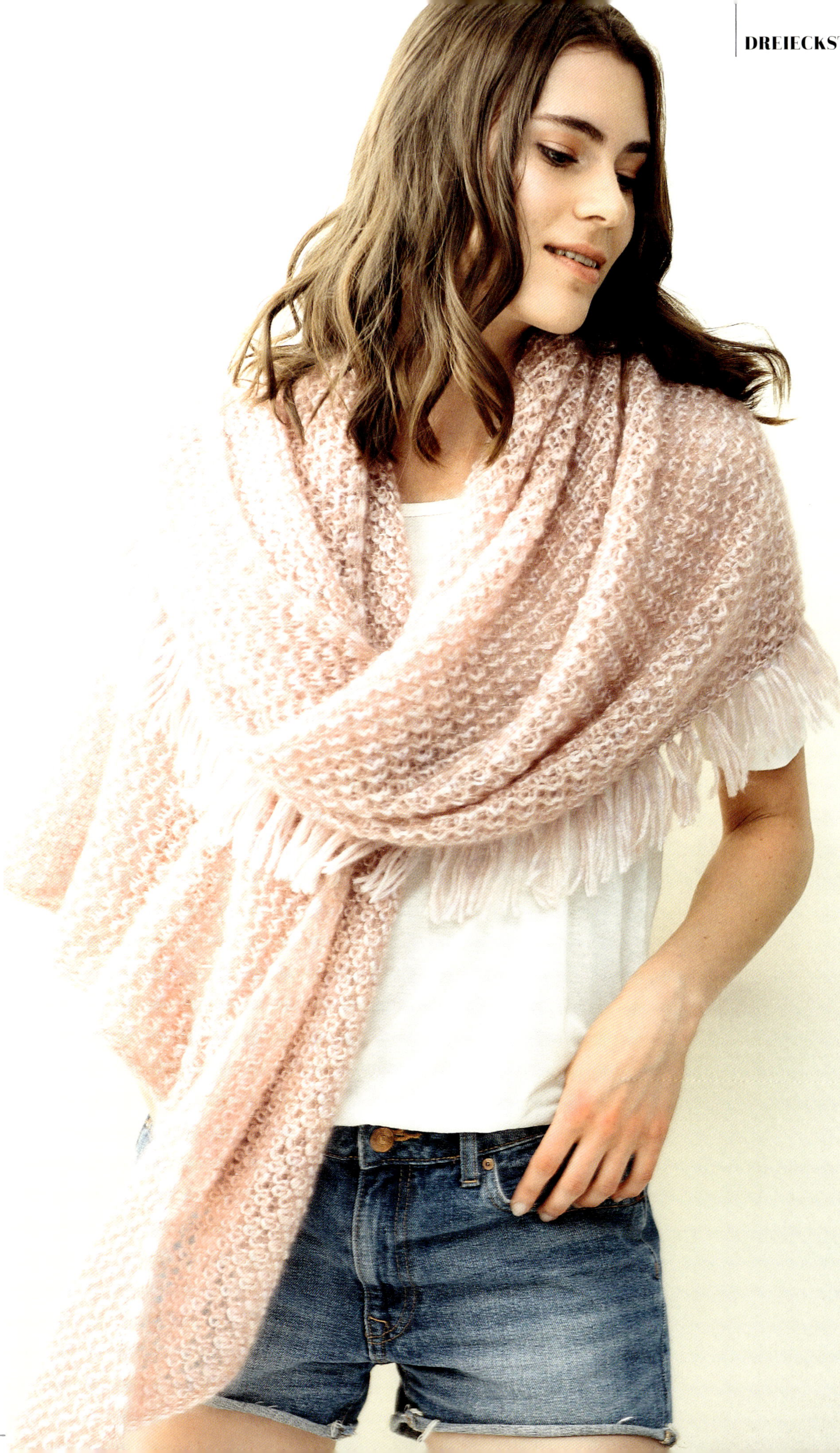

Zweifarbiges Muster

M-Zahl teilbar durch 2 + 1 + 6 M für den Patentrand

1. R (Hinr, Material 2): Die ersten 3 M als Patentrand wie beschrieben arb, dann 1 tiefergestochene M, 1 M rechts im Wechsel str bis noch 6 M auf der Nd liegen, enden mit 1 tiefergestochenen M, dann 2 M rechts zusammenstr, die R mit 3 M Patentrand beenden.

2. R (Material 2): 3 M Patentrand, bis 3 M vor R-Ende rechte M str, 3 M Patentrand.

3. R (Material 1): 3 M Patentrand, dann 1 M rechts, 1 tiefergestochene M im Wechsel str bis noch 5 M auf der Nd liegen, enden mit 2 M rechts zusammenstr, 3 M Patentrand.

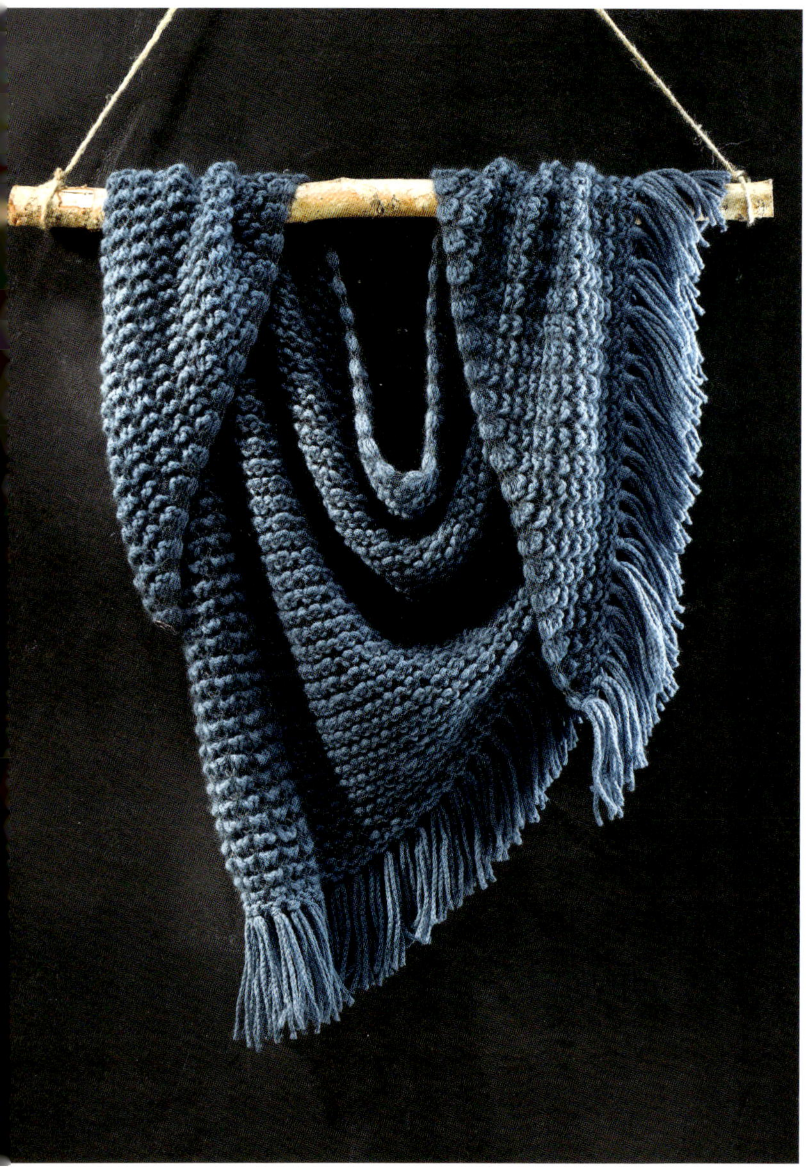

4. R (Material 1): 3 M Patentrand, bis 3 M vor R-Ende rechte M str, 3 M Patentrand.

Die 1.-4. R stets wdh.

Neue Knäuel ansetzen

Auf Knäuelwechsel innerhalb einer Reihe verzichten, neue Knäuel immer am Rand ansetzen und die Fäden „unsichtbar" im Patentrand vernähen.

Tuch in Rosé

Mit dem Garn Mia (= Material 1) 145 M anschl und 3 R über die mittleren 139 M rechts str, über die ersten und letzten 3 M den Patentrand arb, dabei ist die 1. R eine Rückr.

Zum Garn Silk Lusso (= Material 2) wechseln und ab der nächsten Hinr im zweifarbigen Muster str, dabei die ersten und letzten 3 M weiterhin im Patentrand arb. In der Beschreibung für das zweifarbige Muster sind die Abnahmen für die Tuchform mit aufgeführt, dabei werden am Ende der R die beiden M vor dem Patentrand rechts zusammengestrickt um die Dreiecksform des Tuches zu gestalten.

Maschenmarkierer setzen

Vor die 3 Maschen für den Patentrand an der linken Kante (= am Ende der Hinreihe) einen Maschenmarkierer einsetzen und in den Hinreihen immer die beiden Maschen vor dem Maschenmarkierer rechts zusammenstricken.

Die 1.-4. R des zweifarbigen Musters stets wdh bis noch 9 M auf der Nd liegen, in der nächsten Hinr die 3 M zwischen den Patent-Rdm rechts zusammenstr, die Rückr wie beschrieben arb (= 7 M).

Die letzten beiden R in Material 1 str, dafür die ersten beiden M des Patentrandes rechts verschränkt zusammenstr, dann die nächsten 3 M rechts zusammenstr, die letzten 2 M rechts zusammenstr (= 3 M). Die Arbeit wenden und in der Rückr 3 M rechts zusammenstr, Faden abschneiden und durch die letzte M ziehen.

Fertigstellen

Das Tuchanfeuchten und spannen, dann trocknen lassen.
Für die Fransen vom Garn Mia (= Material 1) jeweils 3 ca. 20 cm lange Fäden abschneiden, zur Hälfte legen und in die Anschlagkante einknüpfen. Die Fransenbüschel auf eine einheitliche Länge von ca. 6-7 cm kürzen. Die restlichen Fäden vernähen.

Tuch fixieren

Um das Tuch beim Tragen zu fixieren kann an den beiden spitzen Dreiecksecken je ein Teil eines großen Druckknopfs angenäht werden, dafür eine Hälfte des Druckknopfs auf der rechten Tuchseite, die 2. Hälfte auf der linken Tuchseite annähen.

Tuch in Blau

Nach der Anleitung für das Tuch in Rosé arb, allerdings 121 M anstatt der 145 M anschl, dabei für Material 1 das Garn Alta Moda Cashmere 16 einsetzen, für Material 2 das Garn Silk Lusso. Die Fransen in Material 1 einknüpfen.

Tuch in Schwarz Weiß

Nach der Anleitung für das Tuch in Rosé arb, allerdings 121 M anstatt der 145 M anschl, dabei für Material 1 das schwarze Garn einsetzen, für Material 2 das weiße Garn. In die Anschlagkante Fransen in Material 1, in die rechte Kante im Wechsel Fransen in Material 1 und in Material 2 einknüpfen.

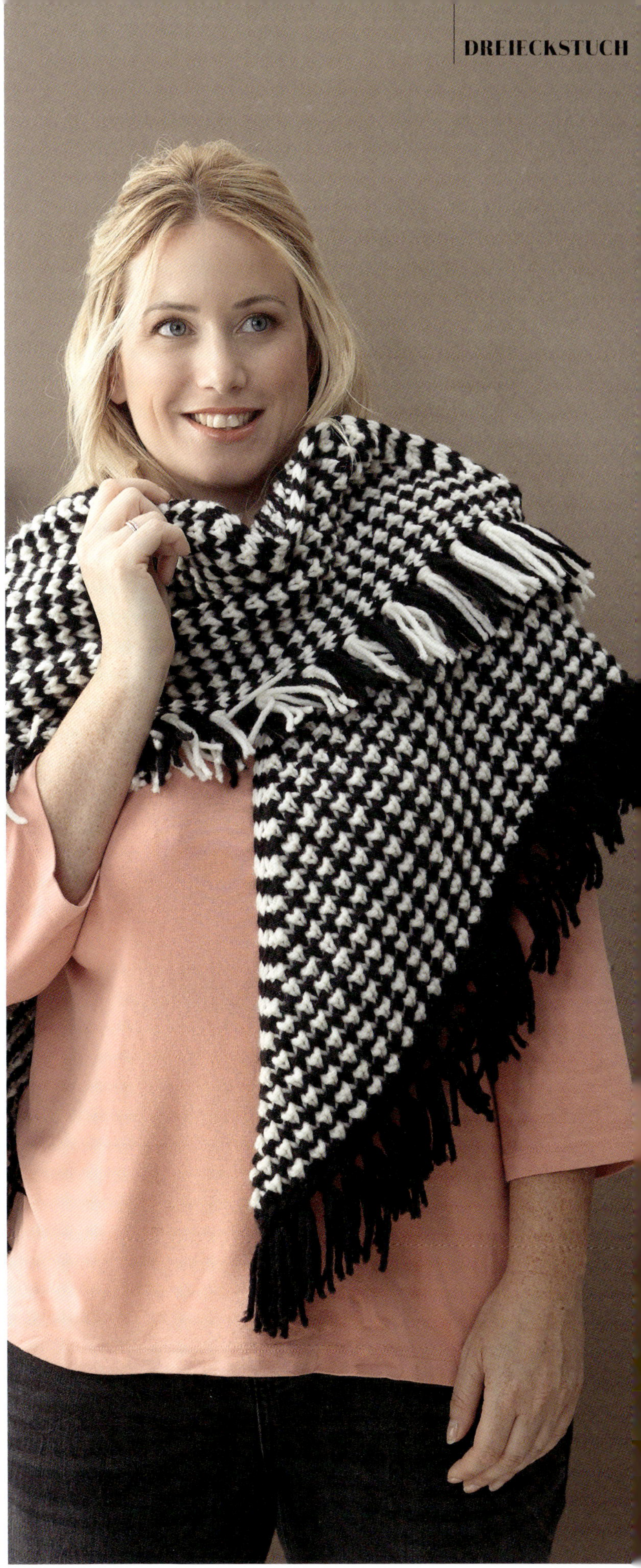

Kontrastreich

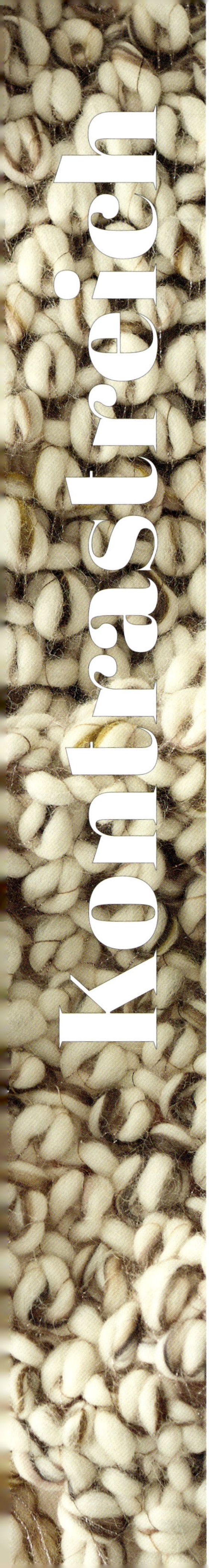

SCHWIERIGKEITSGRAD 2

GRÖSSE

30 cm x 170 cm (ohne Fransen)

MATERIAL

- Lana Grossa Weekend Color (LL 35 m/100 g) in Rohweiß/Oliv/Graubraun (Fb 105), 300 g
- Lana Grossa Silkhair Lusso (LL 210 m/25 g) in Graphit (Fb 906), 25 g
- Rundstricknadel 12,0 mm, 60 cm lang
- Häkelnadel 10,0-12,0 mm zum Einknüpfen der Fransen
- Wollnadel

MASCHENPROBE

Im Strukturmuster mit Nd 12,0 mm 6 M und 8 R = 10 cm x 10 cm

Strukturmuster

Gerade M-Zahl
Es sind alle M inkl. Rdm beschrieben.

HINWEIS: Die M immer an den Rand der Nd schieben, an dem die zu strickende Farbe hängt.

1. R (Hinr, Weekend Color): 1 M rechts, * 1 M rechts, 1 M zusammen mit 1 U abheben, ab * stets wdh, enden mit 1 M rechts. Die M an das Nd-Ende zurückschieben.
2. R (Hinr, Silkhair Lusso): 1 M links, * 1 M rechts, 1 M mit dem U der Vor-R links zusammenstr, ab * stets wdh, enden mit 1 M links.
3. R (Rückr, Weekend Color): 1 M rechts, * 1 M links, 1 M zusammen mit 1 U abheben, ab * stets wdh, enden mit 1 M rechts. Die M an das Nd-Ende zurückschieben.
4. R (Rückr, Silkhair Lusso): 1 M links, * 1 M links, 1 M mit dem U der Vor-R rechts zusammenstr, ab * stets wdh, enden mit 1 M links.
Die 1.-4. R stets wdh, dabei nacheinander 2 Hinr und 2 Rückr str.

Anleitung

Zuerst aus Weekend Color die Fäden für die Fransen zuschneiden: 40 Fäden à 50 cm Länge. Dann mit Weekend Color 20 M anschl und ca. 180 cm im Strukturmuster in beiden Qualitäten str. Nach einer 2. oder 4. R des Strukturmusters mit Weekend Color noch 2 R rechts str, dabei in der 2. R alle M abk.

Fertigstellen

Alle Fäden vernähen. In die Schmalseiten jeweils 10 Fransenbüschel einknüpfen, dafür jeweils 2 Fäden zur Hälfte legen und mit der Häkelnd einknüpfen. Bei Bedarf die Fransen am Ende auf eine einheitliche Länge kürzen.

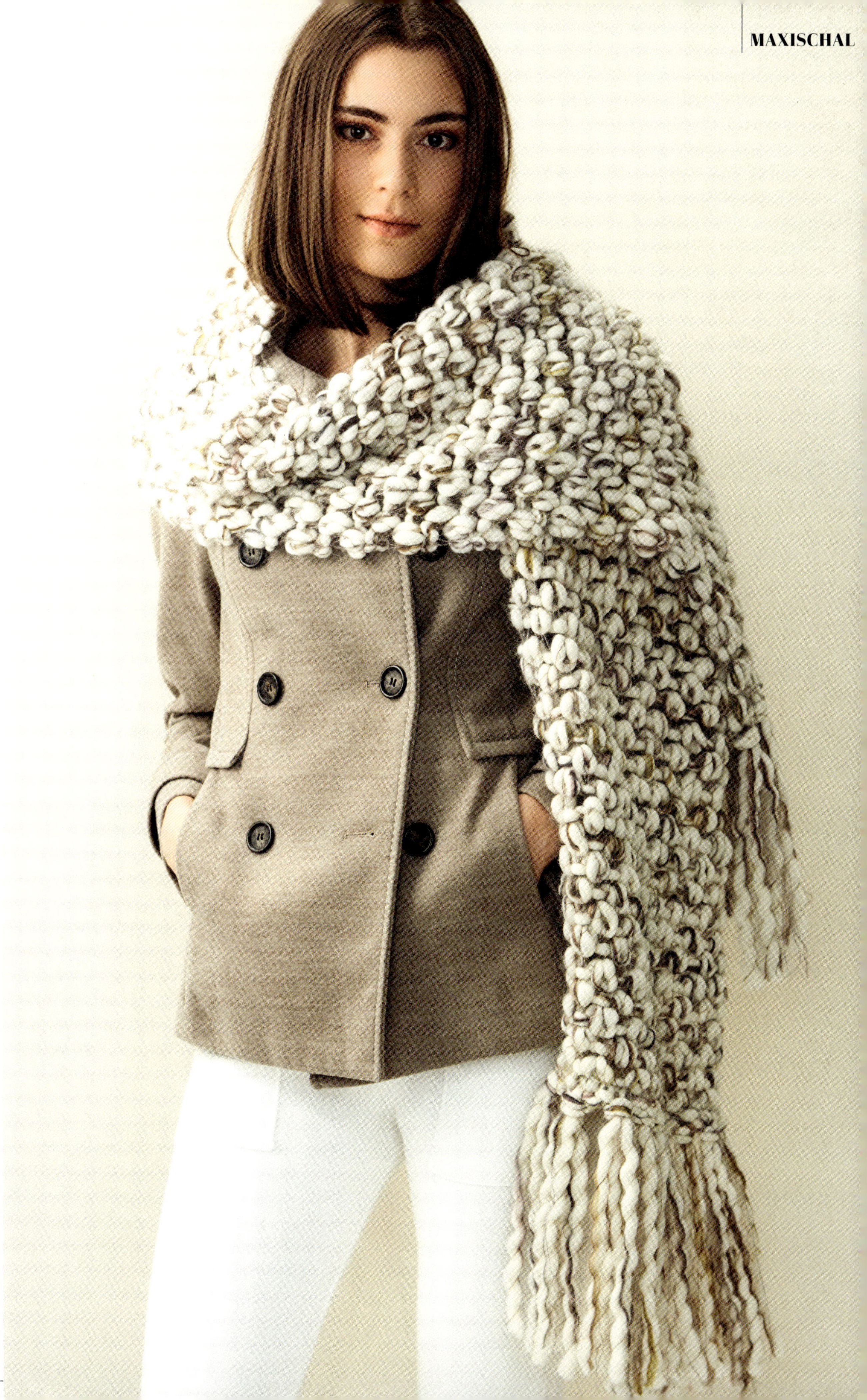

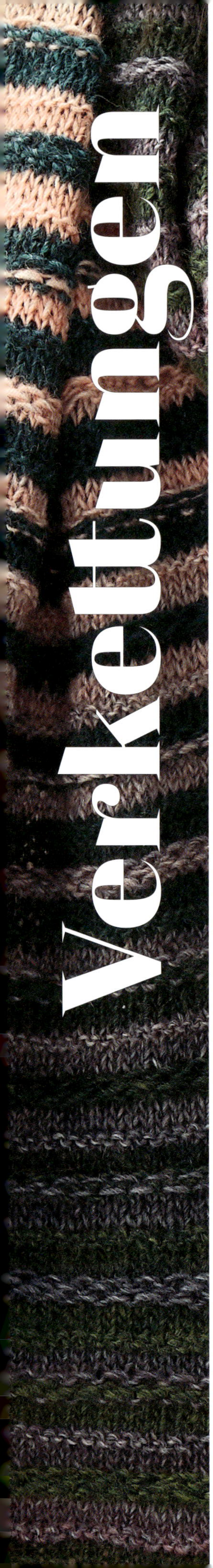

Verkettungen

SCHWIERIGKEITSGRAD 1

GRÖSSE

45 cm x 222 cm

MATERIAL

- Lana Grossa Gomitolo Versione (LL 700 m/200 g), in Bordeaux/Türkis/Schwarzgrün/Gelbgrün (Fb 416 = 1. Farbe) und Lachs/Graubeige/Nelke/Anthrazit (Fb 404 = 2. Farbe), je 200 g
- Rundstricknadel 4,5 mm, 80 cm lang
- Maschenmarkierer
- Wollnadel

MASCHENPROBE

Im Strukturstreifen-Muster mit Nd 4,5 mm 17 M und 36 R = 10 cm x 10 cm

Kraus rechts

In Hinr und Rückr rechte M str.

Strukturstreifen-Muster

HINWEIS: Die Rdm sind nicht gesondert aufgeführt. Die letzten 2 M jeder Hin- und Rückr als DRdm arb.

1. (Hinr)+2. R: Kraus rechts str.
3.+4. R: Glatt rechts str.
5. R: Alle M rechts str.
6. R: * 1 M wie zum Linksstr mit dem Faden hinter der M abheben, 1 M rechts, ab * stets wdh, enden mit 1 M wie zum Linksstr mit dem Faden hinter der M abheben.
7. R: 1 M links, * 1 M wie zum Linksstr mit dem Faden vor der M abheben, 1 M links, ab * stets wdh.
8. R: Wie die 6. R str.
9.+10. R: Glatt rechts str.
Die 1.-10 R stets wdh, dabei die Fb immer nach 4 R wechseln, so mischen sich Fb und Muster immer neu.

Doppelte Randmasche

1. und alle weiteren R: 1 M wie zum Linksstr abheben, den Faden dabei vor der M weiterführen, 1 M rechts str. Bis 2 M vor R-Ende mustergemäß str, 1 M wie zum Linksstr abheben, dabei den Faden vor der M weiterführen, 1 M rechts. Diese R stets wdh.

Randmaschen abteilen

Auf beiden Seiten nach den ersten bzw. vor den letzten beiden Maschen einer Reihe einen Maschenmarkierer auf die Stricknadeln fädeln, den Markierer in jeder Reihe beibehalten und an der entsprechenden Stelle einfach von der linken auf die rechte Stricknadel heben.

Anleitung

77 M locker anschl und 5 R kraus rechts str, dabei entlang der beiden Kanten über 2 M jeweils 1 DRdm arb.
Dann zum Strukturstreifen-Muster wechseln und mit dem Fb-Wechsel beginnen, die Fb immer nach jeweils 4 R wechseln. Der Faden der Fb, die im Moment nicht benötigt wird, an der Seite locker mitführen, dieser Flottfaden verschwindet später nahezu unsichtbar zwischen den DRdm.
In 220 cm Höhe, nach einer 2. Rückr im Strukturstreifen-Muster, für die Blende in der 1. Fb noch 6 R kraus rechts str, dabei in der letzten R alle M abk.

Fertigstellen

Alle Fäden vernähen. Aus dem restlichen Garn 4 Quasten wickeln und die Ecken des Schals befestigen.

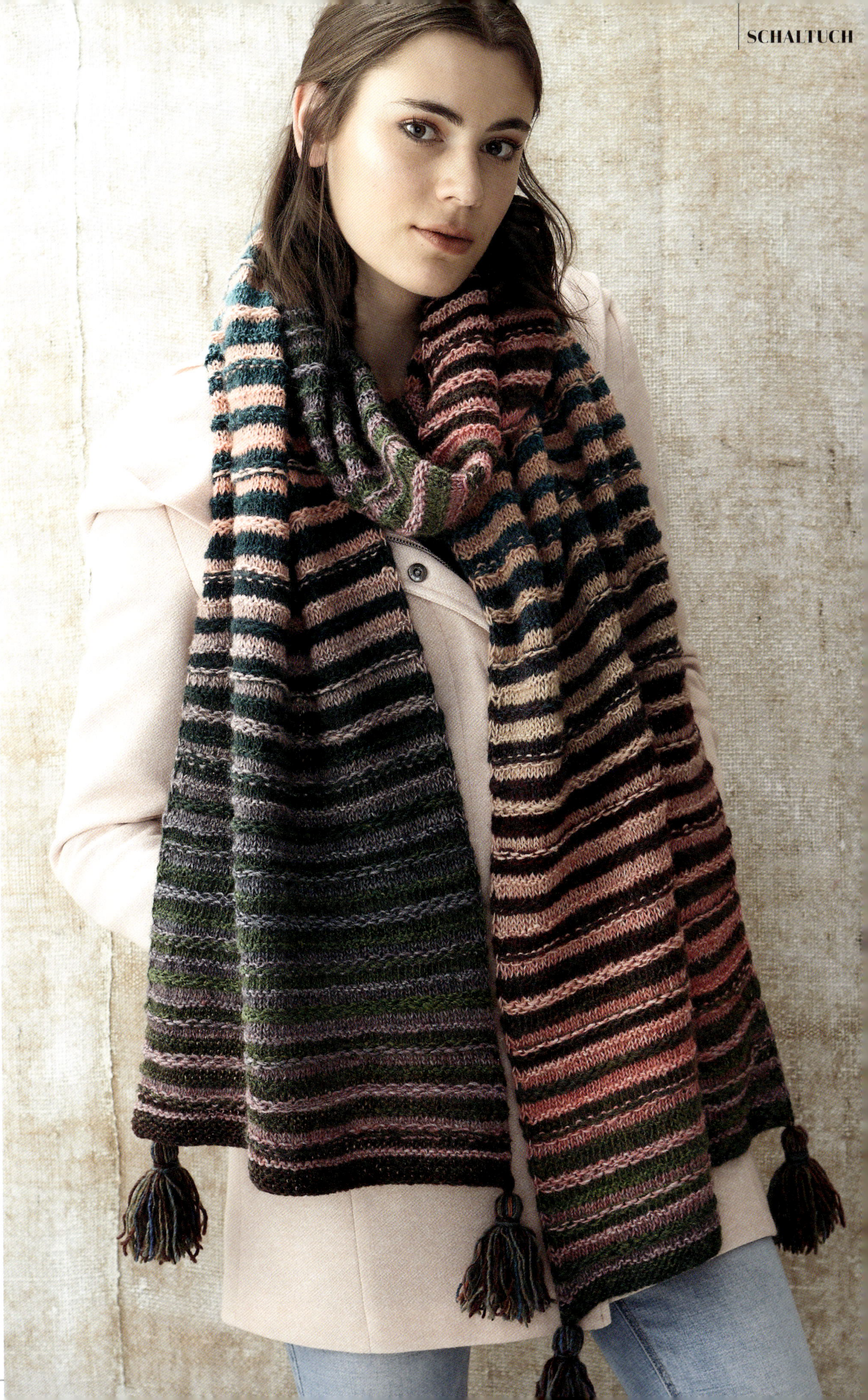

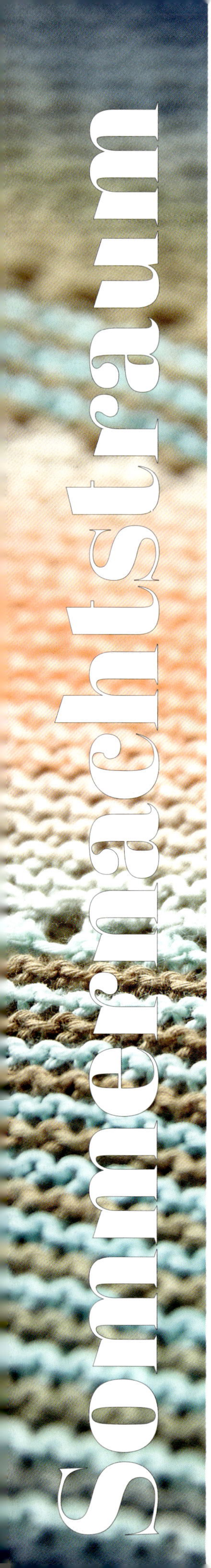

SCHWIERIGKEITSGRAD 3

GRÖSSE

Ca. 150 cm x 50 cm

MATERIAL

- Schachenmayr Tahiti Cotton (LL 280 m/50 g) in Orion (Fb 7601) und Aubergine (Fb 7696), je 100 g oder in Südsee (Fb 7626) und Sahara (Fb 7622), je 100 g
- Rundstricknadel 3,5 mm, 100 cm lang
- Maschenmarkierer (optional)
- Wollnadel

MASCHENPROBE

Locker gestrickt in kraus rechts mit Nd 3,5 mm 22 M und 52 R = 10 cm x 10 cm

Patentrand

1 M abheben = 1 M wie zum Linksstr abheben, dabei den Faden vor der M weiterführen.

Für den Patentrand (= P) sind insgesamt 6 M notwendig. Der Abschluss wird, sofern nicht anders angegeben, auf beiden Seiten über jeweils 3 M gestrickt.

In den Hinr die ersten und letzten 3 M wie folgt str: 1 M rechts, 1 M abheben, 1 M rechts.

In den Rückr die ersten und letzten 3 M wie folgt str: 1 M abheben, 1 M rechts, 1 M abheben.

HINWEIS: Der P wird locker gearbeitet und die Flottung der nicht benötigten Fb wird beim Fb-Wechsel locker mitgeführt. Der Rand bleibt dadurch elastisch, sodass das Tuch gut in Form gespannt werden kann.

Großes Perlmuster

1. R (Hinr): 1 M rechts, 1 M links im Wechsel str.

2. R und alle weiteren Rückr: Die M str wie sie erscheinen.

3. R: 1 M links, 1 M rechts im Wechsel str.

4. R: Wie die 2. R str.

Die 1.-4. R stets wdh.

Kraus rechts

Alle M rechts str.

Streifen in kraus rechts

Es werden jeweils 2 R kraus rechts je Fb gestrickt. Beginn ist jeweils am R-Anfang einer Hinr. Für den Fb-Wechsel den Faden der benötigten Fb jeweils locker nach oben heben (auf der Rückseite des Tuches), dabei darauf achten, dass sich die Kante nicht zusammenzieht, den Faden der nicht benötigten Fb einfach seitlich hängen lassen bis zur übernächsten R. Die kurzen seitlichen Spannfäden verschwinden im Patentrand.

Maschenmarkierer als Hilfsmittel

Setzen Sie Maschenmarkierer als Hilfsmittel ein – das kann eine einfache, andersfarbige Garnschlinge oder ein spezieller Markierring sein. Diese Markierung zeigt Ihnen beim Stricken die Stelle an, an der etwas Spezielles gemacht werden muss, beispielsweise eine Zunahme. Legen Sie den Maschenmarkierer an der in der Anleitung beschriebenen Stelle auf die Nadel und versetzen sie den Markierer in jeder Reihe. Maschenmarkierer sind nicht zwingend notwendig,

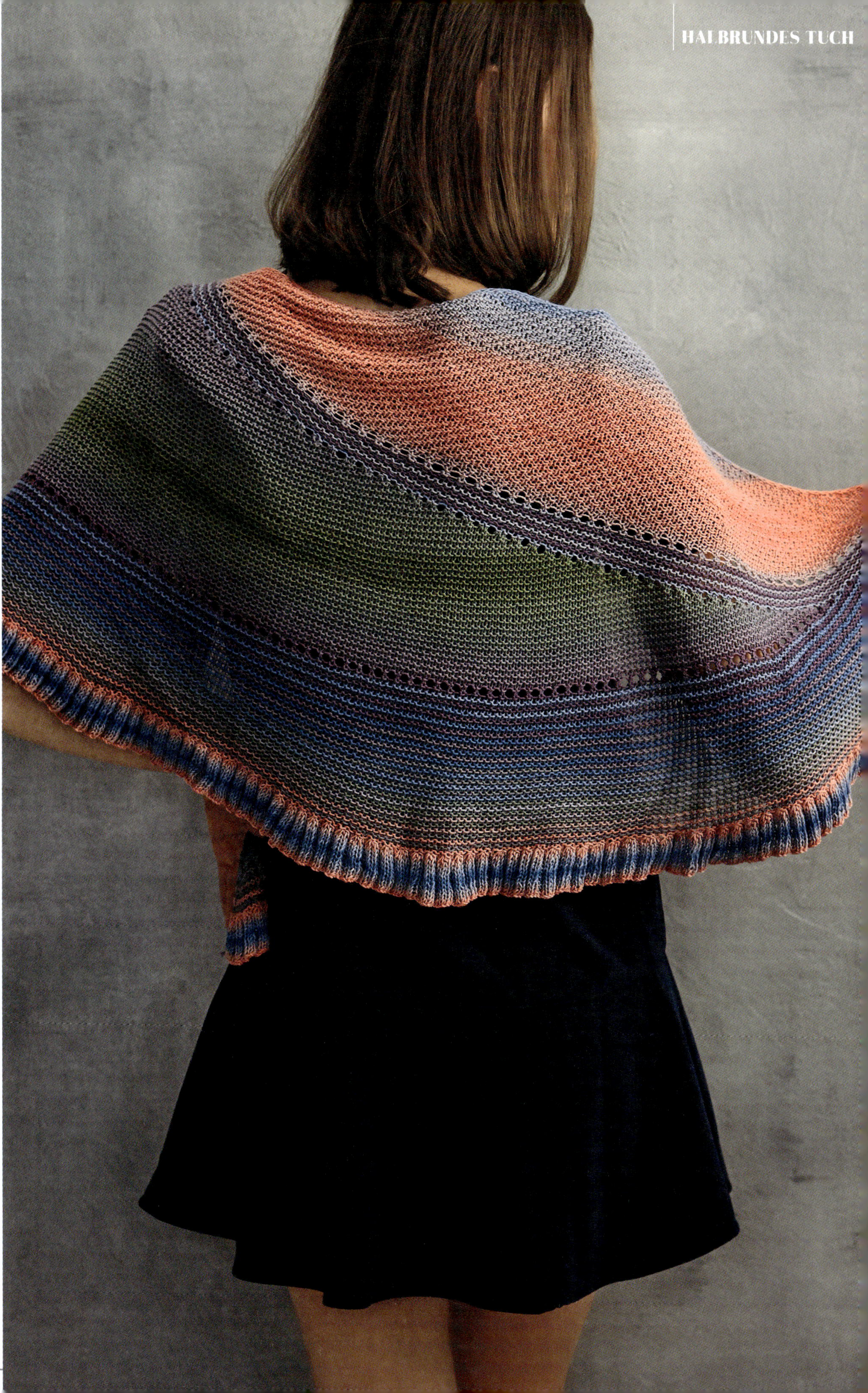

helfen aber dabei, exakt zu arbeiten, ohne dauerhaft zu zählen. Wenn sie als störend erscheinen, können Sie sie einfach herausnehmen.
Es gibt auch Maschenmarkierer, die sich öffnen lassen, so kann man beispielsweise ganz einfach den rechten oder linken Rand markieren. Außerdem kann dieser Maschenmarkierer einfach entfernt werden, wenn er versehentlich eingestrickt wurde.

Doppelmaschen

Dafür den Faden vor die Arbeit legen, von rechts in die 1. M einstechen, dann die M zusammen mit dem Faden abheben und den Faden fest nach hinten ziehen. Dabei wird die M über die Nd gezogen und liegt doppelt, da nun die beiden M-Schenkel auf der Nd liegen und nicht die eigentliche M. In der nächsten R die Dm rechts str, dabei beide M-Teile zugleich erfassen und als 1 M rechts abstr.

Garnwechsel und neues Knäuel

Wenn das Knäuel zu Ende geht, setzen Sie das neue Knäuel immer am Reihenanfang oder -ende an, nicht mitten in der Reihe. Sie können später die Anfangs- und Endfäden im Patentrand fast unsichtbar vernähen. Bei Farbverlaufsgarnen versuchen Sie bitte das neue Knäuel dem vorhergehenden Farbverlauf passend anzusetzen. So erhalten Sie einen fortlaufenden, harmonischen Farbverlauf. Das angegebene Material ist großzügig berechnet, so können sie problemlos einige Meter abwickeln.

Anleitung

HINWEIS: Damit das Tuch schön weich und fluffig wird, wird das Garn für dieses Modell mit einer größeren Nadelstärke als üblich verarbeitet.

Für das gerade Anfangsstück in Orion 5 M anschl. In den Hinr über die ersten 3 M den Patentrand (P) arb und dann 2 M kraus rechts str bis 8 Krausrippen (= 16 R) erreicht sind. Der Patentrand erscheint nur auf einer Seite.
Nun ohne zu wenden aus 3 Seiten des kleinen Streifens insgesamt 19 M herausstr, dafür die ersten 5 M wie gewohnt str, beginnend mit 3 M P, dann das Strickstück um 90° drehen und aus dem Rand der kraus rechts gestrickten M und einer Ecke insgesamt 9 M heraus str, nochmals um 90° drehen und aus der Anschlagkante 2 M rechts str, dann 3 M P (= 19 M).

1. Teil

Nun für den 1. Teil des Tuches weiter in Hin- und Rückr arb. Der Rand wird beidseitig als Patentrand gestrickt, dafür einfach den Patentrand des geraden Anfangsstücks fortführen. Zwischen den Zunahmen wie nachfolgend beschrieben im großen Perlmuster str, die zugenommenen M im Muster entsprechend ergänzen.

HINWEIS: In der ersten Hinr nach und vor den Patent-M jeweils einen MM setzen.

1. R (Hinr): 3 M P, MM versetzen, 1 U, * 1 M rechts, 1 M links, ab * stets wdh bis der MM erreicht ist, die letzte M ist eine M rechts, dann 1 U, MM versetzen, 3 M P.
2. R (Rückr): 3 M P, MM versetzen, 1 U, 1 M rechts, alle weiteren M bis zum MM str wie sie erscheinen, enden mit 1 M rechts (= U der Vor-R), MM versetzen, 3 M P.
3. R: 3 M P, MM versetzen, 1 U, * 1 M rechts, 1 M links, ab * stets wdh bis der MM erreicht ist, 1 U, MM versetzen, 3 M P.
4. R: 3 M P, MM versetzen, 1 U, 1 M links, alle weiteren M bis zum MM str wie sie erscheinen, enden mit 1 M rechts (= U der Vor-R), MM versetzen, 3 M P.
Die 1.-4. R stets wdh, dabei erhöht sich die M-Zahl in jeder Hinr um 2, in jeder Rückr um 1 M. Insgesamt werden so 3 M je Hin- und Rückr zugenommen und es bildet sich eine etwas asymmetrische Dreiecksform.
Die 1.-4. R so oft wdh bis 147 M erreicht sind, dabei nach einer Hinr enden und wie folgt in Orion in der Rückr weiterarb: 3 M P, MM versetzen, alle M und U der Vor-R bis zum MM rechts str, MM versetzen, 3 M P (= 147 M). In dieser Rückr werden keine Zunahmen gearbeitet, die M-Zahl soll ungerade sein.

Nun eine Lochmusterreihe in Orion str, dafür die nächste Hinr wie folgt arb: 3 M P, MM versetzen, 1 U, * 2 M rechts zusammenstr, 1 U, ab * stets wdh bis 1 M vor den MM, enden mit 1 M rechts, 1 U, MM versetzen, 3 M P. Die nächste Rückr wie folgt str: 3 M P, MM versetzen, alle M und U der Vor-R bis zum MM rechts str, MM versetzen, 3 M P (= 149 M.)
Nun in Streifen kraus rechts weiterarb, dabei den Faden der benötigten Fb jeweils locker nach oben legen, damit sich die Kante nicht zusammenzieht, den anderen Faden einfach bis zur übernächsten R seitlich hängen lassen.
** Hinr in Aubergine: 3 M P, MM versetzen, 1 U, alle M bis vor den MM rechts str, 1 U, MM versetzen, 3 M P (= 151 M).
Rückr in Aubergine: 3 M P, MM versetzen, 1 U, alle M bis vor den MM rechts str, MM versetzen, 3 M P (= 152 M).
Hinr in Orion: 3 M P, MM versetzen, 1 U, alle M bis vor den MM rechts str, 1 U, MM versetzen, 3 M P (= 154 M).
Rückr in Orion: 3 M P, MM versetzen, 1 U, alle M bis vor den MM rechts str, MM versetzen, 3 M P (= 155 M).
Ab ** noch 2x wdh, so erscheinen insgesamt 3 Streifen in Aubergine (= 167 M nach der letzten Rückr in Orion), dabei in der letzten Rückr nach 57 M (= 3 M P, 1 U und 53 M rechts) zur Kennzeichnung einen 3. MM setzen.
Den Faden abschneiden.

Mein Profitipp

Falls eine andere Tuchgröße erwünscht ist kann der erste Teil beliebig vergrößert werden. Als Faustregel sollte die Länge der Kante (= Maschen auf der Nadel) am Ende von Teil 1 ungefähr die Hälfte der späteren Tuchaußenkante entsprechen, allerdings ungespannt, das sollte berücksichtigt werden. Es soll am Ende von Teil 1 eine ungerade M-Zahl auf der Nadel sein. Alles Weitere wie bei Teil 2 und 3 beschrieben, arbeiten und die Maschen- und Reihenzahl entsprechend anpassen.

2. Teil

Den zweiten Teil des Tuches in Aubergine arb.
1. R (Hinr): 3 M P, MM versetzen, 1 U, 1 M rechts. Die Arbeit wenden.
2. R (Rückr): Eine Dm arb, alle M bis vor den MM rechts str, MM versetzen, 3 M P.
3. R: 3 M P, MM versetzen, 1 U, alle M bis zur Dm der Vor-R rechts str, die Dm rechts str und darauf achten, dass beide M-Teile erfasst werden, 1 U, 2 weitere M von Teil 1 rechts str. Die Arbeit wenden.
4. R: 1 Dm str, alle M bis vor den MM rechts str, MM versetzen, 3 M P.
Für die 5.-106. R die 3. und 4. R stets wdh. Dabei werden in jeder Hinr 2 weitere M von Teil 1 mit einbezogen, von Hinr zu Hinr vergrößert sich die M-Zahl mit den U um 4 M.
Der 3. MM, der am Ende von Teil 1 eingesetzt wurde, kennzeichnet die 106. R.
Nach der 106. R liegen für den 2. Teil 217 M auf der Nd, es sind nun 110 M von Teil 1 in Teil 2 eingearbeitet. Zur Kontrolle: Am Ende von Teil 2 sollten nun 57 M (= 53 M, 1 U, 3 M P) von Teil 1 übrig sein. Der 3. MM kann entfernt werden.

3. Teil

Als Übergang eine Lochmusterreihe in Aubergine arb, dafür in der nächsten Hinr wie folgt str: 3 M P, MM versetzen, 1 U, * 2 M rechts zusammenstr, 1 U, ab * stets wdh bis 1 M vor die Dm, 1 M rechts, die Dm rechts str, 1 U, 2 weitere M von Teil 1 rechts str. Die Arbeit wenden.
In der folgenden Rückr in Aubergine eine Dm arb, dann alle M und U bis zum MM rechts str, MM versetzen, 3 M P.
Anschließend in kraus rechts in Streifen weiterarb, dafür im Wechsel 2 R kraus recht in Orion, 2 R kraus rechts in Aubergine str. Mit diesem Fb-Wechsel bis zum Ende weiterarb, dabei die 3. und 4. R wie in Teil 2 beschrieben, str.
Das Ende ist erreicht, wenn alle M vor dem MM am linken Rand von Teil 1 in Teil 2 und 3 eingearbeitet sind.
Nun in Orion über alle M 2 R str, dabei zwischen den beiden MM, also zwischen den Patent-M, kraus rechts str, die Patentränder wie gewohnt fortführen.

Sommernachtstraum

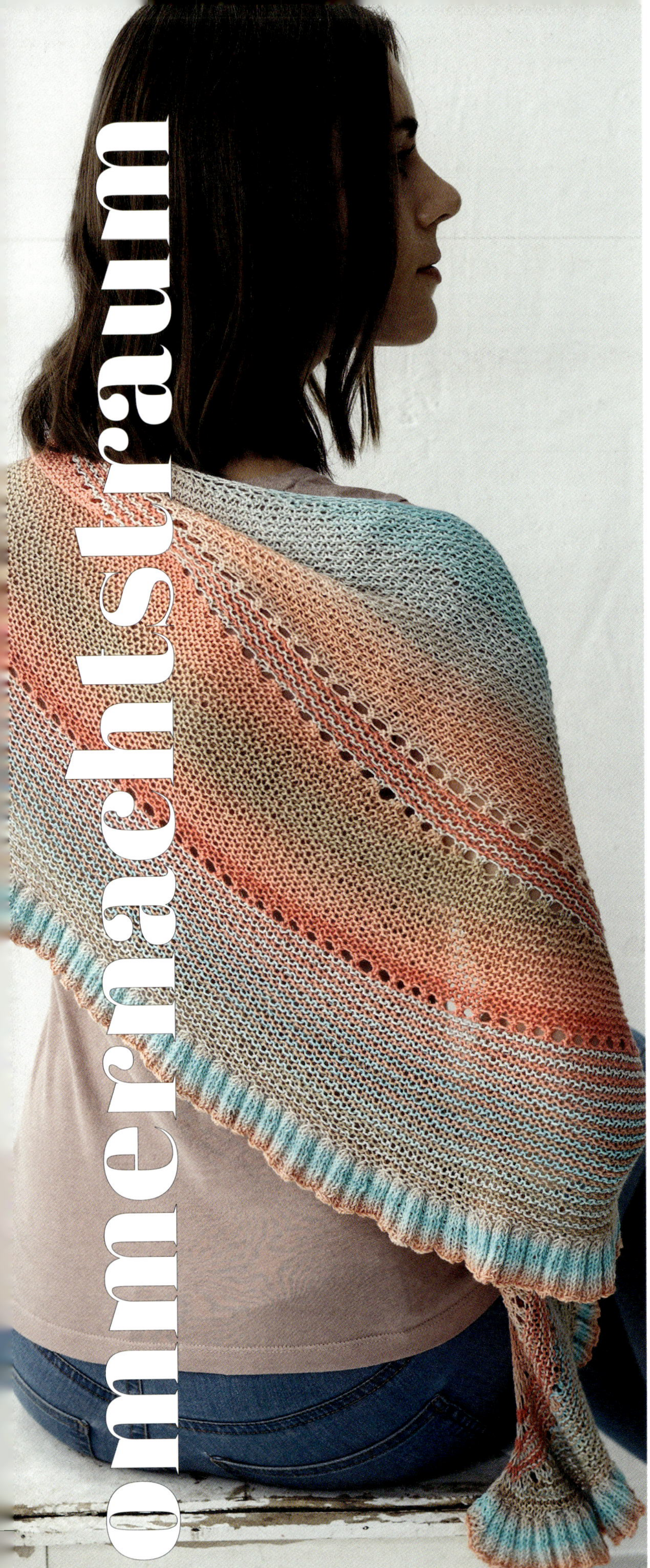

Für die Abschlussrüsche in Orion weiterarb. Über alle M str, der P rechts und links ist jeweils durch einen MM abgeteilt:

1. R (Hinr): 3 M P, MM versetzen, nun aus jeder M 3 M herausstr, dafür * in jede M 1 M rechts, 1 U, 1 M rechts str, ab * stets bis zum MM wdh, MM versetzen, 3 M P. Die M-Zahl zwischen den MM hat sich verdreifacht.

2. R (Rückr): 3 M P, MM versetzen, * 3 M rechts, 3 M links, ab * stets wdh, enden mit 3 M rechts, MM versetzen, 3 M P.

3. R: 3 M P, MM versetzen, * 3 M links, 3 M rechts, ab * stets wdh, enden mit 3 M links, MM versetzen, 3 M P.

Für die Rüsche die 2. und 3. R so oft wdh bis eine Rüschenhöhe von 3 cm erreicht ist, dann in der nächsten Rückr alle M wie beschrieben str und dabei abk, die 3 Patent-M auf beiden Seiten jeweils rechts zusammenstr und dann abk.

Fertigstellen

Alle Fäden vernähen, dabei die Endfäden noch nicht abschneiden. Das Tuch anfeuchten und spannen, dabei darauf achten, dass die Kante entlang des Patentrandes möglichst gerade gespannt wird. Dann das Tuch trocknen lassen und alle vernähten Fäden abschneiden.

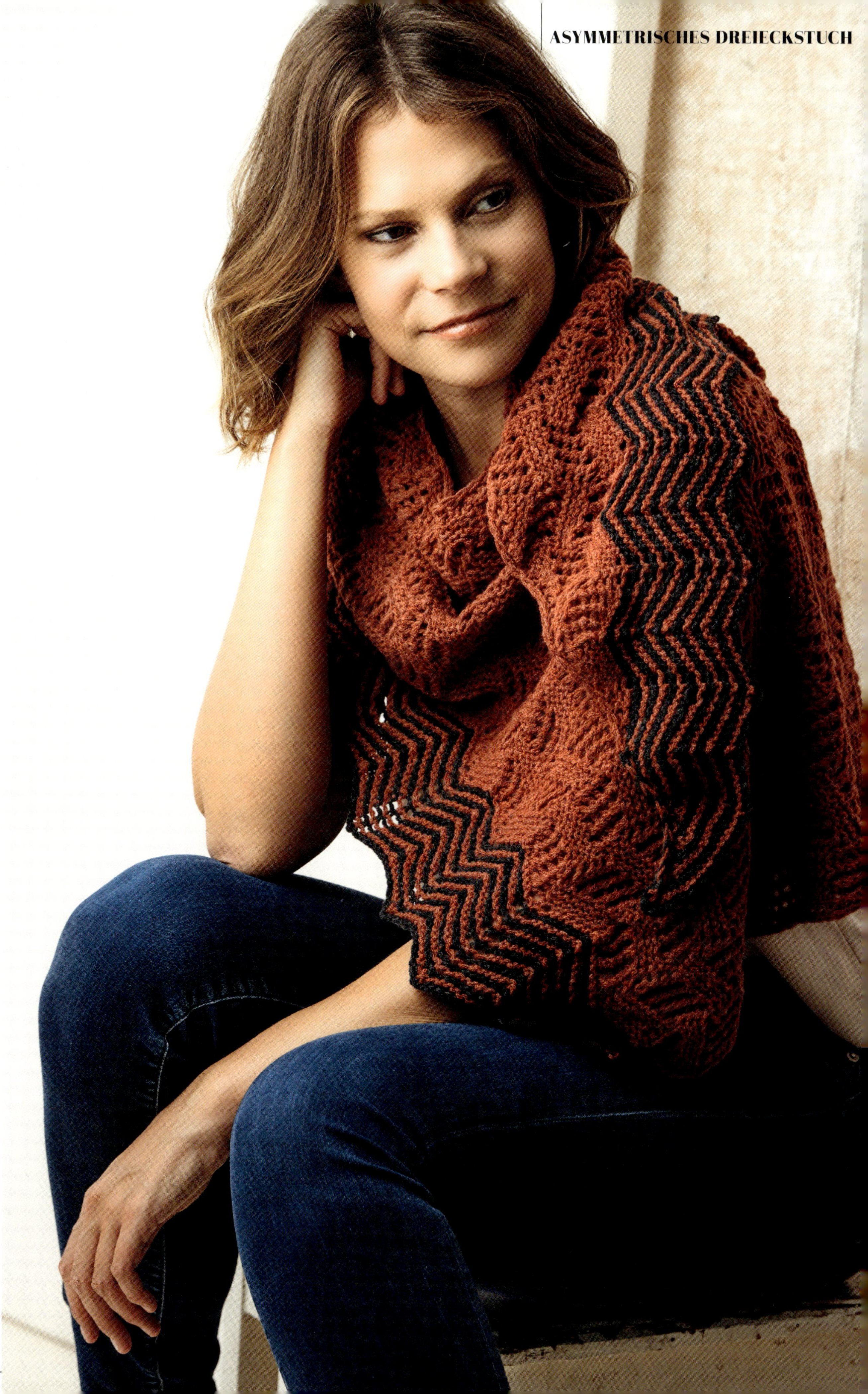

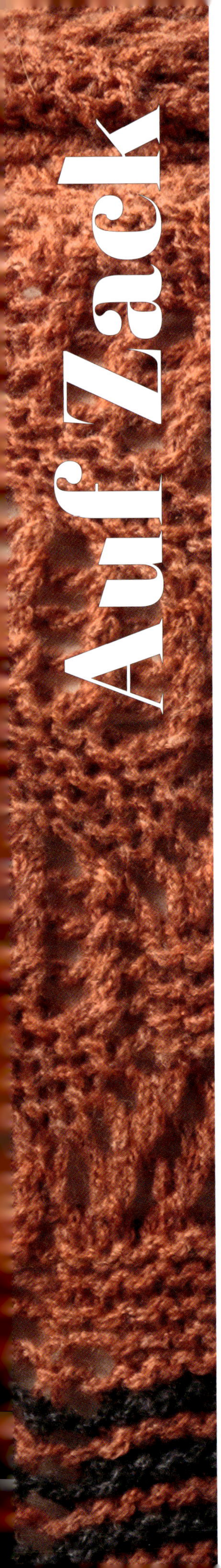

Auf Zack

SCHWIERIGKEITSGRAD 3

GRÖSSE

ca. 140 cm x 90 cm

MATERIAL

- Lana Grossa Cashmere 16 Fine (LL 320 m/50 g) in Terrakotta (Fb 29), 150 g und in Anthrazit (Fb 17), 50 g
- Rundstricknadel 4,5 mm, 80 cm lang
- Maschenmarkierer
- Wollnadel

MASCHENPROBE

Im Lochmuster mit Nd 4,5 mm (gespannt) 20 M und 32 R = 10 cm x 10 cm

Lochmuster und Abschlussborte

Nach der Strickschrift in R arb. Die ungeraden R-Zahlen bezeichnen die Hinr, die geraden die Rückr. Die Hinr werden von rechts nach links gelesen, die Rückr von links nach rechts. Die M str wie in der Legende beschrieben. Der rechte Randbereich über 4 M mit den Zunahmen ist zur besseren Darstellung farbig unterlegt. Die Musterrapporte für das Lochmuster und die Abschlussborte sind jeweils grau unterlegt.

Für die Abschlussborte die R A-P (A ist eine Hinr) insgesamt 2x wdh, dafür zweifarbig arb, jeweils 2 R in Terrakotta und 2 R in Anthrazit im Wechsel. Die R str wie gezeichnet dabei stets den Musterrapport (grau unterlegt) wdh.

Anleitung

Das Tuch wird an der Spitze begonnen. In Terrakotta 7 M anschl und nach der Strickschrift weiterarb. Zu Beginn einmal die 1.-24. R str, anschließend die 25.-40. R stets wdh, dabei erweitert sich nach jeder Wiederholung die Breite um einen Musterrapport (Rapport grau unterlegt). Zur Veranschaulichung ist die 41. R eingezeichnet. Die 25.-40 R insgesamt 13x wdh. Das Tuch soll an der linken (geraden) Kante ca. 70-75 cm messen, anschließend noch 1x die 25.-32. R str.

Nach einer 32. R zur Abschlussborte wechseln, dafür zweifarbig weiterarb, jeweils 2 R in Terrakotta und 2 R in Anthrazit im Wechsel str. Die R A-P insgesamt 2x arb, in der letzten Rückr in Anthrazit alle M abk.

Fertigstellen

Alle Fäden vernähen, das Tuch anfeuchten, und spannen, dann trocknen lassen. Anschließend die überstehenden, vernähten Fäden abschneiden.

Lochmuster

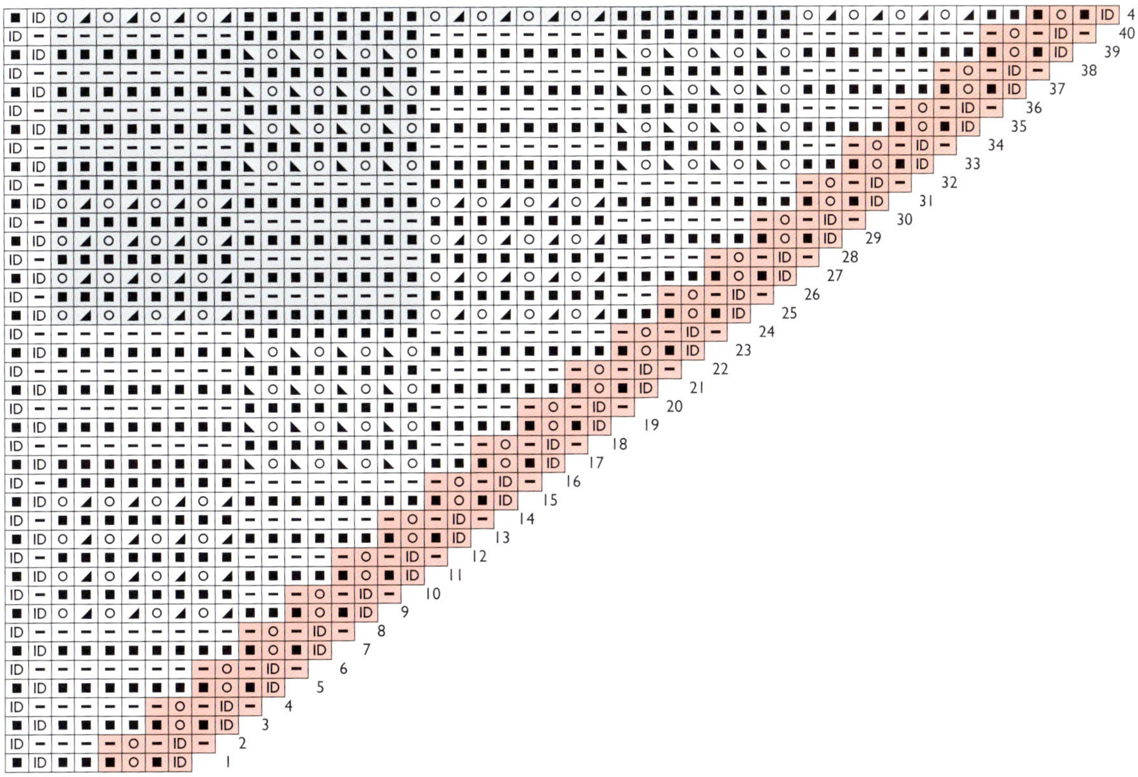

Abschlussborte

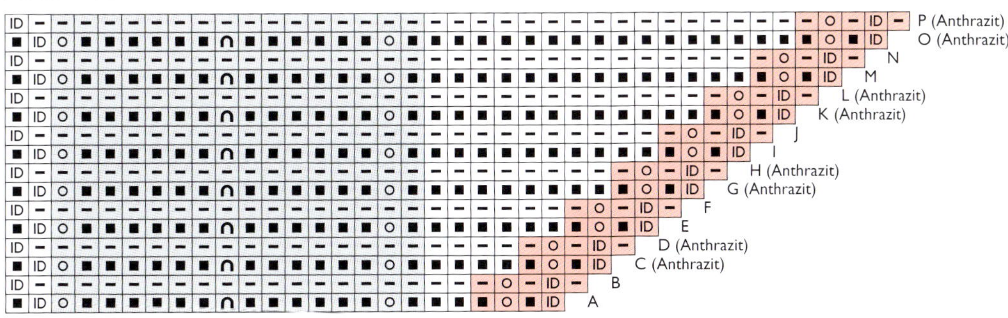

Legende

■ = In Hinreihen 1 Masche rechts, in Rückreihen 1 Masche links

– = In Hinreihen 1 Masche links, in Rückreihen 1 Masche rechts

O = 1 Umschlag

ID = 1 Masche wie zum Linksstricken abheben mit dem Faden vor der Masche

◢ = 2 Maschen rechts zusammenstricken

◣ = 1 Masche wie zum Rechtsstricken abheben, nächste Masche rechts stricken, abgehobene Masche überziehen

∩ = 3 Maschen mit aufliegender Mittelmasche zusammenstricken: 2 Maschen gleichzeitig wie zum Rechtsstricken abheben, 1 Masche rechts stricken, abgehobene Maschen überziehen

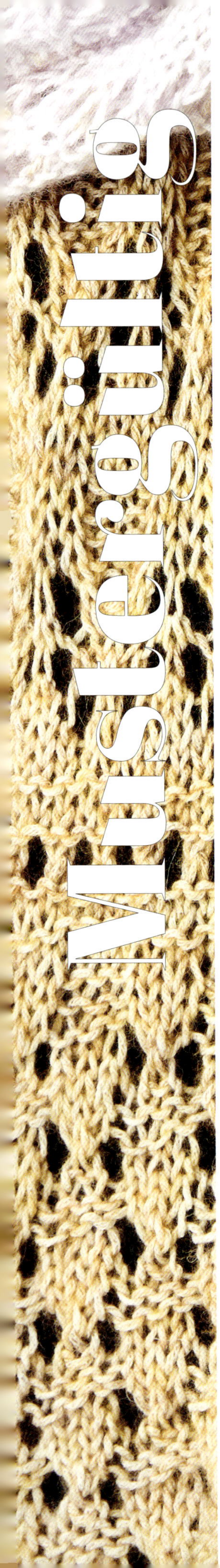

SCHWIERIGKEITSGRAD 2

GRÖSSE

Ca. 36 cm breit und 200 cm lang

MATERIAL

- Lana Grossa Gomitolo Puno (LL 570 m/150 g) in Camel/Beige/Zartflieder, 150 g
- Rundstricknadel 5,0 mm, 60 cm lang
- Wollnadel

MASCHENPROBE

Im Muster 1 mit Nd 5,0 mm (gespannt) 17 M und 24 R = 10 cm x 10 cm

2 Maschen rechts überzogen zusammenstricken

1 M wie zum Rechtsstr abheben, die nächste M rechts str und die abgehobene M überziehen. Alternativ können auch 2 M rechts verschränkt zusammengestrickt werden.

Randbereich

Der Randbereich wird beidseitig komplett über den gesamten Schal gleich gestrickt. Für den rechten Randbereich, „rechter Rand", in den Hinr über die ersten 3 M wie folgt arb: 1 M rechts, 2 M rechts zusammenstr, 1 U. Diese M sind in der Strickschrift farbig unterlegt.
Für den linken Randbereich, „linker Rand", in den Hinr über die letzten 3 M wie folgt arb: 1 U, 2 M rechts überzogen zusammenstr, 1 M rechts. Diese M sind in der Strickschrift ebenfalls farbig unterlegt.
In den Rückr diese 3 M oder U zu Beginn und am Ende der R immer rechts str.
Es sind keine zusätzlichen Rdm notwendig.

Lochmusterstreifen

Zwischen den einzelnen Mustern je einen Lochmusterstreifen zwischen den 3 Rdm über alle M, über 7 R str. Jeweils mit einer Rückr beginnen.

1. R (Rückr) und alle weiteren Rückr: Alle M und ggf. U rechts str.
2. R: 3 M „rechter Rand", bis 3 M vor R-Ende rechts M str, 3 M „linker Rand".
4. R: 3 M „rechter Rand", * 2 M rechts zusammenstr, 1 U, ab * stets wdh, enden mit 1 M rechts und 3 M „linker Rand".
6. R: 3 M „rechter Rand", bis 3 M vor R-Ende rechts M str, 3 M „linker Rand".

HINWEIS: Bitte beachten Sie die Hinterlegung der M-Symbole und deren Legende – die farbig unterlegten Symbole werden in Rückr immer rechts gestrickt. Bei allen Strickschriften sind nur die Hinr gezeichnet, in den Rückr die M str wie sie erscheinen oder beschrieben sind.

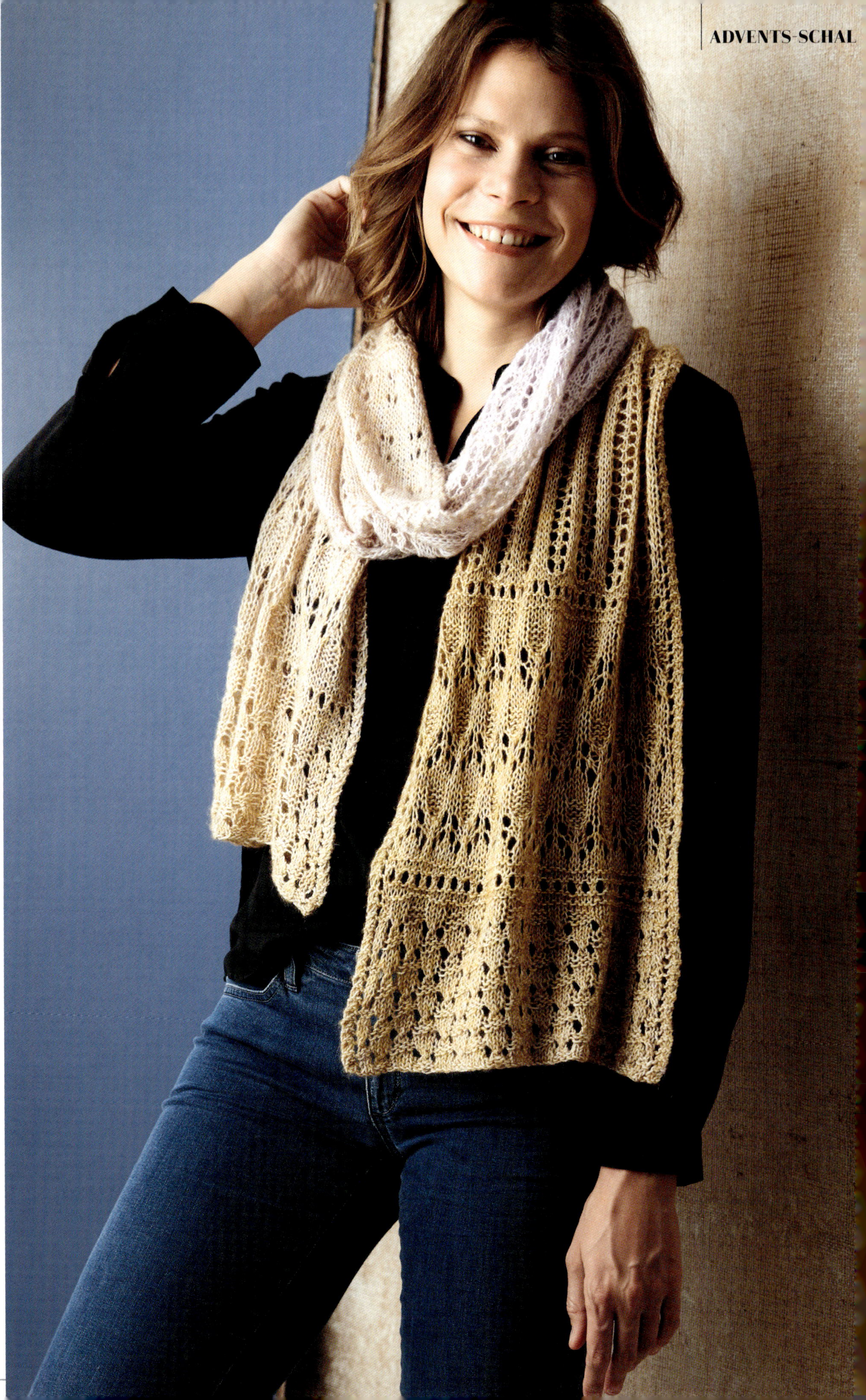

Muster 1

Mit den 3 M für den rechten Rand beginnen, dann die 2 M vor dem Rapport arb, den Rapport 8x wdh, dann die 5 M nach dem Rapport str und die R mit den 3 M für den linken Rand beenden. 3x die 3.-10. R str, dann noch 1x die 3.-8. R. Als Übergang zum nächsten Lochmusterstreifen in der nächsten Hinr alle M zwischen dem Randbereich rechts str (= 31 R).

Muster 1

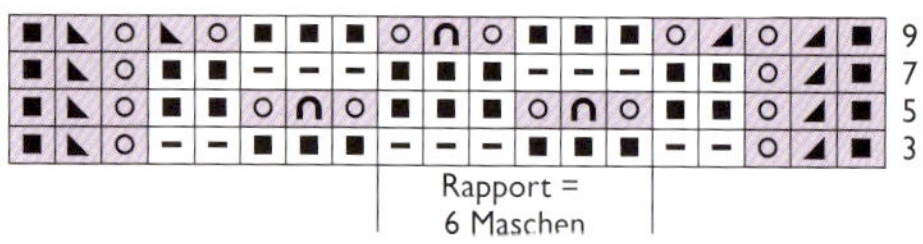

Muster 2

Mit den 3 M für den rechten Rand beginnen, dann die 3 M vor dem Rapport arb, den Rapport 8x wdh, danach die 4 M nach dem Rapport str und die R mit den 3 M für den linken Rand beenden. Die 1.-24. R 1x, dann die 1.-13. R ebenfalls 1x str.

Muster 2

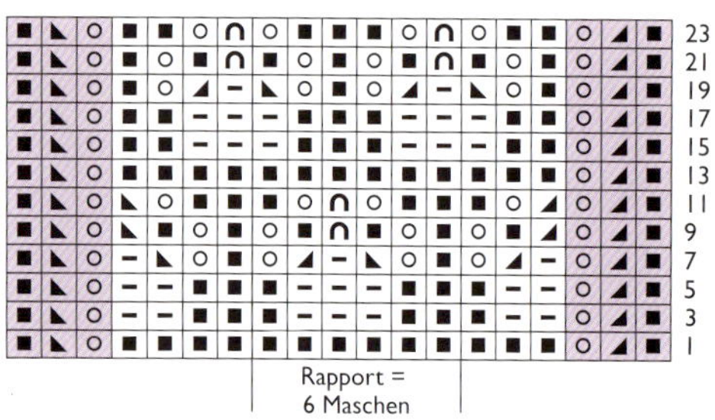

Muster 3

Mit den 3 M für den rechten Rand beginnen, den Rapport 9x wdh, dann die M nach dem Rapport str und die R mit den 3 M für den linken Rand beenden. Die 1. und 2. R stets bis zu einer Höhe von 12-13 cm wdh., dann noch 1x die 3. R arb.

Muster 3

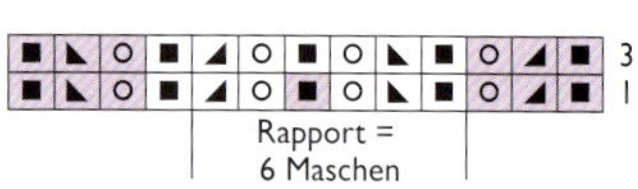

Muster 4

Mit den 3 M für den rechten Rand beginnen, dann die 3 M vor dem Rapport str, den Rapport 8x wdh, dann die 4 M nach dem Rapport str und die R mit den 3 M für den linken Rand beenden. 3x die 1.-8. R, dann noch 1x die 1.-7. R str.

Muster 4

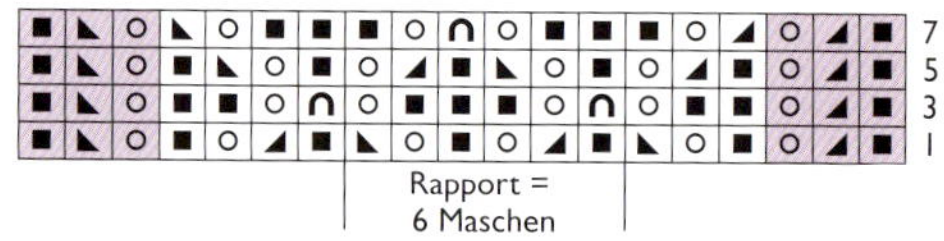

Muster 5

Mit den 3 M für den rechten Rand beginnen, dann die 2 M vor dem Rapport str, den Rapport 8x wdh, dann die 5 M nach dem Rapport str und die R mit den 3 M für den linken Rand beenden. 2x die 1.-12. R str, dann noch 1x die 1.-11. R arb.

Muster 5

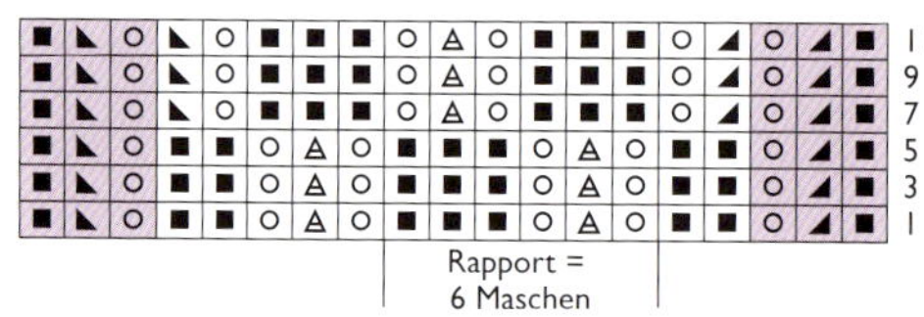

Muster 6

Mit den 3 M für den rechten Rand beginnen, die M des Rapports 9x wdh, dann die M nach dem Rapport str und die R mit den 3 M für den linken Rapport beenden. 3x die 1.-12. R nach der Strickschrift str, dann noch 1x die 1. R arb.

Muster 6

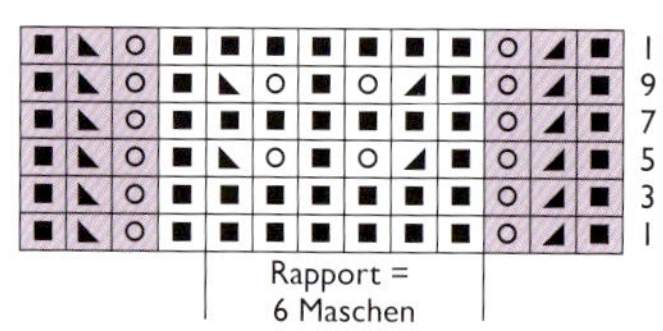

Legende

Die farbig unterlegten Maschen werden in den Rückreihen rechts gestrickt.

■ = 1 Masche rechts

− = 1 Masche links

○ = 1 Umschlag

◢ = 2 Maschen rechts zusammenstricken

◣ = 1 Masche wie zum Rechtsstricken abheben, nächste Masche rechts stricken, abgehobene Masche überziehen

∩ = 3 Maschen mit aufliegender Mittelmasche zusammenstricken: 2 Maschen gleichzeitig wie zum Rechtsstricken abheben, 1 Masche rechts stricken, abgehobene Maschen überziehen

⌓ = 1 Masche mit dem folgenden Umschlag links zusammenstricken

△ = 3 Maschen rechts überzogen zusammenstricken: 1 Masche wie zum Rechtsstricken abheben, 2 Maschen rechts zusammenstricken, abgehobene Masche überziehen

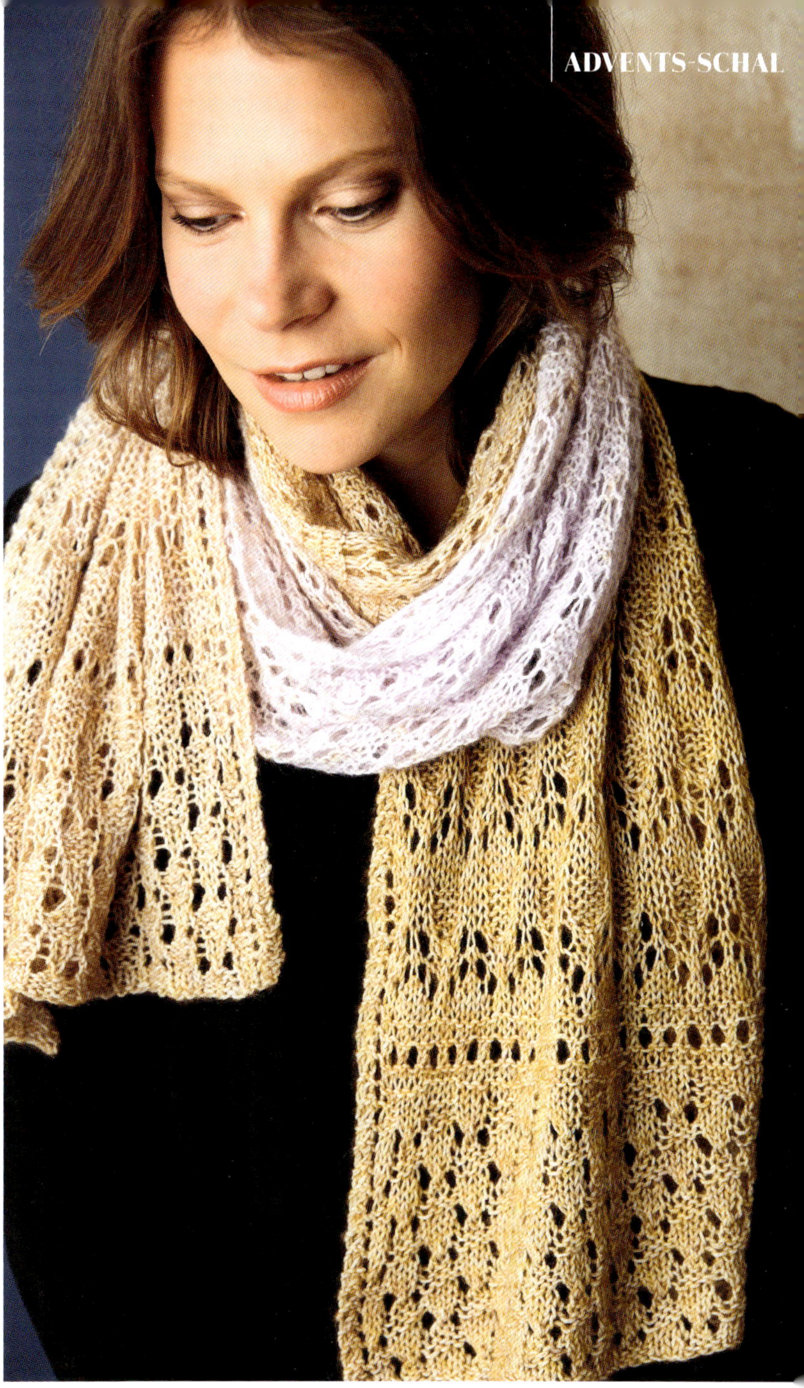

Anleitung

Für den besonderen, luftigen Effekt wird eine dickere Nd-Stärke verwendet als sonst für das Garn üblich und auch auf der Banderole angegeben ist. Der Schal wird aus unterschiedlichen Mustern zusammengesetzt, jedes Muster wird mit einem Lochmusterstreifen vom folgenden Muster getrennt. An den beiden Seiten wird der Randbereich jeweils über 3 M gestrickt.

Der Schal ist in 11 Musterabschnitte unterteilt, die Muster sind zuerst der Nummerierung nach aufsteigend angeordnet, dann ab der Mitte wieder absteigend, sodass ein symmetrisches Gesamtbild entsteht. Zu jedem Musterabschnitt gehören noch 7 R des Lochmusterstreifens.

HINWEIS: Die farbig unterlegten M werden in den Rückr rechts gestrickt, alle anderen M werden in den Rückr gestrickt wie sie erscheinen. Die U werden links gestrickt.

61 M locker anschl und gleich mit einer Rückr beginnen, dafür 5 M rechts, * 3 M links, 3 M rechts, ab * stets wdh bis 8 M vor R-Ende, enden mit 3 M links, 5 M rechts. Die Rdm sind hier mit aufgeführt. Nun insgesamt 31 R wie bei Muster 1 beschrieben str, zusammen mit Anschlag-R und 1. Rückr sind 33 R gestrickt. Dann die 7 R des Lochmusterstreifens wie beschrieben str. Anschließend erst 37 R im Muster 2 und dann 7 R für den Lochmusterstreifen arb. Weiter 12-13 cm im Muster 3 str. Als Übergang zum Lochmuster mit einer 3. R enden. Nun wieder 7 R des Lochmusterstreifens str und dann 31 R im Muster 4. Weiter folgen wieder die 7 R des Lochmusterstreifens und dann 35 R im Muster 5. Es folgen 7 R für den Lochmusterstreifen, dann 37 R im Muster 6.

Nach der 37. R werden die Muster 1-5 in umgekehrter Reihenfolge, jeweils unterbrochen durch die 7 R des Lochmusterstreifens, gearbeitet: 7 R Lochmusterstreifen, 35 R im Muster 5, 7 R Lochmusterstreifen, 31 R im Muster 4, 7 R Lochmusterstreifen, 12-13 cm im Muster 3, 7 R Lochmusterstreifen, 37 R im Muster 2, 7 R Lochmusterstreifen. Abschließend 32 R in Muster 1 str, dafür in der 1. Hinr wie folgt str: 3 M „rechter Rand", dann bis 3 M vor R-Ende alle M rechts str, die letzten 3 M wie bei „linker Rand" beschrieben str, in der nachfolgende Rückr 5 M rechts, * 3 M links, 3 M rechts, ab * stets wdh, enden mit * 3 M links, 5 M rechts. Dann 3x die 3.-10. R nach der Strickschrift für Muster 1 str, dann noch 1x die 3.-8. R, dabei in der 8. R (= 32. R des Musters) alle M abk.

Fertigstellen

Den Schal spannen und anfeuchten, dann trocknen lassen. Alle Fäden vernähen.

Fisherman's Friend

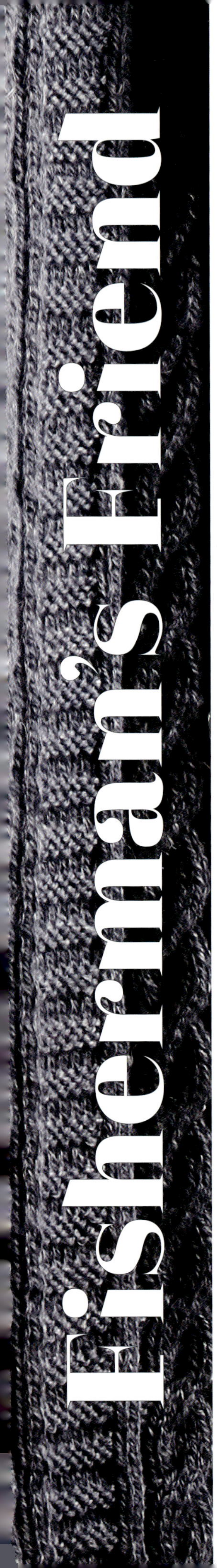

SCHWIERIGKEITSGRAD 2

GRÖSSE

28 cm x 175 cm

MATERIAL

- Lana Grossa Slow Wool Lino (LL 400 m/100 g) in Dunkelgrau (Fb 07), 200 g
- Rundstricknadel 3,5 mm, 60 cm lang
- Zopf- oder Hilfsnadel
- Maschenmarkierer (optional)
- Wollnadel

MASCHENPROBE

Im Zopfmuster-Mix mit Nd 3,5 mm 29 M und 34 R = 10 cm x 10 cm

Doppelte Randmasche

Entlang beider Kanten eine DRdm als Abschluss über jeweils 2 M arb. Dafür die R wie folgt arb: Die 1. der beiden M wie zum Linksstr abheben, den Faden dabei vor der M weiterführen, 1 M rechts str, die R bis 2 M vor R-Ende mustergemäß str, dann die nächste M wie zum Linksstr abheben, den Faden vor der M weiterführen, und mit 1 M rechts die R beenden.

Zopfmuster-Mix

Nach der Strickschrift arb. Es sind nur die Hinr gezeichnet, in den Rückr die M str wie sie erscheinen. Mit den M vor dem Rapport beginnen, den Rapport stets wdh und mit den M nach dem Rapport enden.

Anleitung

82 M anschl und nach der Strickschrift arb, dafür mit den 8 M vor dem Rapport beginnen, den Rapport 3x str und mit den 14 M nach dem Rapport enden. Für das Bündchen 1x die 1.-14. R str, anschließend die 15.-22. R stets wdh bis die gewünschte Schallänge erreicht ist. Für das obere Bündchen noch 1x die 23.-35. R str. Zum Schluss 1 Rückr rechte M str und dabei alle M abk.

Fertigstellen

Den Schal laut Größenangabe spannen und anfeuchten, dann trocknen lassen. Alle Fäden vernähen.

Strickschrift

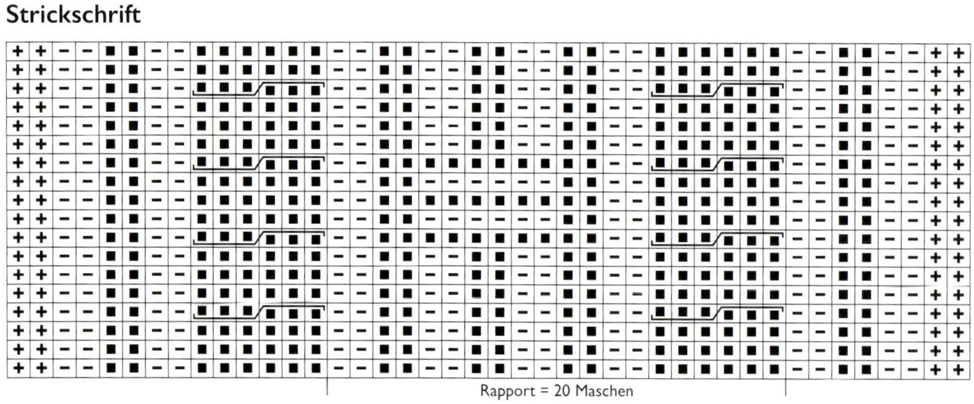

Legende

- = 1 Masche links
■ = 1 Masche rechts

= 3 Maschen auf einer Hilfsnadel hinter die Arbeit legen, 3 Maschen rechts stricken, dann die Maschen der Hilfsnadel rechts stricken

++ = Doppelte Randmasche

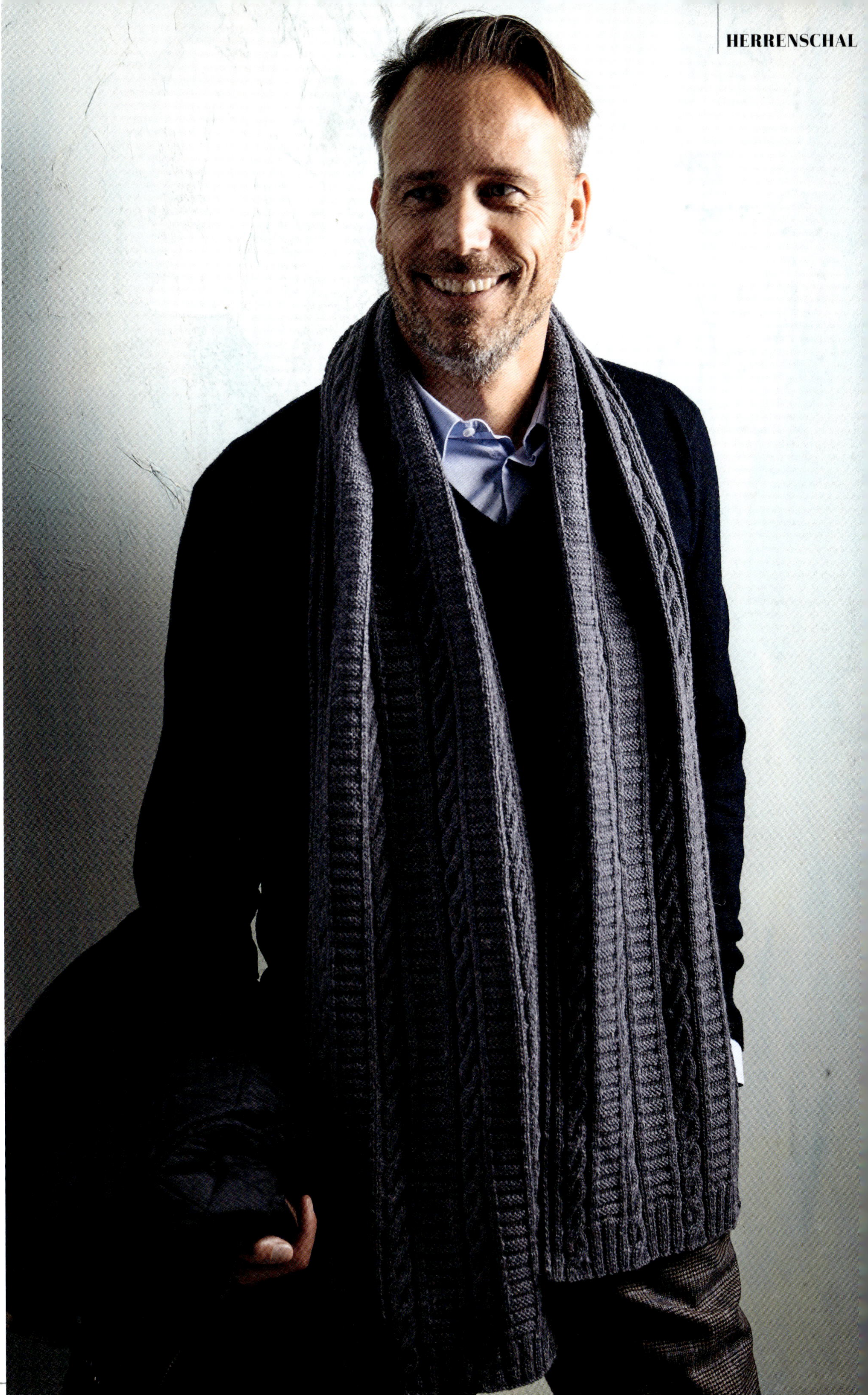

Querbeet

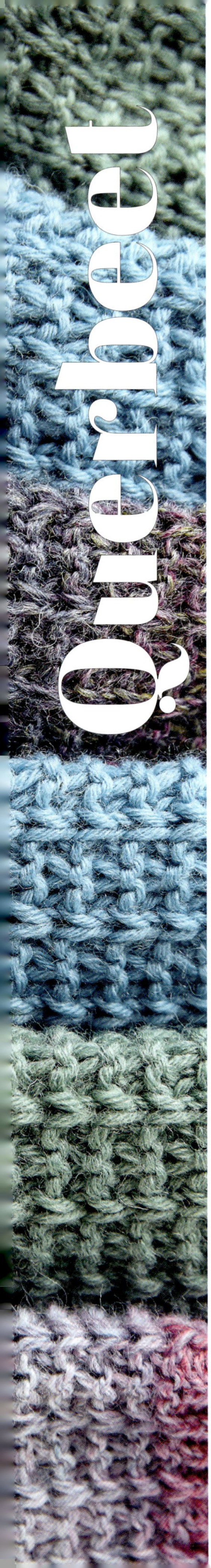

SCHWIERIGKEITSGRAD 1

GRÖSSE

36/37, Größentipp für 38/39 am Ende der Anleitung. Das Muster ist mithilfe der Sockentabellen auf den Seiten 121 und 122 für jede Größe verwendbar.

Die Angaben für 8-fädige Sockenwolle stehen vor dem Schrägstrich, für 6-fädige Sockenwolle nach dem Schrägstrich.

MATERIAL

- Sockenwolle 8-fädig (LL 100-105 m/50 g) in Color- oder Unifarbe, 150 g-200 g oder Sockenwolle 6-fädig in Color- oder Unifarbe (LL 122-130 m/50 g), 100 g-150 g
- Nadelspiel 4,0 mm/3,5 mm
- Wollnadel

MASCHENPROBE

Glatt rechts mit Nd 4,0 mm und Sockenwolle 8-fädig
19 M und 27 Rd = 10 cm x 10 cm

Glatt rechts mit Nd 3,5 mm und Sockenwolle 6-fädig
22 M und 30 Rd = 10 cm x 10 cm

Glatt rechts

In Rd: Alle M rechts str.
In R: In Hinr rechts M,in Rückr linke M str.

Bündchenmuster

In Rd: 1 M rechts verschränkt, 1 M links im Wechsel str., dabei mit 1 M rechts verschränkt beginnen, damit sich die Rippen im Strukturmuster fortsetzen.

Hebemaschenmuster

In Rd, M-Zahl teilbar durch 4
1. Rd: * 1 M wie zum Linksstr abheben, den Faden dabei locker hinter der Arbeit weiterführen, 3 M rechts, ab * stets wdh.
2. Rd: * 1 M wie zum Linksstr abheben, den Faden dabei locker hinter der Arbeit weiterführen, 3 M links, ab * stets wdhl.
3.+4. Rd: * 2 M rechts, 1 M wie zum Linksstr abheben, den Faden dabei locker hinter der Arbeit weiterführen, 1 M rechts, ab * stets wdh.
Die 1.-4. Rd stets wdh.

HINWEIS: Die Anleitung setzt Grundkenntnisse des Sockenstrickens voraus. Die Grundanleitungen befinden sich auf Seiten 121-126. Ferse und Spitze können nach Wunsch gearbeitet werden. Für das vorgestellte Modell werden die Bumerang- oder Jojoferse und die Bandspitze verwendet.

Anleitung

44/48 M auf 4 Nd des Ndspiels anschl, je Nd 11/12 M, und zur Rd schließen. Für den Mini-Rollrand zunächst 3 Rd glatt rechts str, dann 10 Rd im Bündchenmuster. Nun für den Schaft weiter im Hebemaschenmuster str.
Da die Bumerang- bzw. Jojoferse etwas kürzer ist als die herkömmliche Ferse, nach ca. 16 cm ab der Anschlagkante gemessen über die jeweils 11/12 M der 1. und 4. Nd nun noch 3 R glatt rechts weiterarb. Über die M der 2. und 3. Nd das Hebemaschenmuster wie gewohnt fortsetzen. Dann die Bumerang- bzw. Jojoferse laut Grundanleitung glatt rechts

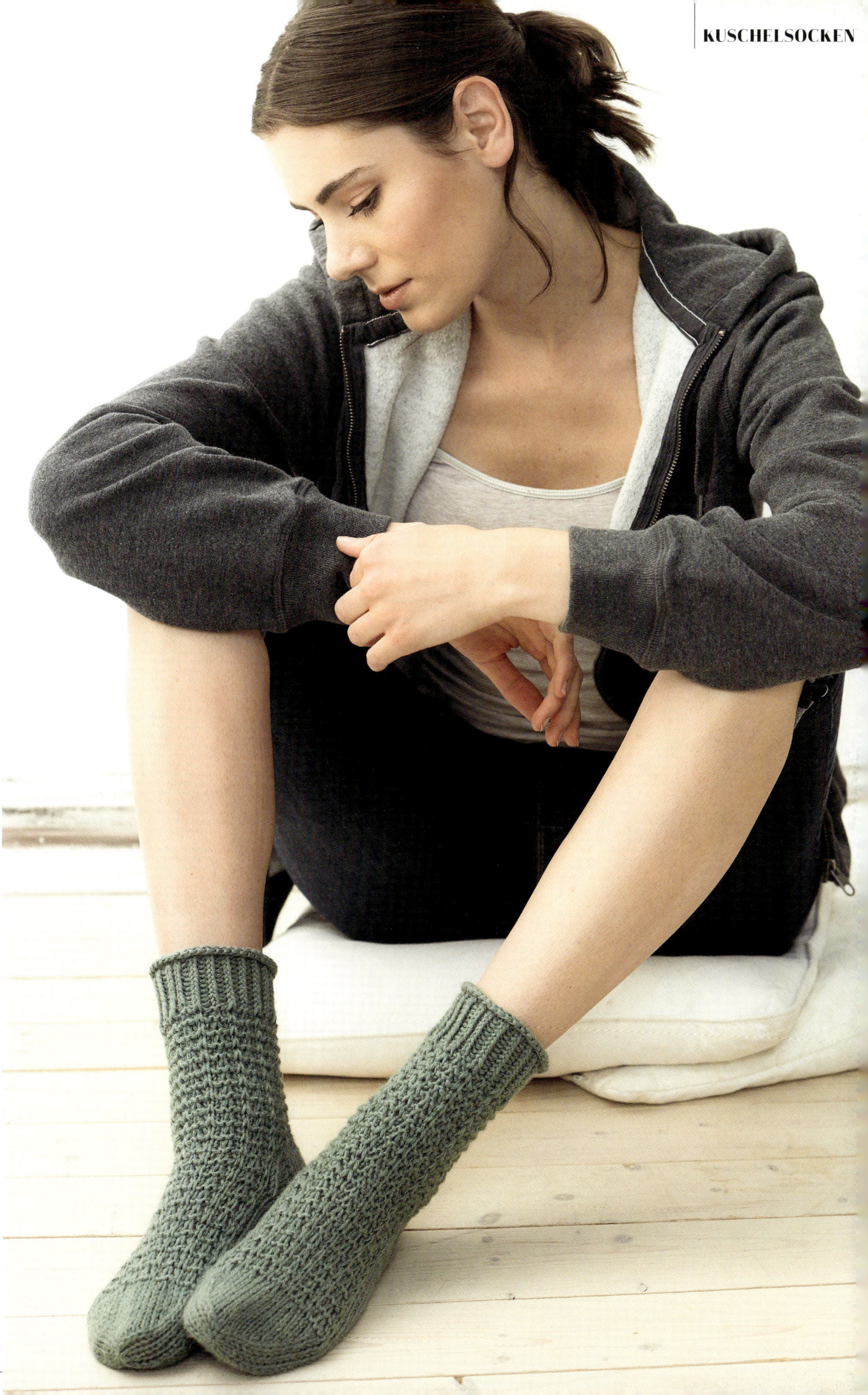

arb. Weiter den Fuß wie gewohnt str, dabei über die 22/24 M des Oberfusses das Hebemaschenmuster weiterführen und über die M der Sohle glatt rechts str. Wenn die Fußlänge bis zum Spitzenbeginn gearbeitet wurde, das sind bei 36/37 ab der Fersenmitte ca. 19/18 cm, über alle M glatt rechts weiterstr und die Bandspitze nach der Grundanleitung wie gewohnt glatt rechts arb.
Alle Fäden vernähen. Die 2. Socke ebenso str.

Mein Größentipp

Für Größe 38/39 stricken Sie nach der gleichen Anleitung wie für 36/37, Sie verlängern lediglich die angegebene Fußlänge vor dem Spitzenbeginn von 19/18 cm auf 20,5/20 cm. Das Muster kann mithilfe der Sockentabellen auf den Seiten 121 und 122 für jede Größe verwendet werden.

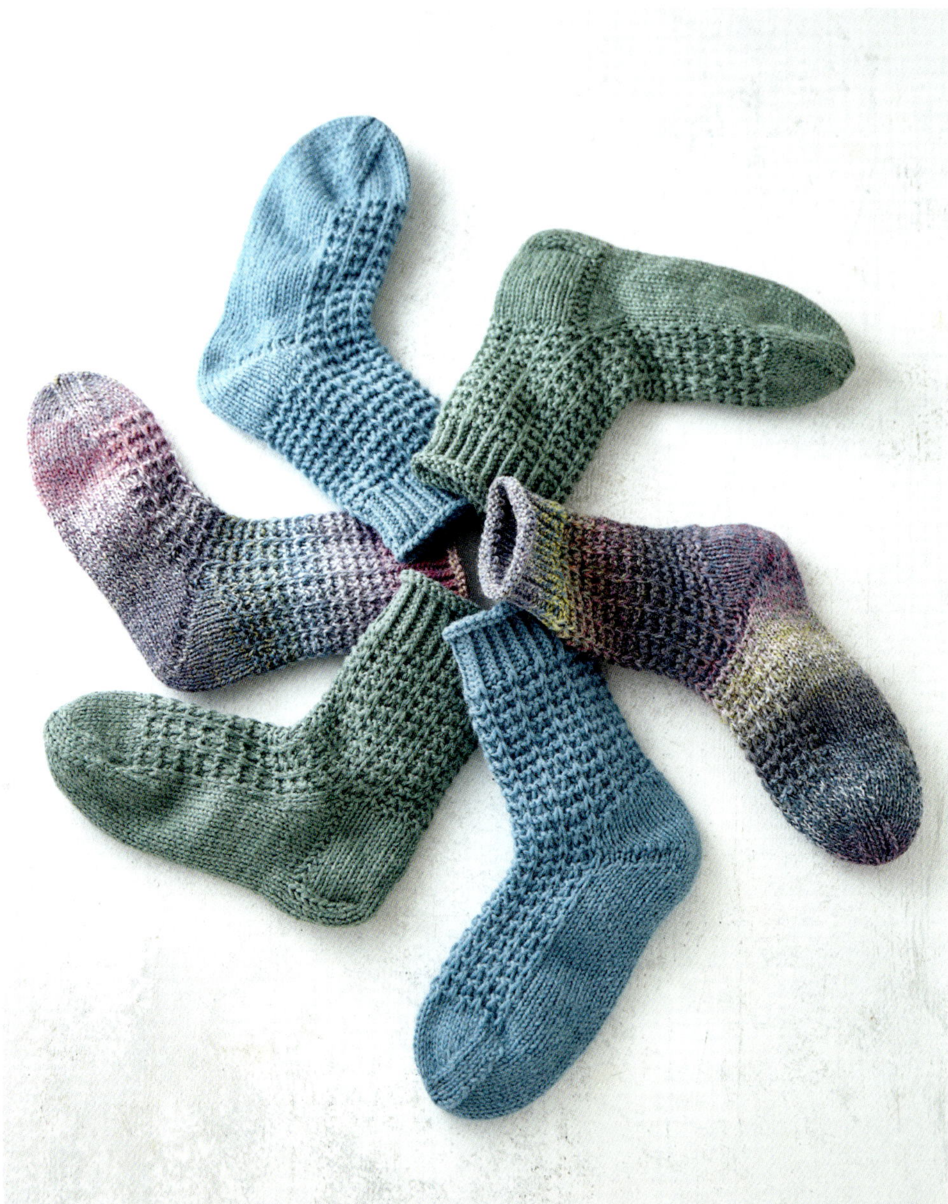

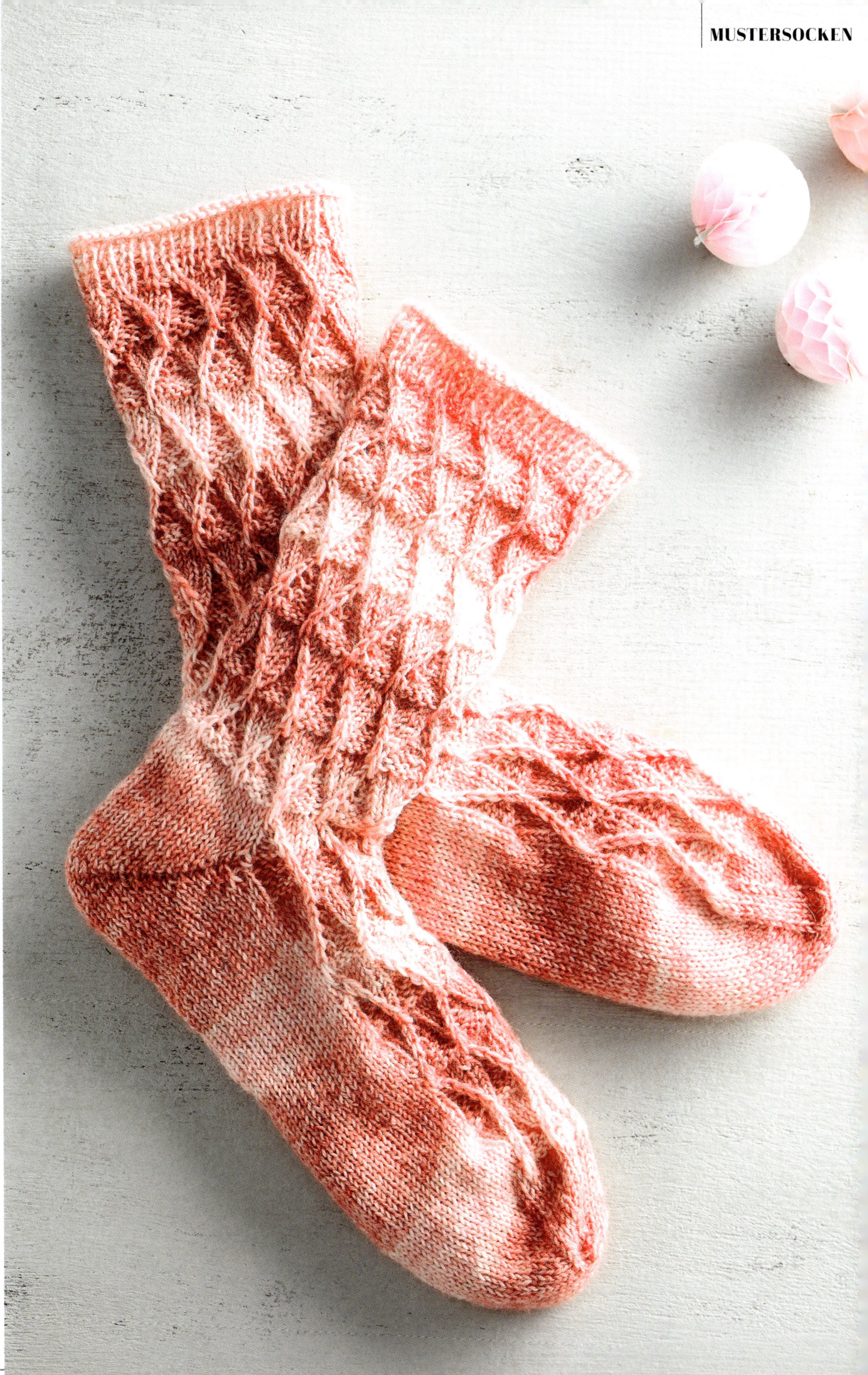

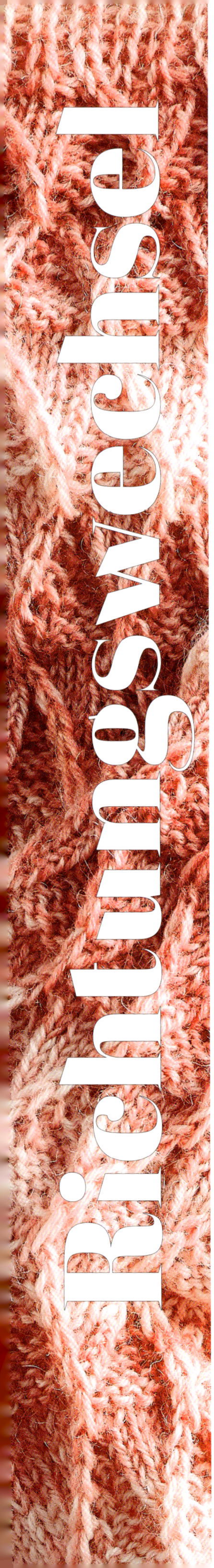

Richtungswechsel

SCHWIERIGKEITSGRAD 2

GRÖSSEN

36/37 und 38/39, Größentipp für 40-43 am Ende der Anleitung

MATERIAL

- Lana Grossa Meilenweit 100 Denim (LL 420 m/100 g) in Koralle (Fb 7906), 100 g
- Nadelspiel 2,5 mm
- Wollnadel

MASCHENPROBE

Glatt rechts mit Nd 2,5 mm 30 M und 42 Rd = 10 cm x 10 cm

Glatt rechts

In Rd: Alle M rechts str.
In R: In Hinr rechts M,in Rückr linke M str.

Bündchenmuster

In Rd, gerade M-Zahl
1. Rd: 1 M rechts, 1 M links im Wechsel str.
2. Rd: * 1 M wie zum Linksstr mit dem Faden hinter der Nd abheben, 1 M links, ab * stets wdh.
Die 1. und 2. Rd stets wdh.

Strukturmuster

In Rd, M-Zahl teilbar durch 6
Nach der Strickschrift arb. Den Rapport von 6 M stets wdh, die 1.-22. Rd stets wdh.
Vor Beginn der Ferse die M-Einteilung um 3 M verschieben, sodass die hintere Mitte in der Mitte eines Rapports liegt und 6 ganze Rapporte über die 30 M des Fußrückens fortgeführt werden können.

HINWEIS: Die Anleitung setzt Grundkenntnisse des Sockenstrickens voraus. Die Grundanleitungen befinden sich auf Seiten 121-126. Ferse und Spitze können nach Wunsch gearbeitet werden. Für das vorgestellte Modell werden die Bumerang- oder Jojoferse und die Bandspitze verwendet.

Strickschrift

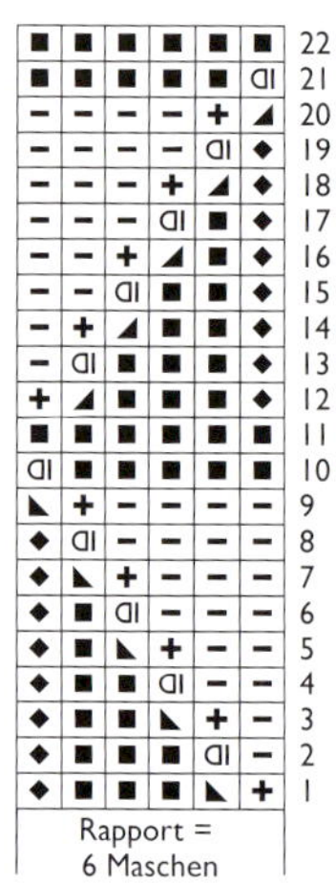

Legende

- ■ = 1 Masche rechts
- − = 1 Masche links
- ◆ = 1 Masche rechts verschränkt
- + = 1 Masche rechts verschränkt aus dem Querfaden zunehmen
- ɑl = 1 Masche wie zum Linksstricken abheben mit dem Faden hinter der Masche
- ◢ = 2 Maschen rechts zusammenstricken
- ◣ = 1 Masche wie zum Rechtsstricken abheben, nächste Masche rechts stricken, abgehobene Masche überziehen

Anleitung

60 M auf 4 Nd des Ndspiels verteilt anschl, je Nd 15 M und zur Rd schließen, der Rd-Beginn liegt in der hinteren Mitte. 3 Rd glatt rechts str, anschließend 2 cm im Bündchenmuster arb.
Als Übergang zum Schaftmuster 1 Rd glatt rechts str, anschließend nach der Strickschrift Strukturmuster weitearb. Für den Schaft 3x die 1.-22. Rd str. Vor Beginn der Ferse die hintere Mitte um 3 M versetzen, sodass die hintere Mitte in der Mitte eines Rapports liegt. Da die Bumerang- oder Jojo-Ferse etwas kürzer ist als die herkömmliche Ferse, über die je 15 M der 1. und 4. Nd nun noch 4 Rd glatt rechts weiterarb, über die M der 2. und 3. Nd das Strukturmuster wie gewohnt fortsetzen. Durch den Versatz der hinteren Mitte werden 5 ganze Rapporte à 6 M für den Fußrücken gestrickt.
Ferse und Fußsohle wie in der Grundanleitung beschrieben glatt rechts arb.
Für Größe 36/37 in 18,5 cm Fußlänge die Bandspitze wie in der Grundanleitung beschrieben arb.
Für Größe 38/39 in 20 cm Fußlänge die Bandspitze wie in der Grundanleitung beschrieben arb.
Die 2. Socke ebenso str, dabei ggf. den Farbrapport entsprechend abwickeln, sodass beide Socken gleich erscheinen.

Mein Größentipp

Mit etwas „Schummeln" lässt sich das schöne Sockenmuster auch für Socken in Gr. 40-43 einsetzen. Arbeiten Sie dafür wie folgt: Vom Anschlag bis kurz vor Beginn der Ferse wie in der Anleitung für Gr. 36-39 beschrieben arbeiten. Dann im Bereich der 1. und 4. Nadel vor der Ferse verteilt 2x 1 M rechts verschränkt zunehmen, es wird nun über insgesamt 62 M gearbeitet: 30 M liegen auf der 2. und 3. Nadel, 32 M auf der 1. und 4. Nadel. Arbeiten Sie die Ferse und den Fuß nach den Angaben der Grundanleitung und setzen Sie dabei das Grundmuster über die Maschen der 2. und 3. Nadel wie gewohnt fort. Zu Beginn der Bandspitze in der 1. Abnahmerunde nur die beiden Abnahmen im Bereich der 1. + 4. Nadel arbeiten, die Maschen der 2. + 3. Nadel einfach glatt rechts stricken. Anschließend die Bandspitze lt. Größentabelle beenden.

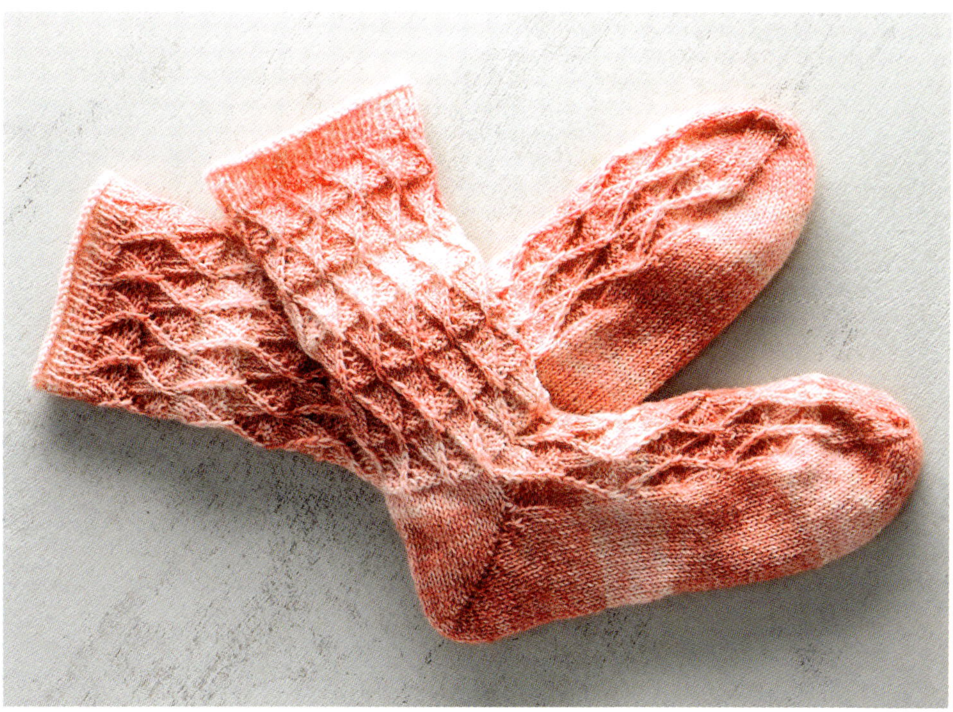

FÜR ZUHAUSE

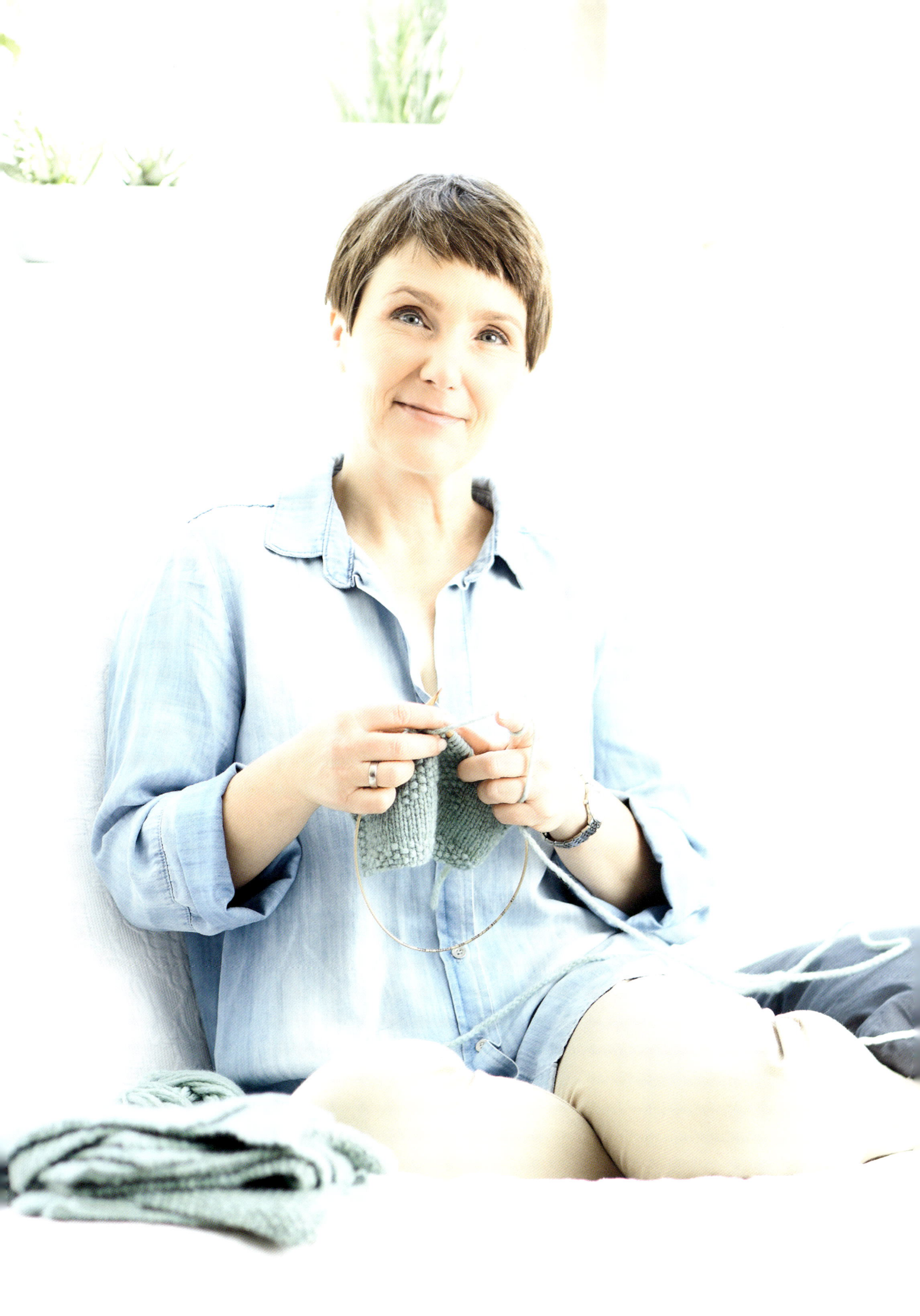

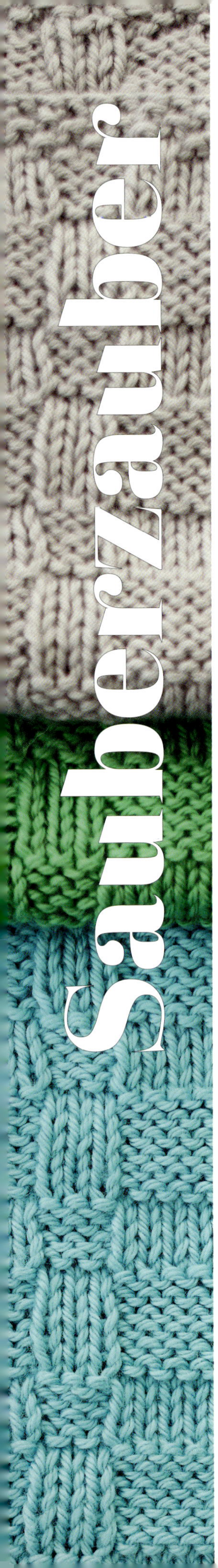

Sauberzauber

SCHWIERIGKEITSGRAD I

GRÖSSE

Ca. 20 cm x 20 cm

MATERIAL

- Schachenmayr Baby Smiles Cotton (LL 92 m/25 g) in Türkis (Fb 1065), 25 g
  oder
  Golfgrün (Fb 1071), 25 g
  oder
  Grau (Fb 1090), 25 g
- Rundstricknadel 2,5 mm, 60 cm lang
- Wollnadel

MASCHENPROBE

Glatt rechts mit Nd 2,5 mm 28 M und 36 R = 10 cm x 10 cm

Perlmuster

Ungerade M-Zahl
1. R: 1 M rechts, 1 M links im Wechsel str, enden mit 1 M rechts.
Diese R stets wdh.

Karomuster

M-zahl teilbar durch 9 + 3
1. und 3. R (Hinr): 3 M links, 6 M rechts im Wechsel str, enden mit 3 M links.
2. R und alle weiteren Rückr: M str wie sie erscheinen.
5., 7.+9. R: Das Muster wie folgt versetzen: 3 M rechts, 6 M links im Wechsel str, enden mit 3 M rechts.
Die 1.-10. R stets wdh, nach einer 4. R das Muster beenden.

Anleitung

HINWEIS: Es werden keine zusätzlichen Rdm benötigt, alle M sind in den Angaben der Anleitung enthalten.

63 M anschl und 4 R im Perlmuster über alle M str. Anschließend über die ersten und letzten 3 M jeder R das Perlmuster für die Umrandung fortführen und über die mittleren 57 M im Karomuster str. 7x die 1.-10. R wdh, dann noch 1x die 1.-4. R des Karomusters arb. Abschließend noch 4 R im Perlmuster über alle M str und in der letzten R alle M abk.

Fertigstellen

Die Fäden vernähen. Das Tuch spannen und anfeuchten, dann trocknen lassen.

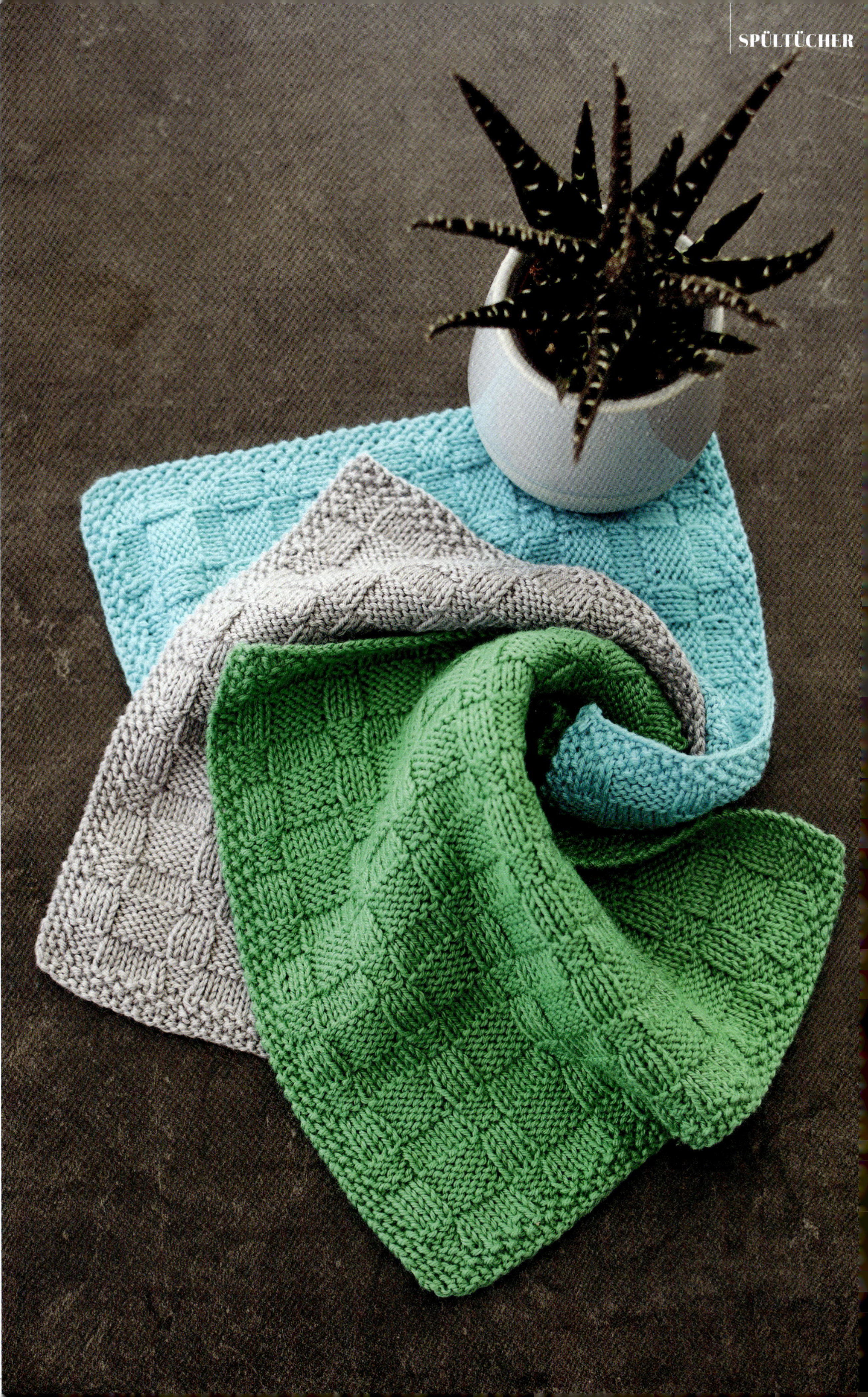

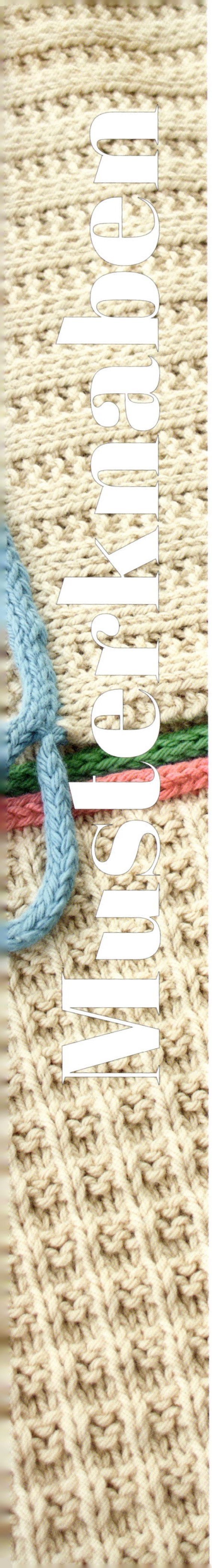

SCHWIERIGKEITSGRAD 1

GRÖSSE

Ca. 20 cm x 20 cm

MATERIAL

- Schachenmayr Baby Smiles Cotton (LL 92 m/25 g) in Beige (Fb 1005) und Pink (Fb 1036), je 25 g oder in Beige (Fb 1005) und Opal (Fb 1067), je 25 g oder in Beige (Fb 1005) und Golfgrün (Fb 1071), je 25 g
- Rundstricknadel 2,5 mm, 60 cm lang
- 2 kurze Nadelspielnadeln 2,0 mm
- Wollnadel

MASCHENPROBE

Glatt rechts mit Nd 2,5 mm 28 M und 36 R = 10 cm x 10 cm

Perlmuster

In R, ungerade M-Zahl
1. R: 1 M rechts, 1 M links im Wechsel str, enden mit 1 M rechts.
Diese R stets wdh.

Krausrippen-Muster

In R, M-Zahl teilbar durch 4 + 2
Hinr: Alle M rechts str.
Rückr: 2 M rechts, 2 M links im Wechsel, enden mit 2 M rechts.
Diese beiden R stets wdh.

Waffelmuster

In R, M-Zahl teilbar durch 3 + 2
1. R (Hinr): Alle M rechts str.
2. R: Alle M links str.
3. R: * 2 M links, 1 M rechts, ab * stets wdh, enden mit 2 M links.
4. R: Die M str wie sie erscheinen: 2 M rechts, * 1 M links, 2 M rechts, ab * stets wdh.
Die 1.-4. R stets wdh, nach einer 1. Muster-R enden.

HINWEIS: Es werden keine zusätzlichen Rdm benötigt, alle M sind in den Angaben der Anleitung enthalten.

Küchentuch im Perlmuster

In Beige 55 M anschl und im Perlmuster wie beschrieben über alle M str. In ca. 20 cm Höhe – das Tuch soll ungefähr quadratisch sein – nach einer ersten Muster-R den Faden abschneiden und in Pink weiterarb. *** In der nächsten R (= Rückr) alle M links str, dann die M mit einem Kordelrand abk. Dafür am R-Beginn auf eine der Ndpiel-Nd 3 M aufstr, dann mit der 2. Ndspiel-Nd * 2 M rechts str, anschließend 2 M rechts überzogen zusammenstr, dabei ist die letzte M eine M der Abkettkante. Nun die Ndelspiel-Nd nicht wenden, sondern die Nd soweit durch die 3 M zurückschieben, dass am rechten Ende der Nd wieder weiter gestrickt werden kann. Den Arbeitsfaden an den Nd-Anfang holen und wie ab * beschrieben stets wdh bis alle M der Kante

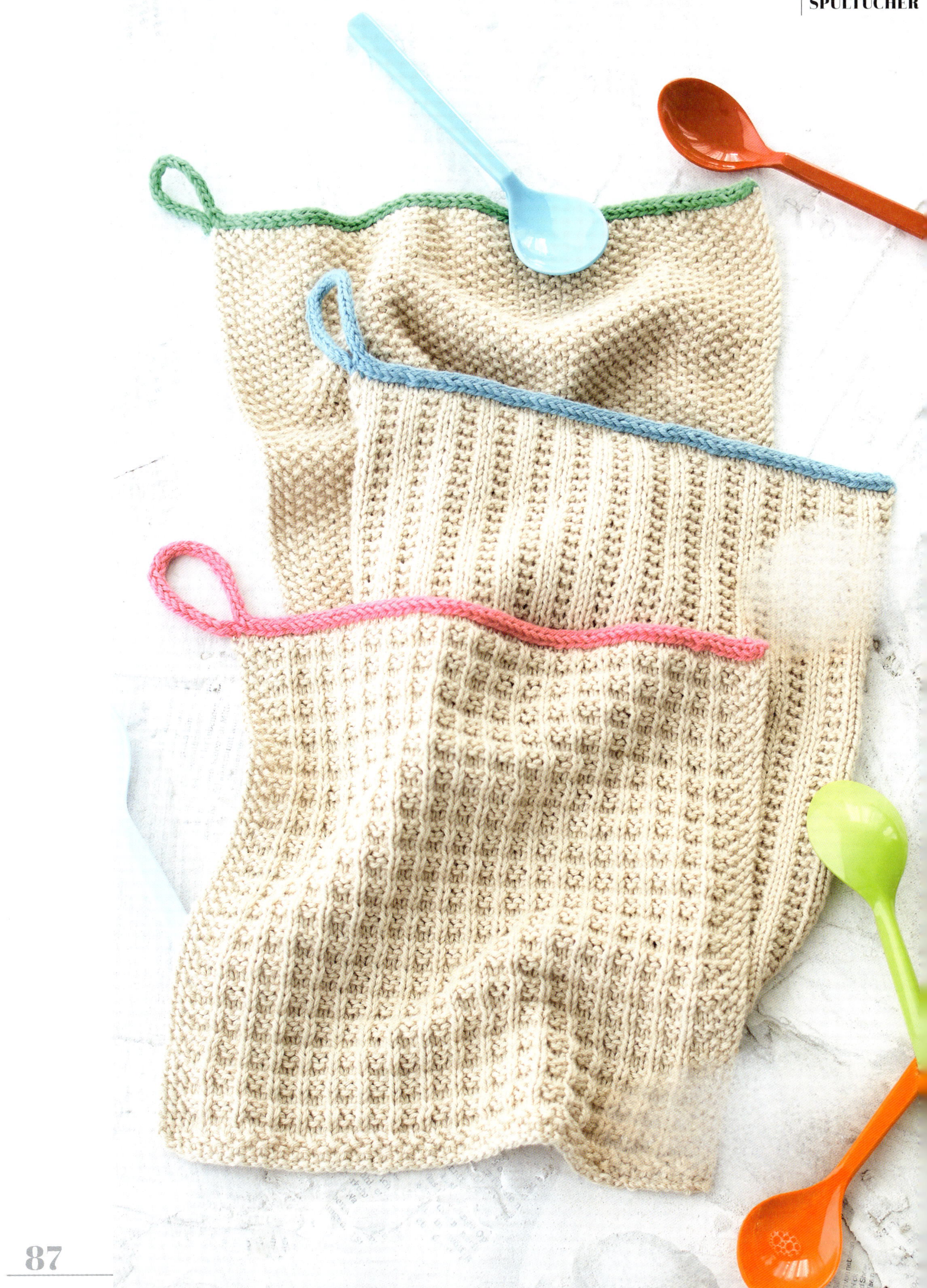

verarbeitet sind, dabei den Arbeitsfaden immer wieder fest anziehen, sodass eine runde Kante entsteht. Am Ende über die M des Kordelrands noch weitere 8-9 cm als Strickkordel für den Aufhänger str, dafür die 3 M der Ndspiel-Nd rechts abstr, dann ** die 3 M an das Nd-Ende zurückschieben (nicht wenden), den Faden hinter den M mitführen und wieder die 3 M rechts str, ab ** stets wdh bis ca. 8-9 cm erreicht sind, dann den Faden abschneiden, durch die 3 M fädeln und zusammenziehen. Das Kordelende dicht neben der Ecke annähen, sodass eine Schlinge als Aufhänger entsteht.

Küchentuch im Krausrippen-Muster

In Beige 58 M anschl und im Krausrippen-Muster über alle M str. In ca. 20 cm Höhe – das Tuch soll ungefähr quadratisch sein – nach einer Hinr den Faden abschneiden und in Opal wie bei der Mustervariante „Perlmuster" ab *** beschrieben die Arbeit beenden.

Küchentuch im Waffelmuster

In Beige 59 M anschl und 4 R im Perlmuster über alle M str. Anschließend über die ersten und letzten 3 M der R das Perlmuster für die Umrandung fortführen, über die mittleren 53 M im Waffelmuster weiterarb. In ca. 20 cm Höhe – das Tuch soll ungefähr quadratisch sein – nach einer Hinr den Faden abschneiden und in Golfgrün wie bei der Mustervariante „Perlmuster" ab *** beschrieben die Arbeit beenden.

Fertigstellen

Alle Fäden vernähen, das Tuch spannen und anfeuchten, dann trocknen lassen.

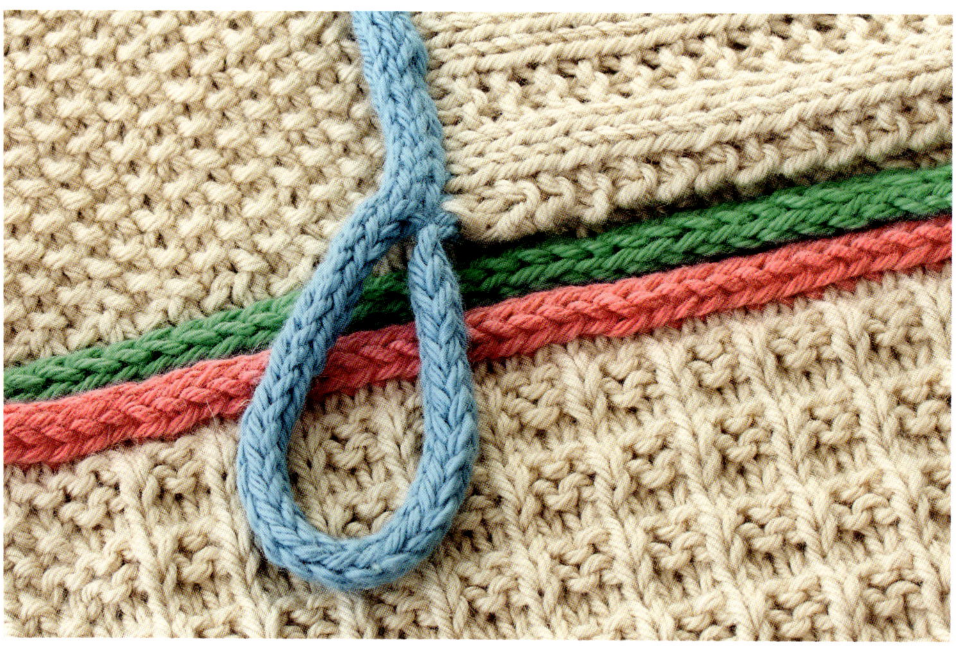

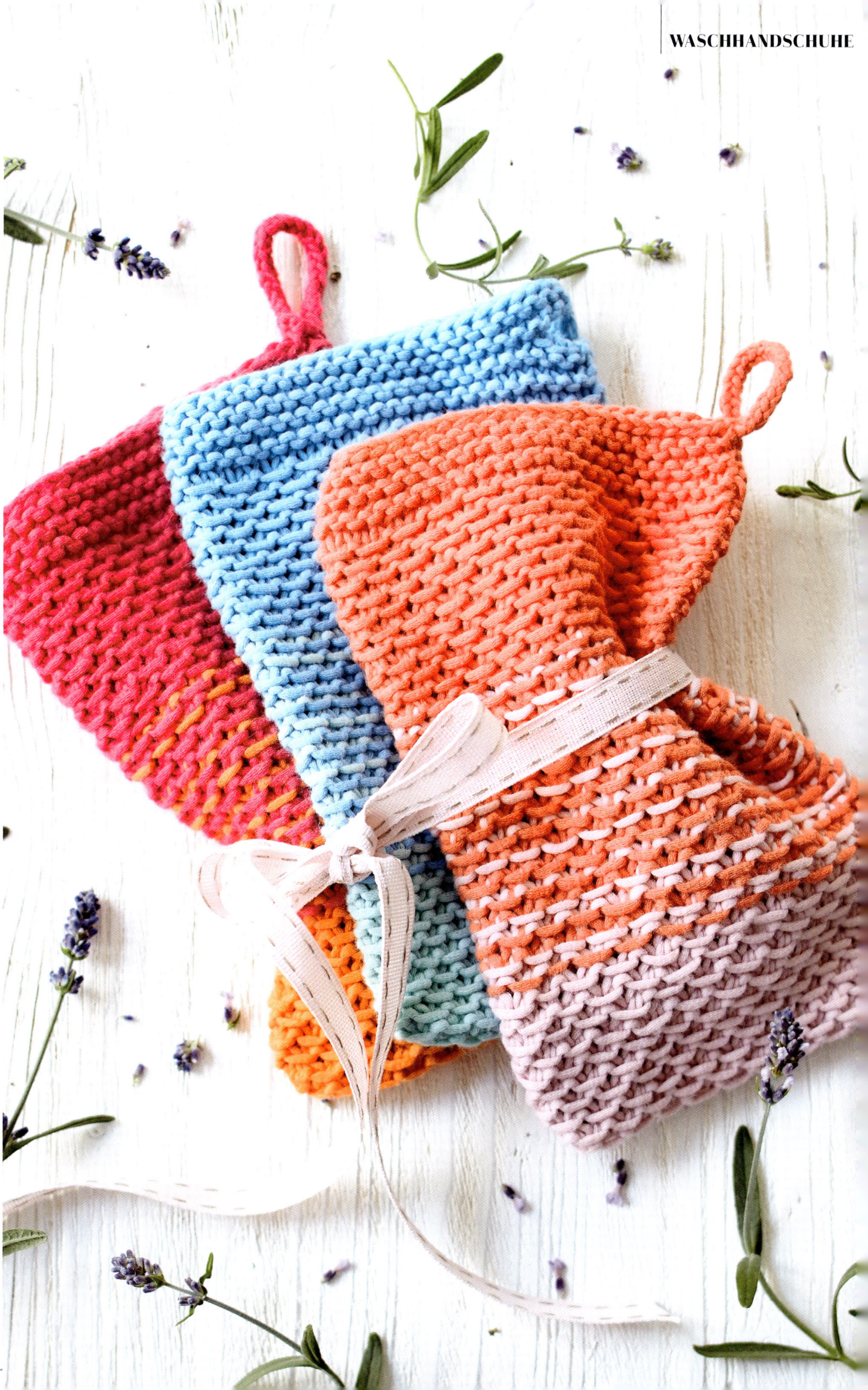

SCHWIERIGKEITSGRAD I

GRÖSSE

Umfang ca. 26-27 cm, 18-19 cm hoch

MATERIAL

- Lana Grossa Only Cotton (LL 110 m/50 g) in Orange (Fb 16) und Pink (Fb 09), je 50 g
  oder in Minze (Fb 28) und Türkis (Fb 21), je 50 g
  oder in Rosa (Fb 26) und Koralle (Fb 31), je 50 g
- Nadelspiel 5,0 mm, 15 cm lang
- 2 Nadelspielnadeln 4,5 mm für den Kordelrand
- Wollnadel

MASCHENPROBE

Im Strukturmuster mit Nd 5,0 mm 18 M und 42 Rd = 10 cm x 10 cm

Bündchenmuster

Kraus rechts in Rd: 1 Rd rechte M, 1 Rd linke M im Wechsel str.

Strukturmuster

In Rd, gerade M-Zahl
1. Rd: * 1 M wie Linksstr abheben, den Faden dabei vor der Arbeit locker weiterführen, 1 M links, ab * stets wdh.
2.+4. Rd: Alle M rechts str.
3. Rd: Das Muster versetzen, dafür * 1 M links, 1 M wie zum Linksstr abheben, den Faden dabei vor der Arbeit locker weiterführen, ab * stets wdh.
Die 1.-4. Rd stets wdh.

Anleitung

Der Waschhandschuh wird von unten nach oben in Rd gestrickt, die Anschlagkante wird später gerade zusammengenäht. Für das obere Bündchen als Abschluss 6 R kraus rechts str und mit einem kleinen Kordelrand abk. Alternativ können auch 8 R kraus rechts für den Abschluss gestrickt werden und dabei ein kleiner Schlitz als Öse eingestrickt werden.

Zweifarbiger Waschhandschuh

50 M in der 1. Fb auf 4 Nd des Ndspiels verteilt (= 12 bzw. 13 M je Nd) anschl, zur Rd schließen und im Strukturmuster in Rd str. Nach ca. 5 cm mit dem Farbverlauf beginnen, dafür wie folgt im Strukturmuster weiterarb:
2 Rd in der 2. Fb, dabei soll die 1. Rd der 1. oder 3. Rd des Strukturmusters entsprechen.
2 Rd in der 1. Fb, 2 Rd in der 2. Fb, 2 Rd in der 1. Fb, 4 Rd in der 2. Fb, 2 Rd in der 1. Fb, 4 Rd in der 2. Fb, 2 Rd in der 1. Fb, 6 Rd in der 2. Fb, 2 Rd in der 1. Fb. anschließend im Strukturmuster in der 2. Fb weiterarb.

Waschhandschuh mit Kordelrand

In ca. 17-18 cm Höhe, nach einer 1. oder 3. Rd des Strukturmusters, noch 7 Rd kraus rechts str, dabei ist die letzte Rd eine Rd rechte M. Dann alle M mit einem Kordelrand abk, dafür am Rd-Beginn auf eine der dünneren Ndspiel-Nd 2 M aufstr, dann mit der 2. Ndspiel-Nd * 1 M rechts str, anschließend 2 M rechts überzogen zusammenstr, dabei ist die letzte M eine M der Abkettkante. Nun die Ndspiel-Nd nicht wenden, sondern die Nd soweit durch die 2 M zurückschieben, dass am rechten Ende der Nd wieder weiter gestrickt werden kann. Den Arbeitsfaden an den Nd-Anfang holen und wie ab * beschrieben stets wdh bis alle M der Kante verarbeitet sind. Dabei den Arbeitsfaden immer wieder fest anziehen, sodass eine runde Kante entsteht. Am Ende über die M des Kordelrands noch weitere 6-7 cm als Strickkordel für den Aufhänger str, dafür die 2 M der Ndspiel-Nd rechts abstr, dann ** die 2 M an das Nd-Ende zurückschieben (nicht wenden), den Faden hinter den M mitführen und wieder die 2 M rechts str, ab ** stets wdh bis ca. 6-7 cm erreicht sind, dann den Faden abschneiden, durch die 2 M fädeln und zusammenziehen. Das Kordelende dicht neben dem Rd-Beginn annähen, sodass eine Schlinge als Aufhänger entsteht. Alle Fäden vernähen.

Farbe und Muster

Mit 50 g einer Farbe können Sie einen einfarbigen Waschhandschuh stricken, verzichten Sie dabei einfach auf den Farbwechsel. Alternativ zum Grundmuster können Sie das Modell auch komplett kraus rechts in Runden stricken.

Aufhänger-Variante

Alternativ zum Kordelrand können Sie auch einen kleinen Schlitz, ähnlich einem Knopfloch als Aufhänger innerhalb der Kraus rechts Runden einarbeiten. Dafür in ca. 17-18 cm Höhe, nach einer 1. oder 3. Runde des Grundmusters, noch 4 Runden kraus rechts stricken. In der nächsten Runde für den Schlitz die ersten beiden Maschen ungestrickt auf die rechte Nadelspitze heben, die hintere Masche über die vordere Masche ziehen und damit ungestrickt abketten. Die nächste Masche der linken Nadel ungestrickt auf die rechte Nadelspitze heben und wieder die hintere Masche über die vordere Masche ziehen. Insgesamt wurden so 2 Maschen ungestrickt abgekettet. Die letzte Masche zurück auf die linke Nadelspitze legen, der Arbeitsfaden liegt wie gewohnt an der letzten Masche der rechten Nadel. Nun die beiden Maschen neu aufstr, dafür das Strickstück wenden:

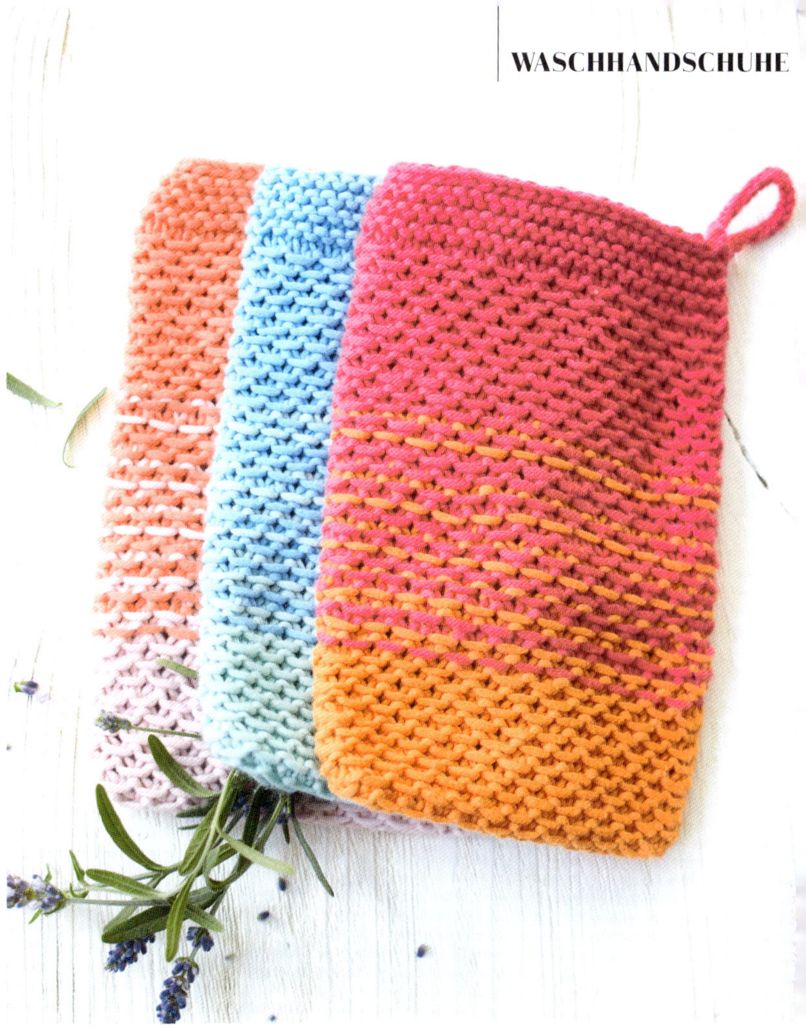

Maschen aufstricken

Diese Zunahmen werden immer am rechten Rand des Strickstückes gemacht, wenden Sie ggf. das Strickstück so, dass Arbeitsfaden und 1. M in der Ausgangsposition (= linke Nd, 1. M am rechten Rand) liegen, den Arbeitsfaden hinter die Nd legen. Stechen Sie nun mit der rechten Nd in die 1. M wie zum Rechtsstr ein und bilden eine Schlinge, die Schlinge und die M dabei nicht von den Nd gleiten lassen. Stechen Sie nun mit der linken Nd-Spitze von vorne nach hinten in die Schlinge auf der rechten Nd ein und nehmen diese als neue M auf die linke Nd. (= 2 neu aufgestrickte M). Drehen Sie das Strickstück nach der letzten aufgestrickten M wieder zurück und str anschließend wie gewohnt weiter.
Noch 4 Rd kraus rechts str, dabei in der letzten Rd alle M gerade abk. Alle Fäden vernähen.

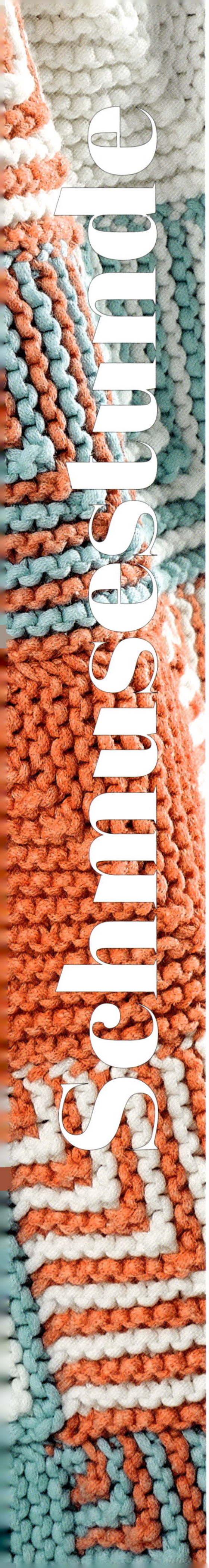

SCHWIERIGKEITSGRAD 2

GRÖSSE

Ca. 98 cm x 98 cm

MATERIAL

- Schachenmayr Journey (LL 90 m/50 g) in Kamelie (Fb 33) und Pool (Fb 65), je 300 g, in Natur (Fb 02), 200 g
- Rundstricknadel 6,5 mm
- 2 Nadelspielnadeln 5,5 mm
- Wollnadel

MASCHENPROBE

In Patchworktechnik mit Nd 6,5 mm 1 Patch mit 29 M – ca. 9-10 cm x 9-10 cm

HINWEIS: Die Grundanleitung des Patchworkstrickens befindet sich auf den Seiten 126 und 127.

Kraus rechts in Patchworktechnik

Bei der Patchworktechnik werden einzelne Teile, die Patche, gestrickt und durch Herausstr von M miteinander verbunden. Die einzelnen Teile werden also gleich aneinander gestrickt, es ist kein Zusammennähen erforderlich.
Für die Patch-Quadrate wird über eine ungerade M-Zahl kraus rechts gestrickt. Vor und nach der Mittelm ist die M-Zahl gleich.
Bei jedem Patch werden in jeder 2. R die mittleren 3 M so oft zusammengestrickt bis noch jeweils 1 M übrig ist. Die Rdm werden ebenfalls kraus rechts gestrickt.

Maschen aufstricken

Diese Art der Zunahmen wird angewendet, wenn innerhalb des Strickstückes mehrere M auf einmal zugenommen werden müssen. Diese Zunahmen werden immer am rechten Rand des Strickstückes gemacht, ggf. das Strickstück so wenden, dass Arbeitsfaden und 1. M an der Spitze der linken Nd liegen. * Mit der rechten Nd in die 1. M wie zum Rechtsstr einstechen und eine Schlinge bilden, die Schlinge und die M dabei nicht von den Nd gleiten lassen. Nun mit der linken Nd-Spitze von vorne nach hinten in die Schlinge auf der rechten Nd einstechen und diese als neue M auf die linke Nd nehmen. Ab * so oft wdh, bis die angegebene M-Zahl erreicht ist, für jede neue M dabei in die zuletzt gebildete M einstechen.

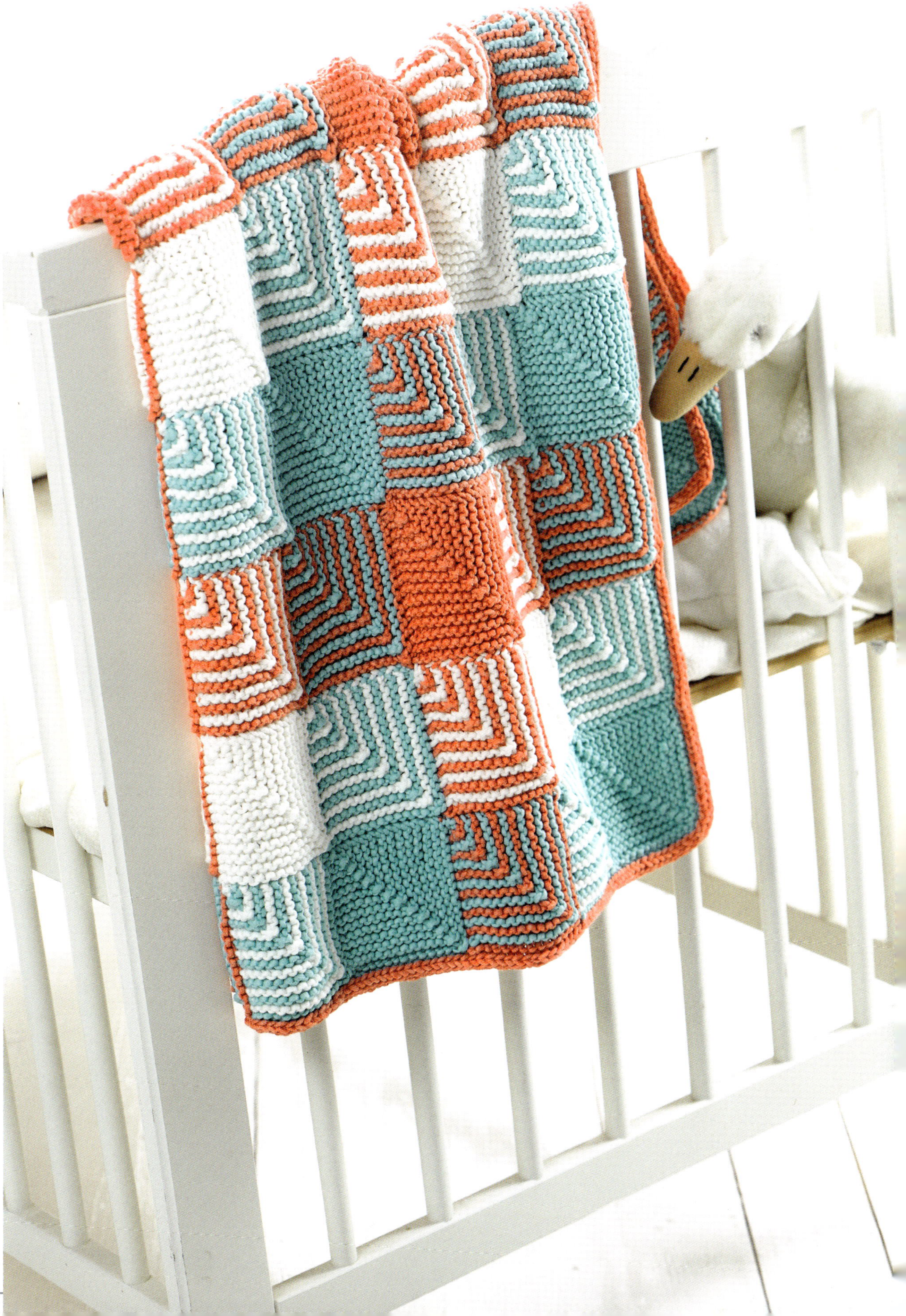

Herausstricken von Maschen bei Patches

Für unauffällige, flache „Nähte" bei den Patches beim Herausstr der M mit der rechten Nd in die äußerste M jeder Hinr einstechen und den Faden durchholen.

Anleitung

Das Plaid besteht aus 100 Patches (= P), die Aufteilung (siehe Patch-Schema) befindet sich am Ende der Anleitung.
Für die Fb-Einteilung der Grundanleitung gilt:
Fb A = Pool
Fb B = Natur
Fb C = Kamelie
Jedes Patch wird mit 29 M in folgenden Farbkombinationen gestrickt:
P 1 – Pool = Komplett in Pool str.
P 2 – Pool/Natur = Je 2 R in Pool, 2 R in Natur im Wechsel str.
P 3 – Kamelie/Pool = Je 2 R in Kamelie, 2 R in Pool im Wechsel str.
P 4 – Natur = Komplett in Natur str.
P 5 – Kamelie/Natur = Je 2 R in Kamelie, 2 R in Natur im Wechsel str.
P 6 – Kamelie = Komplett in Kamelie str.
Mit dem ersten Patch (rechts unten in der Schemazeichnung) beginnen und nacheinander die Patches, wie in der Grundanleitung auf Seite 126/127 beschrieben, in der Reihenfolge der Nummerierung 1-30 arb, dabei die unterschiedlichen Fb bzw. Fb-Kombinationen beachten.
Insgesamt werden 10 R in der Höhe gearbeitet, dafür 3x die 1.-3. R, (= Patch 1-30) nacheinander str, abschließend noch einmal 1. R, Patch 1-10.

Fertigstellen

Alle Fäden vernähen. Das Plaid rundherum mit einem Kordelrand in Kamelie einfassen. Dafür mit der Rundstricknd aus den äußeren Kanten rundherum M in Kamelie herausstr.
Am Ende die M des Kordelrands abk, den Faden abschneiden durch die letzte M ziehen und mit den Anfangsmaschen des Kordelrands zusammennähen. Die restlichen Fäden vernähen, das Plaid anfeuchten und spannen, dann trocknen lassen. Die Fäden abschneiden.

Mit 2 Knäueln in Kamelie arbeiten

Mit dem ersten Knäuel Maschen aus dem Rand herausstricken bis die Rundstricknadel-Länge zu Ende geht, d.h. es muss nicht der komplette Rand in einem Stück erfasst werden. Dann mit dem 2. Knäuel mit dem Kordelrand beginnen. Sobald die Maschen der Rundstricknadel aufgearbeitet sind, weitere Maschen aus dem Rand in Kamelie mit dem 1. Knäuel herausstricken, bis das komplette Plaid eingefasst ist.

Kordelrand

Mithilfe einer Ndspiel-Nd 3 M in Kamelie aus der ersten herausgestrickten M aufstr, dann mit der 2. Ndspiel-Nd * 2 M rechts str, anschließend 2 M rechts zusammenstr, dabei ist die letzte M eine M des Plaids. Nun die Ndspiel-Nd nicht wenden, sondern die Nd soweit durch die 3 M zurückschieben, dass am rechten Ende der Nd wieder weiter gestrickt werden kann. Den Arbeitsfaden an den Nd-Anfang holen und wie ab * beschrieben stets wdh bis alle M des Plaids verarbeitet sind. Dabei den Arbeitsfaden immer wieder fest anziehen, sodass eine runde Kante entsteht. An den Ecken, unmittelbar vor und nach der Ecke, jeweils 1 R „Kordelrand" str, ohne dabei M aus dem Plaid mit zu str, damit genug Weite für die Ecke entsteht.

PATCH-SCHEMA FÜR DAS GESAMTE PLAID

Unten rechts im Schema mit dem ersten P1 beginnen, dann von rechts nach links weiterarb, Patch-R für Patch-R. Dabei die 1.-3. Patch-R stets wdh, nach einer 1. R enden.

										Patch-R
10 P1 Pool	9 P3 Kamelie/ Pool	8 P2 Pool/ Natur	7 P1 Pool	6 P3 Kamelie/ Pool	5 P2 Pool/ Natur	4 P1 Pool	3 P3 Kamelie/ Pool	2 P2 Pool/ Natur	1-P1 Pool	1
30 P3 Kamelie/ Pool	29 P6 Kamelie	28 P5 Kamelie/ Natur	27 P3 Kamelie/ Pool	26 P6 Kamelie	25 P5 Kamelie/ Natur	24 P3 Kamelie/ Pool	23 P6 Kamelie	22 P5 Kamelie/ Natur	21 P3 Kamelie/ Pool	3
20 P2-Pool/ Natur	19 P5 Kamelie/ Natur	18 P4 –Natur	17 P2 Pool/ Natur	16 P5 Kamelie/ Natur	15 P4 Natur	14 P2 Pool/ Natur	13 P5 Kamelie/ Natur	12 P4 Natur	11 P2 Pool/ Natur	2
10 P1 Pool	9 P3 Kamelie/ Pool	8 P2 Pool/ Natur	7 P1 Pool	6 P3 Kamelie/ Pool	5 P2 Pool/ Natur	4 P1 Pool	3 P3 Kamelie/ Pool	2 P2 Pool/ Natur	1-P1 Pool	1
30 P3 Kamelie/ Pool	29 P6 Kamelie	28 P5 Kamelie/ Natur	27 P3 Kamelie/ Pool	26 P6 Kamelie	25 P5 Kamelie/ Natur	24 P3 Kamelie/ Pool	23 P6 Kamelie	22 P5 Kamelie/ Natur	21 P3 Kamelie/ Pool	3
20 P2-Pool/ Natur	19 P5 Kamelie/ Natur	18 P4 –Natur	17 P2 Pool/ Natur	16 P5 Kamelie/ Natur	15 P4 Natur	14 P2 Pool/ Natur	13 P5 Kamelie/ Natur	12 P4 Natur	11 P2 Pool/ Natur	2
10 P1 Pool	9 P3 Kamelie/ Pool	8 P2 Pool/ Natur	7 P1 Pool	6 P3 Kamelie/ Pool	5 P2 Pool/ Natur	4 P1 Pool	3 P3 Kamelie/ Pool	2 P2 Pool/ Natur	1-P1 Pool	1
30 P3 Kamelie/ Pool	29 P6 Kamelie	28 P5 Kamelie/ Natur	27 P3 Kamelie/ Pool	26 P6 Kamelie	25 P5 Kamelie/ Natur	24 P3 Kamelie/ Pool	23 P6 Kamelie	22 P5 Kamelie/ Natur	21 P3 Kamelie/ Pool	3
20 P2-Pool/ Natur	19 P5 Kamelie/ Natur	18 P4 –Natur	17 P2 Pool/ Natur	16 P5 Kamelie/ Natur	15 P4 Natur	14 P2 Pool/ Natur	13 P5 Kamelie/ Natur	12 P4 Natur	11 P2 Pool/ Natur	2
10 P1 Pool	9 P3 Kamelie/ Pool	8 P2 Pool/ Natur	7 P1 Pool	6 P3 Kamelie/ Pool	5 P2 Pool/ Natur	4 P1 Pool	3 P3 Kamelie/ Pool	2 P2 Pool/ Natur	1 P1 Pool	1

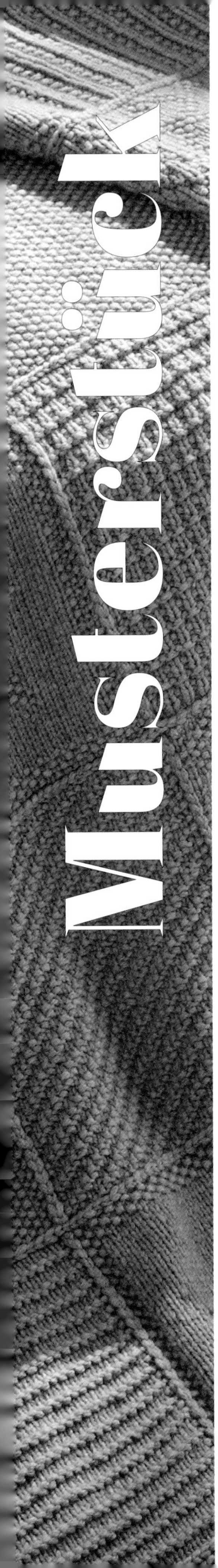

SCHWIERIGKEITSGRAD 2

GRÖSSE

110 cm x 154 cm, einzelnes Quadrat 22 cm x 22 cm

MATERIAL

- Lana Grossa Alta Moda Cashmere 16 (LL 110 m/50 g) in Minttürkis (Fb 34), 850 g
- Rundstricknadel 6,0 mm, 60 cm oder 80 cm lang
- 2 kurze Nadelspielnadeln 5,0 mm für den Kordelrand
- Häkelnadel 6,0 mm zum Verbinden der Quadrate
- einige Maschenmarkierer (optional)
- Wollnadel

MASCHENPROBE

Im Perlmuster mit Nd 6,0 mm 16 M und 26 R = 10 cm x 10 cm
Glatt rechts mit Nd 6,0 mm 15 M und 24 R = 10 cm x 10 cm

Perlmuster

Ungerade M-Zahl
In Hinr und Rückr 1 M rechts, 1 M links im Wechsel str, enden mit 1 M rechts.

Rippenmuster

M-Zahl teilbar durch 4 + 3
1. R (Hinr): 1 M rechts, * 1 M rechts, 3 M links, ab * stets wdh, enden mit 2 M rechts.
2. R: 1 M rechts, 1 M links, * 1 M rechts, 1 M links, ab * stets wdh, enden mit 1 M rechts.
Die 1. und 2. R stets wdh.

Glatt rechts

In Hinr rechte M, in Rückr linke M str.

Würfelmuster

M-Zahl teilbar durch 6 + 5
In Hin- und Rückr nach der Strickschrift str. Die M so sind gezeichnet, wie sie auf der Vorderseite erscheinen. Mit der M vor dem Rapport beginnen, den Rapport stets wdh und mit den M nach dem Rapport enden. Die 1.-8. R stets wdh.

Strickschrift

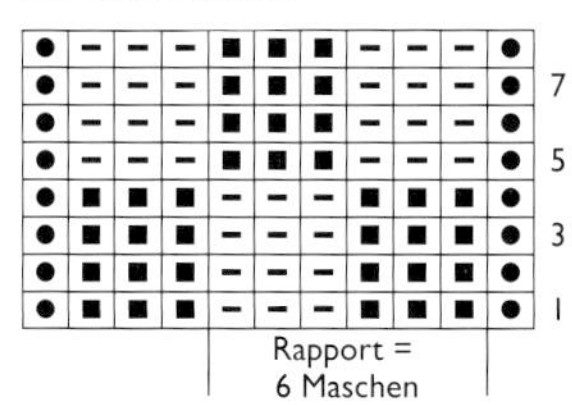

Strukturmuster A

M-Zahl teilbar durch 4 + 3
In Hin- und Rückr nach der Strickschrift str. Die M so sind gezeichnet, wie sie auf der Vorderseite erscheinen. Mit der M vor dem Rapport beginnen, den Rapport stets wdh und mit den M nach dem Rapport enden. Die 1.-4. R stets wdh.

Strickschrift

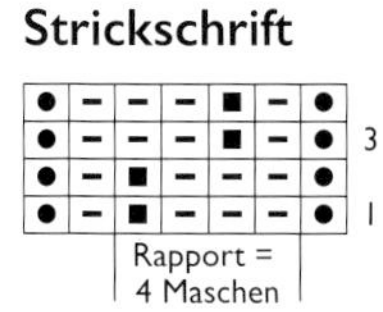

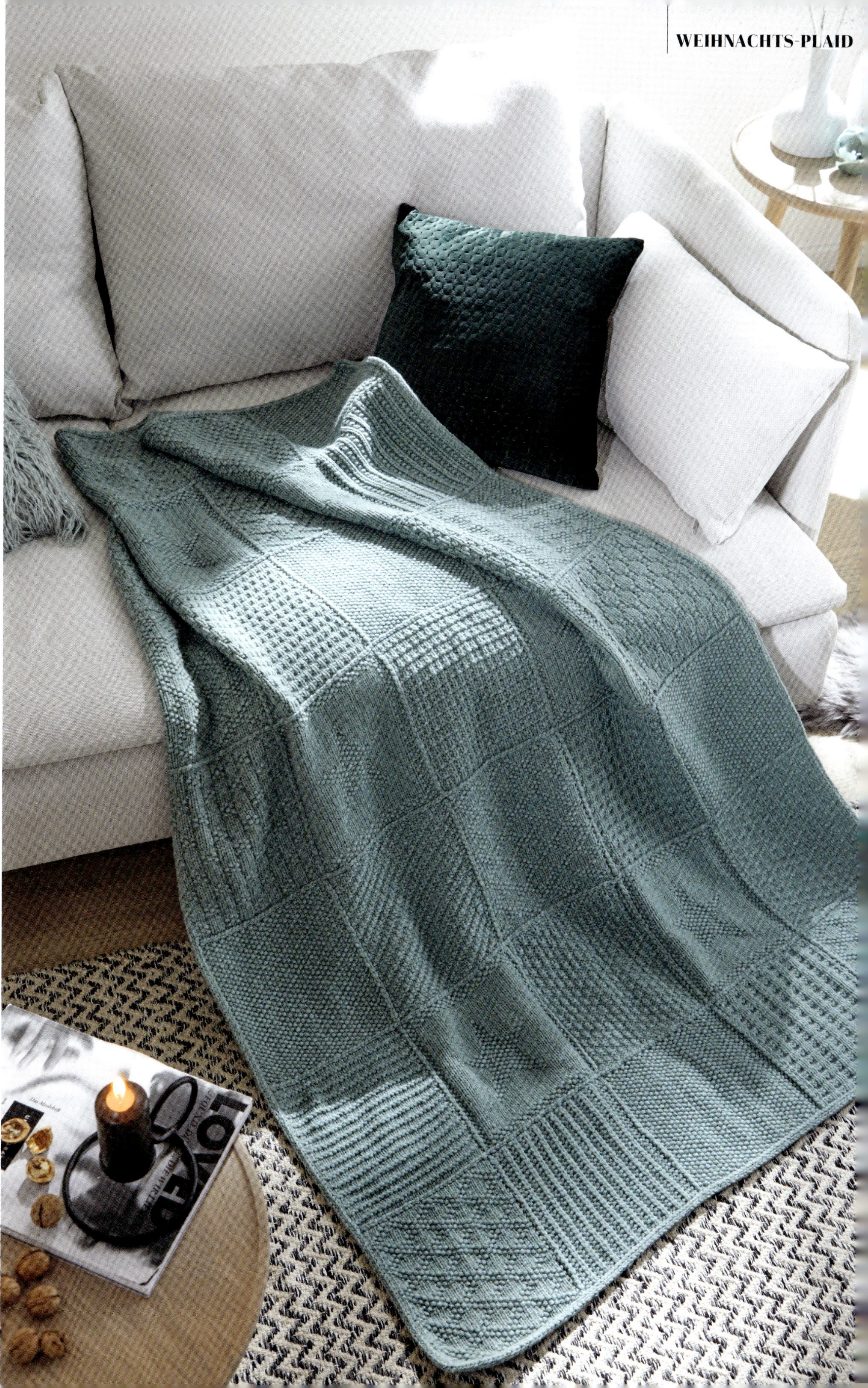

Diagonales Rippenmuster

M-Zahl teilbar durch 4 + 2
In Hin- und Rückr nach der Strickschrift str. Die M sind so gezeichnet, wie sie auf der Vorderseite erscheinen. Mit der M vor dem Rapport beginnen, den Rapport stets wdh und mit der M nach dem Rapport enden. Die 1.-4. R stets wdh.

Strickschrift

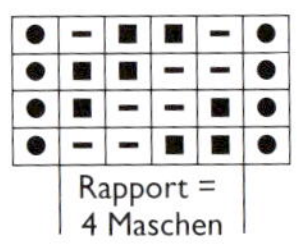

Strukturmuster B

M-Zahl teilbar durch 3 + 2
In Hin- und Rückr nach der Strickschrift str. Die M sind so gezeichnet, wie sie auf der Vorderseite erscheinen. Die M des Rapports stets wdh und mit den M nach dem Rapport enden. Die 1. und 2. R stets wdh.

Strickschrift

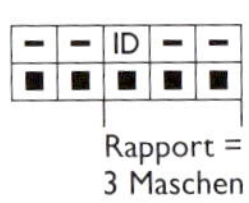

Strukturmuster C

M-Zahl teilbar durch 4 + 5
In Hin- und Rückr nach der Strickschrift str. Die M sind so gezeichnet, wie sie auf der Vorderseite erscheinen. Mit der M vor dem Rapport beginnen, den Rapport stets wdh und mit den M nach dem Rapport enden. Die 1.-8. R stets wdh.

Strickschrift

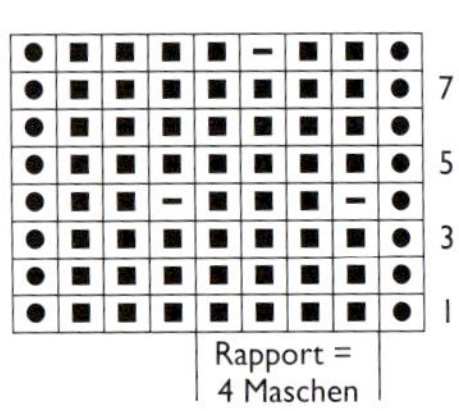

Sternmotiv

In Hin- und Rückr nach der Strickschrift str. Die M sind so gezeichnet, wie sie auf der Vorderseite erscheinen. 1x die 1.-30. R str.

Strickschrift

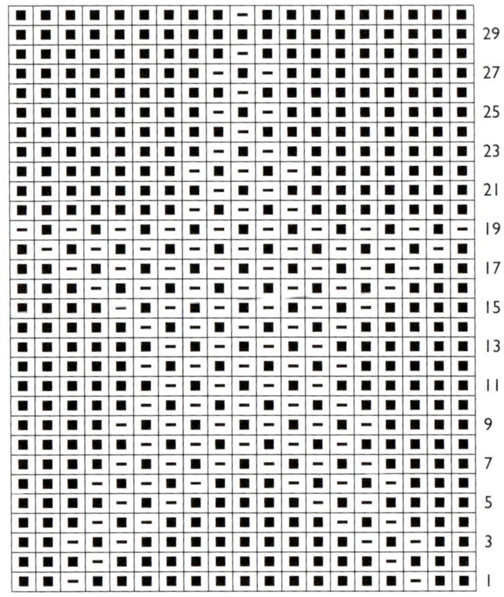

Strukturmuster D

M-Zahl teilbar durch 3 + 4
In Hin- und Rückr nach der Strickschrift str. Die M sind so gezeichnet, wie sie auf der Vorderseite erscheinen. Mit der M vor dem Rapport beginnen, die M des Rapports stets wdh und mit den M nach dem Rapport enden. Die 1.-4. R stets wdh.

Strickschrift

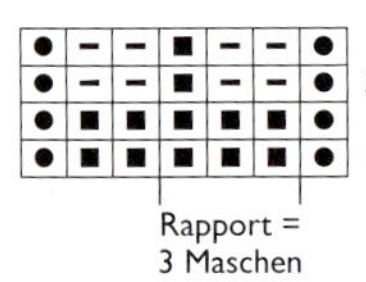

Strukturmuster E

M-Zahl teilbar durch 4 + 3
In Hin- und Rückr nach der Strickschrift str. Die M sind so gezeichnet, wie sie auf der Vorderseite erscheinen. Mit der M vor

dem Rapport beginnen, die M des Rapports stets wdh und mit den M nach dem Rapport enden. Die 1.-8. R stets wdh.

Strickschrift

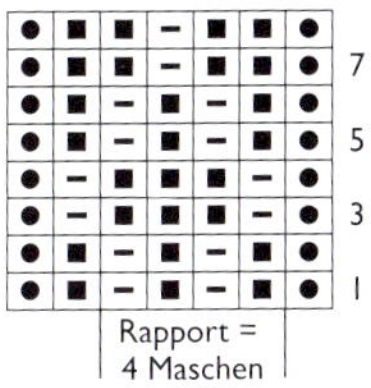

Reiskornmuster

M-Zahl teilbar durch 2 + 3
In Hin- und Rückr nach der Strickschrift str. Die M sind so gezeichnet, wie sie auf der Vorderseite erscheinen. Mit der M vor dem Rapport beginnen, die M des Rapports stets wdh und mit den M nach dem Rapport enden. Die 1.-4. R stets wdh.

Strickschrift

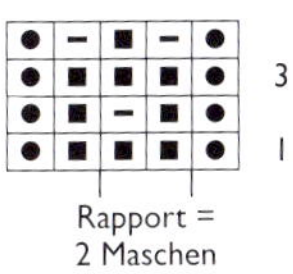

Querrippenmuster

1. R (Hinr): Alle M rechts str.
2. R: Die erste und letzte M rechts str, alle anderen M links str.
3.+4. R: Alle M rechts str.
Die 1.-4. R stets wdh.

Strukturmuster F

M-Zahl teilbar durch 2 + 3
In Hin- und Rückr nach der Strickschrift str. Die M sind so gezeichnet, wie sie auf der Vorderseite erscheinen. Mit der M vor dem Rapport beginnen, die M des Rapports stets wdh und mit den M nach dem Rapport enden. Die 1.-4. R stets wdh.

Strickschrift

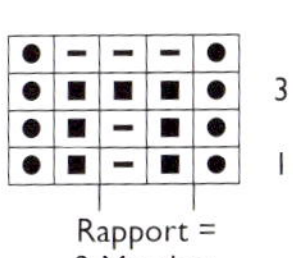

Kästchenmuster

M-Zahl teilbar durch 4 + 2
In Hin- und Rückr nach der Strickschrift str. Die M sind so gezeichnet, wie sie auf der Vorderseite erscheinen. Mit der M vor dem Rapport beginnen, die M des Rapports stets wdh und mit der M nach dem Rapport enden. Die 1.-4. R stets wdh.

Strickschrift

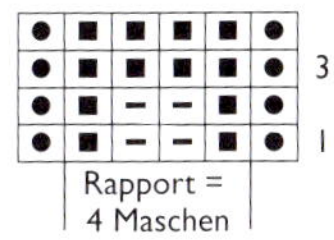

Rautenmuster

M-Zahl teilbar durch 10 + 3
In Hin- und Rückr nach der Strickschrift str. Die M sind so gezeichnet, wie sie auf der Vorderseite erscheinen. Mit der M vor dem Rapport beginnen, die M des Rapports stets wdh und mit den M nach dem Rapport enden. Die 1.-10. R stets wdh.

Strickschrift

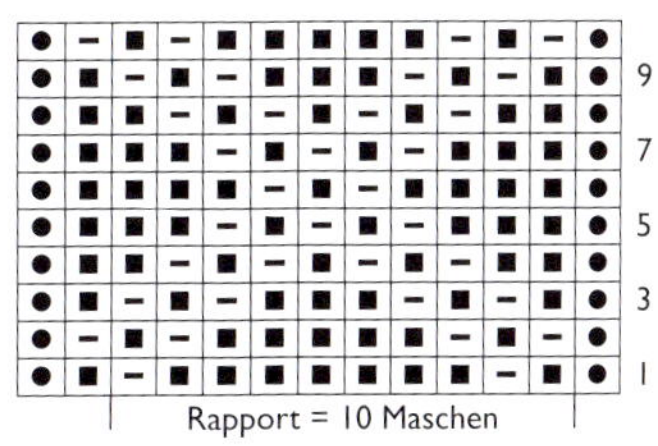

Strukturmuster G

M-Zahl teilbar durch 8 + 5
In Hin- und Rückr nach der Strickschrift str. Die M sind so gezeichnet, wie sie auf der Vorderseite erscheinen. Mit der M vor dem Rapport beginnen, die M des Rapports stets wdh und mit den M nach dem Rapport enden. Die 1.-12. R stets wdh.

Strickschrift

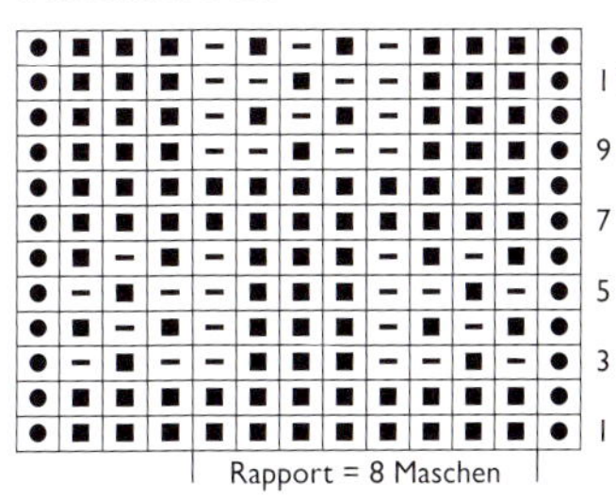

Ziekzackmuster

M-Zahl teilbar durch 5 + 3

In Hin- und Rückr nach der Strickschrift str. Die M sind so gezeichnet, wie sie auf der Vorderseite erscheinen. Mit der M vor dem Rapport beginnen, die M des Rapports stets wdh und mit den M nach dem Rapport enden. Die 1.-10. R stets wdh.

Strickschrift

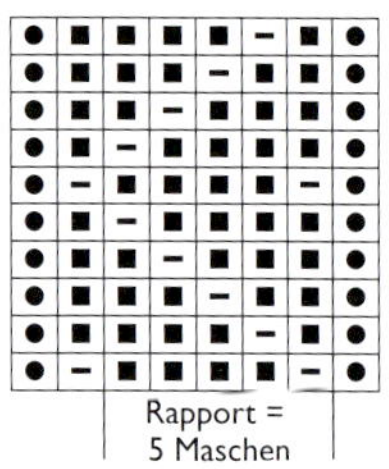

Strukturmuster H

M-Zahl teilbar durch 6 + 3

In Hin- und Rückr nach der Strickschrift str. Die M sind so gezeichnet, wie sie auf der Vorderseite erscheinen. Mit der M vor dem Rapport beginnen, die M des Rapports stets wdh und mit den M nach dem Rapport enden. Die 1.-4. R stets wdh.

Strickschrift

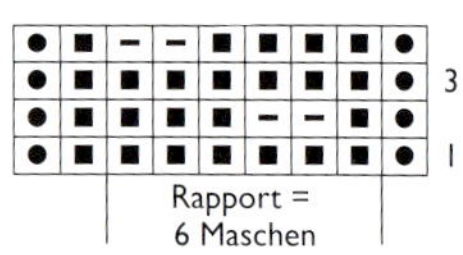

Strukturmuster I

M-Zahl teilbar durch 6 + 5

In Hin- und Rückr nach der Strickschrift str. Die M sind so gezeichnet, wie sie auf der Vorderseite erscheinen. Mit der M vor dem Rapport beginnen, die M des Rapports stets wdh und mit den M nach dem Rapport enden. Die 1.-10. R stets wdh.

Strickschrift

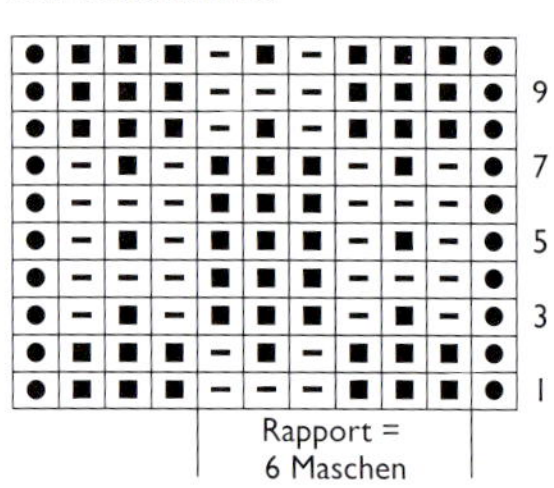

Strukturmuster J

M-zahl teilbar durch 2 + 3

In Hin und Rückr nach der Strickschrift str. Die M sind so gezeichnet, wie sie auf der Vorderseite erscheinen. Mit der M vor dem Rapport beginnen, die M des Rapports stets wdh und mit den M nach dem Rapport enden. Die 1.-8. R stets wdh.

Strickschrift

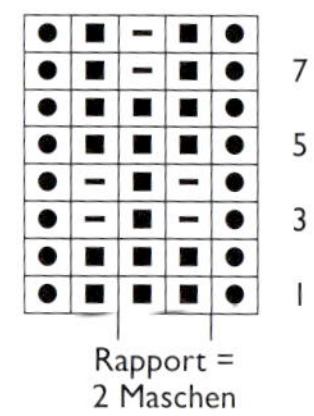

Legende

● = 1 Randmasche, in Hin- und Rückreihen rechte Maschen stricken

■ = In Hinreihen 1 Masche rechts, in Rückreihen 1 Masche links

– = In Hinreihen 1 Masche links, in Rückreihen 1 Masche rechts

ID = 1 Masche wie zum Linksssstricken abheben mit dem Faden vor der Masche

Anleitung

HINWEIS: Wenn nicht anders angegeben, werden keine zusätzlichen Rdm benötigt, es sind dann alle M in den Angaben der Musteranleitungen erhalten.

QUADRAT 1 (6x)

35 M anschl und im Perlmuster str. In 22 cm Höhe alle M mustergemäß str und dabei abk.

QUADRAT 2 (1x)

35 M anschl und im Rippenmuster str. In 22 cm Höhe alle M mustergemäß str und dabei abk.

QUADRAT 3 (1x)

35 M anschl und im Würfelmuster nach der Strickschrift str. In 22 cm Höhe, in einer 8. R alle M mustergemäß str und dabei abk.

QUADRAT 4 (1x)

35 M anschl und eine Rückr rechte M str. Weiter im Strukturmuster A nach der Strickschrift str. In 22 cm Höhe nach einer 2. Musterreihe (Rückr) in der folgenden Hinr alle M links str und dabei abk.

QUADRAT 5 (1x)
34 M anschl und im Diagonalen Rippenmuster nach der Strickschrift str. Die 1. R ist eine Rückr. In 22 cm Höhe alle M mustergemäß str und dabei abk.

QUADRAT 6 (1x)
35 M anschl und im Strukturmuster B nach der Strickschrift str. Die 1. R ist eine Hinr. In 22 cm Höhe in einer Hinr alle M rechts str und dabei abk.

QUADRAT 7 (1x)
33 M anschl und im Strukturmuster C nach der Strickschrift str. Dabei nach dem Anschlag mit einer Rückr (= 2. R (Rückr)) beginnen, 1x die 2.-8. R arb und dann die 1.-8. R stets wdh. In 22 cm Höhe nach einer 6. R (Rückr) alle M rechts str und dabei abk.

QUADRAT 8 (6x)
35 M anschl und 4 R im Perlmuster str. Nun in folgender M-Einteilung arb: 3 M Perlmuster, 29 M glatt rechts, 3 M Perlmuster. Nach 8 R (ab dem Perlmusterrand) über die mittleren 19 M das Sternmotiv nach der Strickschrift arb. Nach der 30. R der Strickschrift über die nächsten 8 R wie folgt str: 3 M im Perlmuster fortsetzen, 29 M glatt rechts, 3 M im Perlmuster. Anschließend noch 4 R über alle M im Perlmuster str und in der letzten R alle M abk.

QUADRAT 9 (1x)
34 M anschl und im Strukturmuster D str. Dabei nach dem Anschlag mit einer Rückr (= 2. R (Rückr)) beginnen, 1x die 2.-4. R arb und dann die 1.-4. R stets wdh. In 22 cm Höhe in einer 2. R (Rückr) alle M links str und dabei abk.

QUADRAT 10 (1x)
35 M anschl und in der 1. R (Rückr) die erste und letzte M rechts, alle anderen M links str. Weiter im Strukturmuster E str. In 22 cm Höhe nach einer 6. R (Rückr) alle M rechts str und dabei abk.

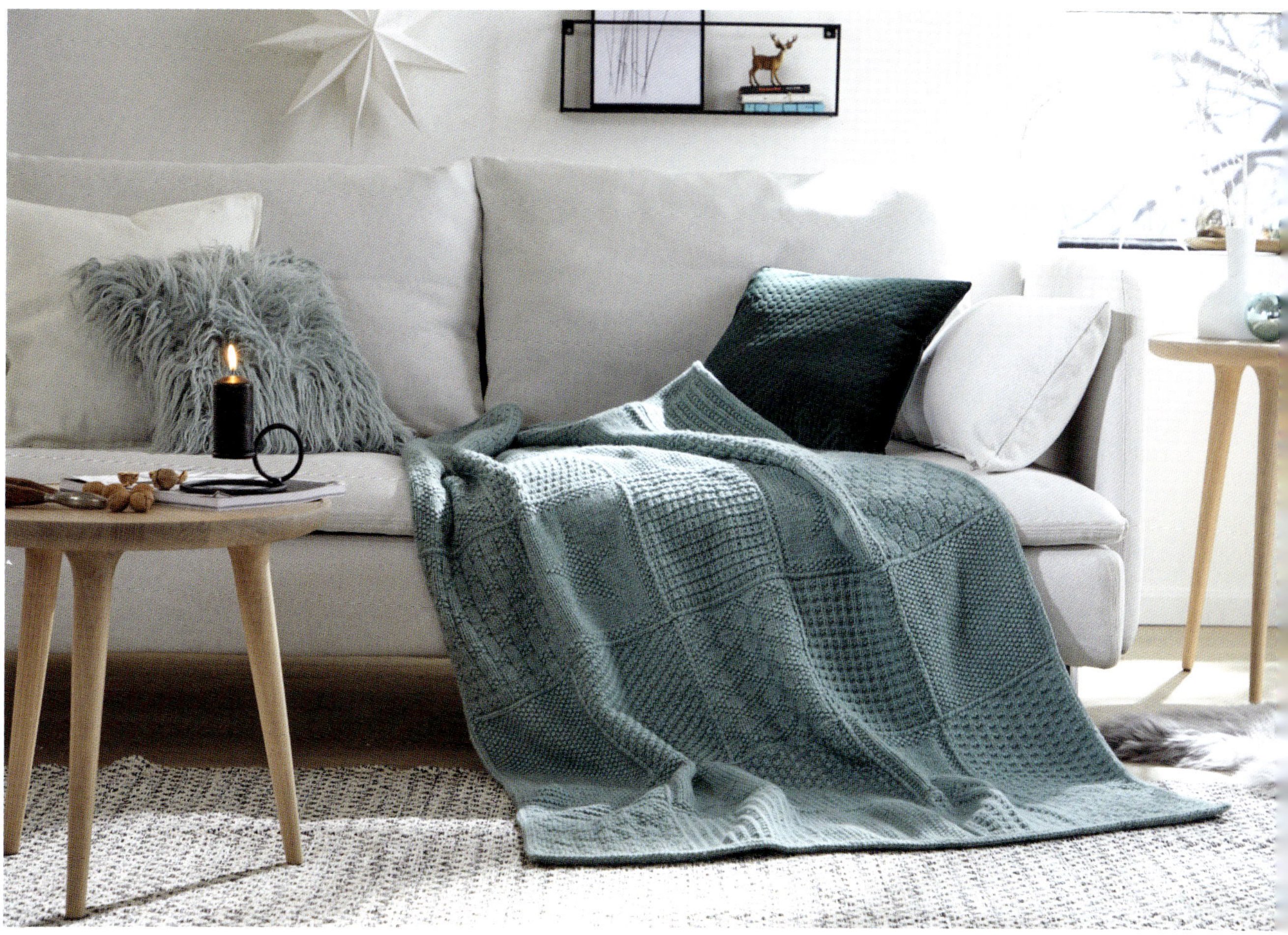

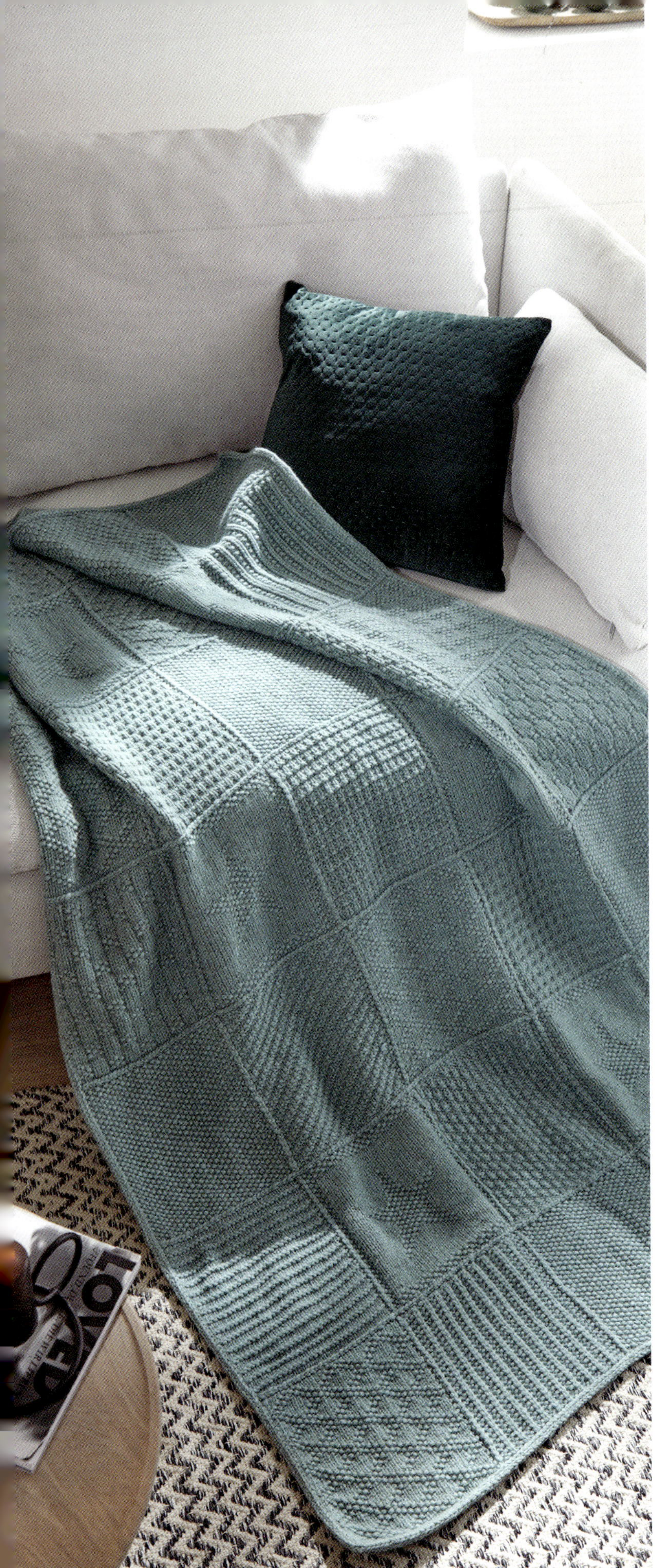

QUADRAT 11 (1x)
33 M anschl und im Reiskornmuster str. Die 1. R ist eine Hinr. In 22 cm Höhe nach einer 1. oder 3. R alle M links str und dabei abk.

Schöne Abkettkante

Häufig ist die letzte Masche der Abkettkante etwas größer bzw. offener als die restlichen Maschenglieder. Bei Strickstücken, bei denen die Abkettkante sichtbar bleibt kann dies störend sein. Um das zu verhindern gibt es einen einfachen, aber wirkungsvollen Trick: Wie gewohnt die Maschen abketten bis noch eine Masche übrig ist, nun die letzte Masche ungestrickt auf die rechte Nadelspitze heben, die linke Nadelspitze ist nun frei. Mit dieser Nadelspitze von hinten nach vorne unterhalb der letzten Masche einstechen, anschließend die letzte, ungestrickte Masche von der rechten Nadelspitze zurück auf die linke Nadel nehmen. Beide Maschen, die ungestrickte und die aufgefasste Masche der Vorreihe, zusammenstricken und wie gewohnt abketten. Anschließend den Arbeitsfaden abschneiden und durch die letzte Masche ziehen.

QUADRAT 12 (1x)
33 M anschl und im Querrippenmuster str, dabei mit der 2. R (Rückr) beginnen, dann 1x die 3. und 4. R arb und ab dann die 1.-4. R stets wdh. In 22 cm Höhe, in einer 3. R alle M rechts str und dabei abk.

QUADRAT 13 (1x)
33 M anschl und eine Rückr wie folgt arb: Die erste und letzte M rechts, alle anderen M links str. Weiter im Strukturmuster F arb. In 22 cm Höhe in einer 3. R alle M rechts str und dabei abk.

QUADRAT 14 (1x)
34 M anschl und eine Rückr wie folgt arb: Die erste und letzte M rechts, alle anderen M links str. Weiter im Kästchenmuster arb. In 22 cm Höhe in einer 3. R alle M rechts str und dabei abk.

QUADRAT 15 (6x)
33 M anschl und eine Rückr wie folgt arb: Die erste und letzte M rechts, alle anderen M links str. Weiter im Rautenmuster arb. In 22 cm Höhe nach einer 5. R in der

nächsten Hinr alle M rechts str und dabei abk.

QUADRAT 16 (1x)
37 M anschl und im Strukturmuster G str, dabei mit einer 2. R (Rückr) beginnen, 1x die 3.-12. R arb und dann die 1.-12. R stets wdh. In 22 cm Höhe in einer 8. R (Rückr) alle M abk.

QUADRAT 17 (1x)
33 M anschl und eine Rückr wie folgt arb: Die erste und letzte M rechts, alle anderen M links str. Weiter im Zickzackmuster arb. In 22 cm Höhe nach einer 5. R in der nächsten Hinr alle M rechts str und dabei abk.

QUADRAT 18 (1x)
33 M anschl und eine Rückr wie folgt arb: Die erste und letzte M rechts, alle anderen M links str. Weiter im Strukturmuster H arb. In 22 cm Höhe nach einer 1. R (Hinr) in der nächsten Rückr alle M links str und dabei abk.

QUADRAT 19 (1x)
35 M anschl und eine Rückr wie folgt arb: Die erste und letzte M rechts, alle anderen M links str. Weiter im Strukturmuster I arb. In 22 cm Höhe nach einer 9. R (Hinr) in der nächsten Rückr alle M links str und dabei abk.

QUADRAT 20 (1x)
33 M anschl und im Strukturmuster J str, dabei mit einer 2. R (Rückr) beginnen, 1x die 2.-8. R arb und dann die 1.-8. R stets wdh. In 22 cm Höhe in einer 2. R (Rückr) alle M abk.

Fertigstellen

Alle Quadrate anfeuchten und auf eine Größe von 22 cm x 22 cm spannen, dann trocknen lassen. Wie in der Schemazeichnung beschrieben anordnen. Als erstes die Quadrate zu R zusammenhäkeln, also jeweils 4 Seitenkanten der nebeneinander liegenden Quadrate verbinden. Dafür die Häkelnd jeweils von oben durch die beiden M-Glieder von 2 gegenüberliegenden Kanten führen und den auf der Rückseite liegenden Arbeitsfaden durchholen. Für die Km immer jeweils ein halbes M-Glied der Kante mit der Häkelnd erfassen. Am Ende jeder senkrechten R den Faden abschneiden und durch die letzte M ziehen. Nun auf die gleiche Art die einzelnen R zusammenhäkeln, dabei darauf achten, dass die Kreuzungspunkte ordentlich miteinander verbunden werden.

Für den Kordelrand an einer beliebigen Stelle mit der Rundstricknd einige M aus der Kante auffassen. Auf eine der Ndspiel-Nd 3 M anschl, dann mit der 2. Ndspiel-Nd * 2 M rechts str, 2 M rechts verschränkt zusammenstr, dabei ist die letzte M eine aufgefasste M der Rundstricknd. Jetzt die Ndspiel-Nd nach links soweit durch die M zurückschieben, dass am rechten Ende der Nd weitergestrickt werden kann. Den Arbeitsfaden an den Nd-Anfang holen und die M-Folge wie ab * beschrieben stets wdh, bis das Plaid eingefasst ist, dabei nach Bedarf mit der Rundstricknd immer wieder ungefähr 20 weitere M aus der Kante auffassen. An den Ecken jeweils 2 R Kordelrand str ohne dabei weitere M aus dem Plaid abzustr, damit genug Weite entsteht. Dafür einfach die 3 M rechts str ohne die letzte M mit der aufgefassten M zusammenzustr. Am Ende die M des Kordelrands abk und mit dem Kordelanschlag zur Rd zusammennähen. Die restlichen Fäden vernähen.

SCHEMAZEICHNUNG

1	7	15	11	1
3	8	17	8	2
15	20	1	10	15
16	8	13	8	19
1	5	15	9	1
12	8	4	8	18
15	6	1	14	15

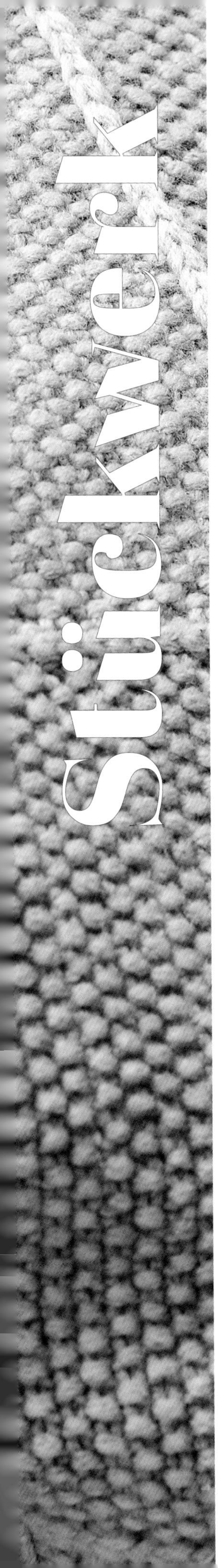

SCHWIERIGKEITSGRAD 1

GRÖSSE

Ca. 40-42 cm x 40-42 cm, einzelnes Quadrat 22 cm x 22 cm

MATERIAL

- Lana Grossa Alta Moda Cashmere 16 (LL 110 m/50 g), 250 g in Minttürkis (Fb 34)
- Rundstricknadel 6,0 mm, 60 cm oder 80 cm lang
- Häkelnadel 6,0 mm zum Verbinden der Quadrate
- einige Maschenmarkierer (optional)
- Wollnadel
- Kissenfüllung, 40 cm x 40 cm

MASCHENPROBE

Im Perlmuster mit Nd 6,0 mm 16 M und 26 R = 10 cm x 10 cm
Glatt rechts mit Nd 6,0 mm15 M und 24 R = 10 cm x 10 cm

Perlmuster

Ungerade M-Zahl
In Hinr und Rückr 1 M rechts, 1 M links im Wechsel str, enden mit 1 M rechts.

Rippenmuster

M-Zahl teilbar durch 4 + 3
1. R (Hinr): 1 M rechts, * 1 M rechts, 3 M links, ab * stets wdh., enden mit 2 M rechts.
2. R (Rückr): 1 M rechts, 1 M links, * 1 M rechts, 1 M links, ab * stets wdh., enden mit 1 M rechts.
Die 1. und 2. R stets wdh.

Querrippenmuster

1. R (Hinr): Alle M rechts str.
2. R: Die erste und letzte M rechts str, alle anderen M links str.
3.+4. R: Alle M rechts str.
Die 1.-4. R stets wdh.

HINWEIS: Wenn nicht anders angegeben, werden keine zusätzlichen Rdm benötigt, es sind dann alle M in den Angaben der Musteranleitungen erhalten.

Anleitung

QUADRAT 1 (5x)
35 M anschl und im kleinen Perlmuster str. In 22 cm Höhe alle M mustergemäß str und dabei abk.

QUADRAT 2 (2x)
35 M anschl und im Rippenmuster str. In 22 cm Höhe alle M mustergemäß str und dabei abk.

QUADRAT 3 (2x)
33 M anschl und im Querrippenmuster str., dabei mit der 2. R (Rückr) beginnen, dann 1x die 3. und 4. R arb und ab dann die 1.-4. R stets wdh. In 22 cm Höhe, in einer 3. R alle M rechts str und dabei abk.

SCHEMAZEICHNUNG

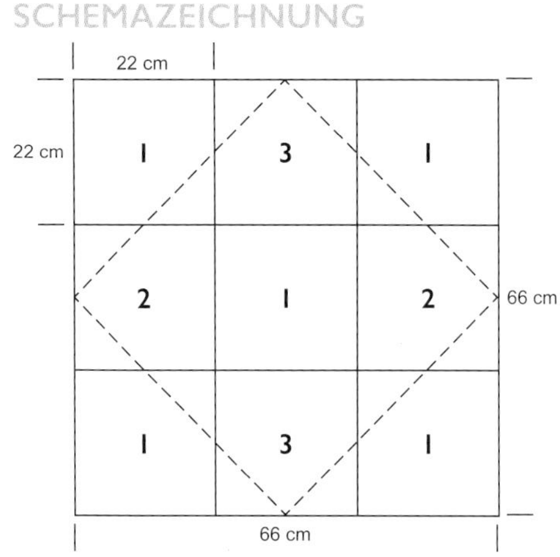

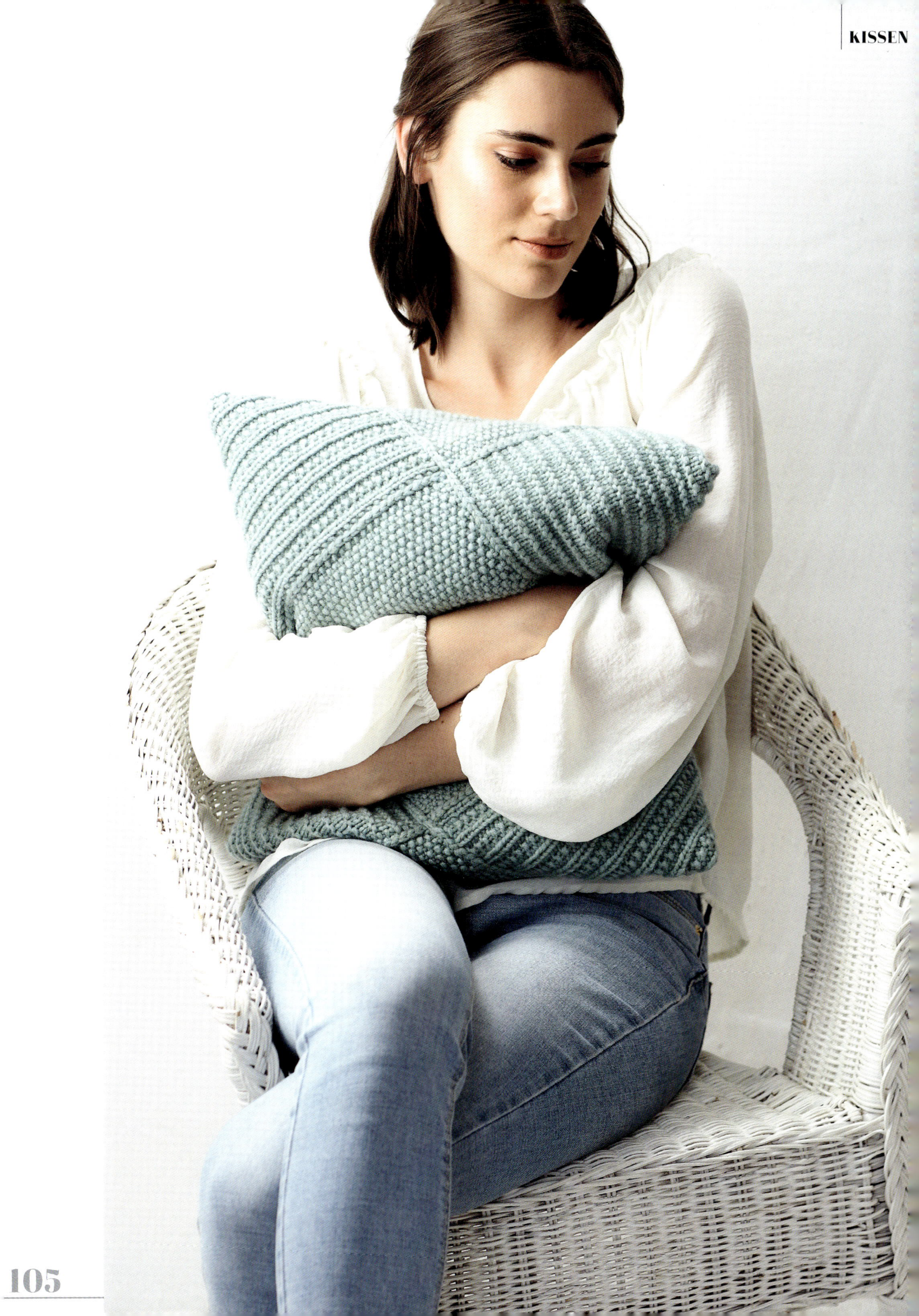

Fertigstellen

Alle Quadrate anfeuchten und auf eine Größe von 22 cm x 22 cm spannen, dann trocknen lassen. Wie in der Schemazeichnung beschrieben anordnen. Als erstes die Quadrate zu R zusammenhäkeln, also jeweils 2 Seitenkanten der nebeneinander liegenden Quadrate verbinden. Dafür die Häkelnd jeweils von oben durch die beiden M-Glieder von 2 gegenüberliegenden Kanten führen und den auf der Rückseite liegenden Arbeitsfaden durchholen. Für die Km immer jeweils ein halbes M-Glied der Kante mit der Häkelnd erfassen. Am Ende jeder senkrechten R den Faden abschneiden und durch die letzte M ziehen. Nun auf die gleiche Art die einzelnen R zusammenhäkeln, dabei darauf achten, dass die Kreuzungspunkte ordentlich miteinander verbunden werden. Nun die 4 Ecken zum Mittelpunkt umfalten, die rechte Seite liegt dabei außen. Die gestrichelte Linie in der Schemazeichnung entspricht der jeweiligen Umbruchkante. Von 2 gegenüberliegenden Ecken zur Mitte hin die Kanten wie gewohnt zusammenhäkeln, dann die Kissenfüllung einlegen und die letzte Diagonale in einem Stück verbinden. Die restlichen Fäden vernähen.

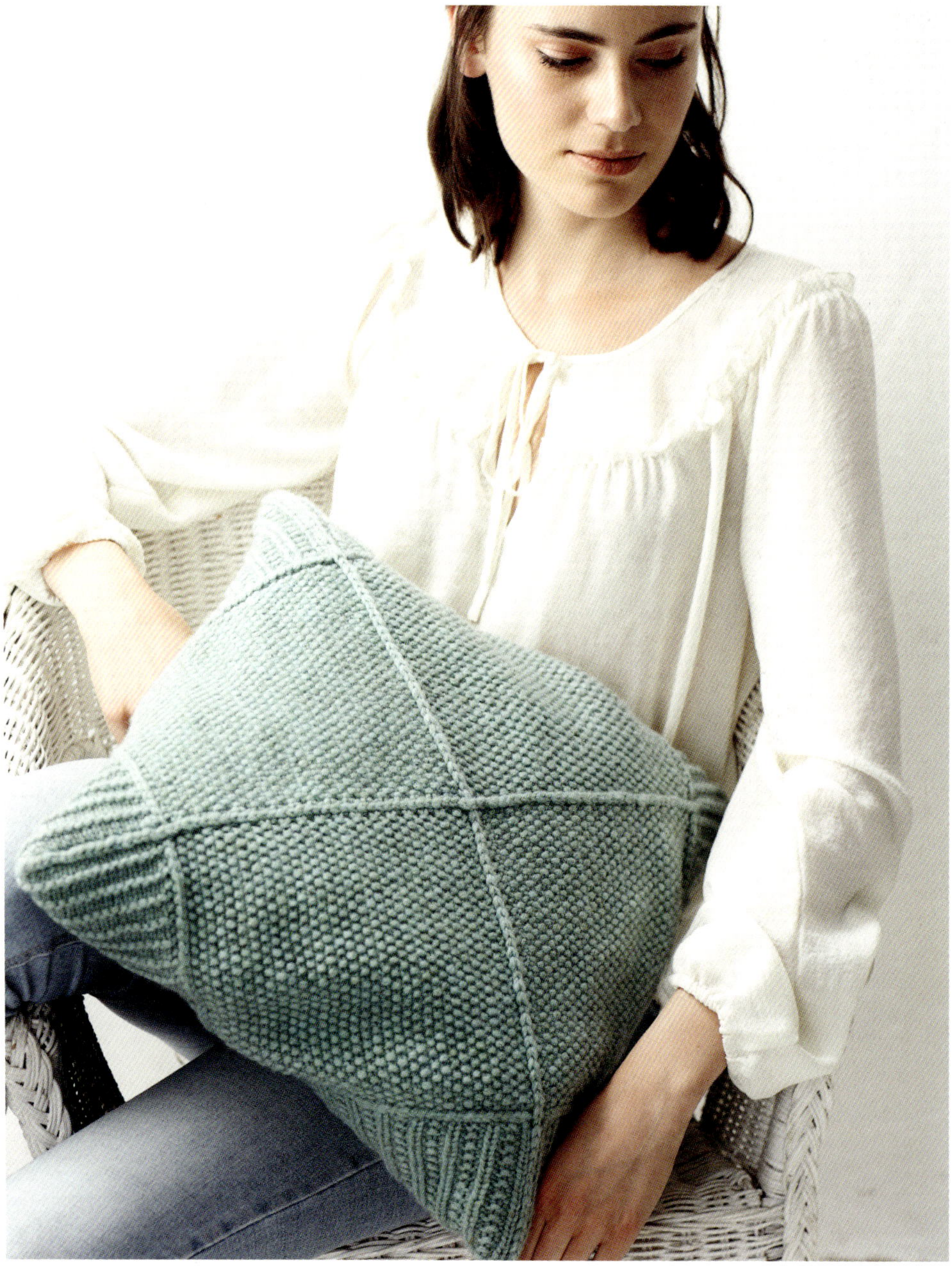

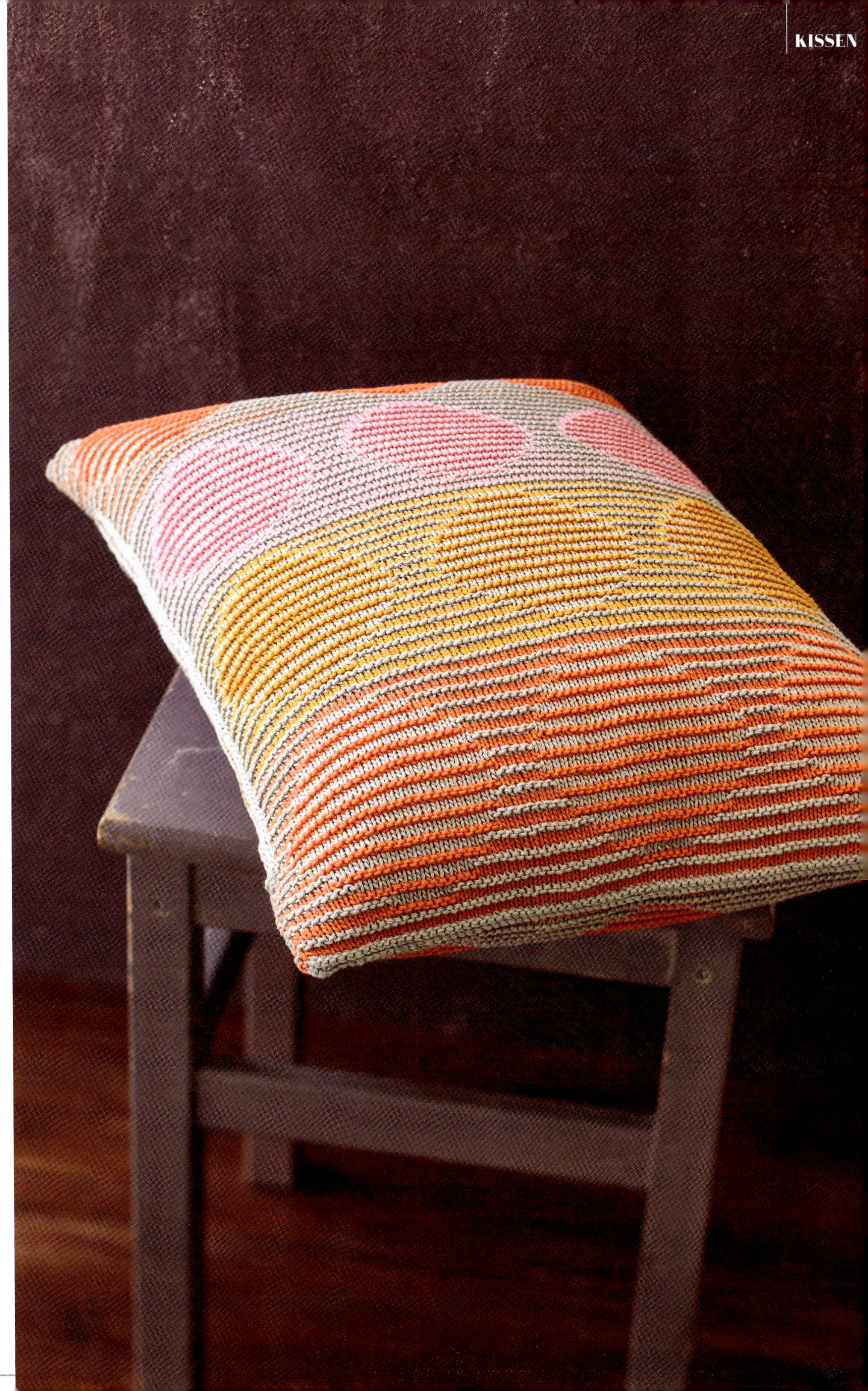

Schattenspiel

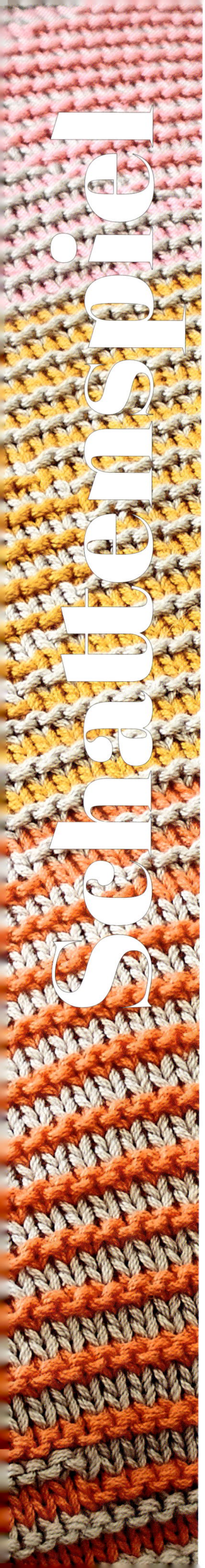

SCHWIERIGKEITSGRAD 2

GRÖSSE

Strickstück 70 cm x 50 cm, für Kissengröße 35 cm x 50 cm

MATERIAL

- Lana Grossa Prima (LL 140 m/50 g), in Grau (Fb 07), 150 g, in Kürbis (Fb 24), 100 g, in Pink (Fb 20) und Goldgelb (Fb 11), je 50 g
- Rundstricknadel 2,5 mm, 80-100 cm lang
- Reißverschluss, 40 cm lang
- Nähgarn, farblich passendes
- Nähnadel
- 6 Maschenmarkierer (optional)
- Wollnadel
- Häkelnadel 2,5 mm
- Kissenfüllung, 35 cm x 50 cm
- Reißverschluss, 40 cm lang

MASCHENPROBE

In Schattentechnik mit Nd 2,5 mm 25 M und 45 R = 10 cm x 10 cm

Strickschrift

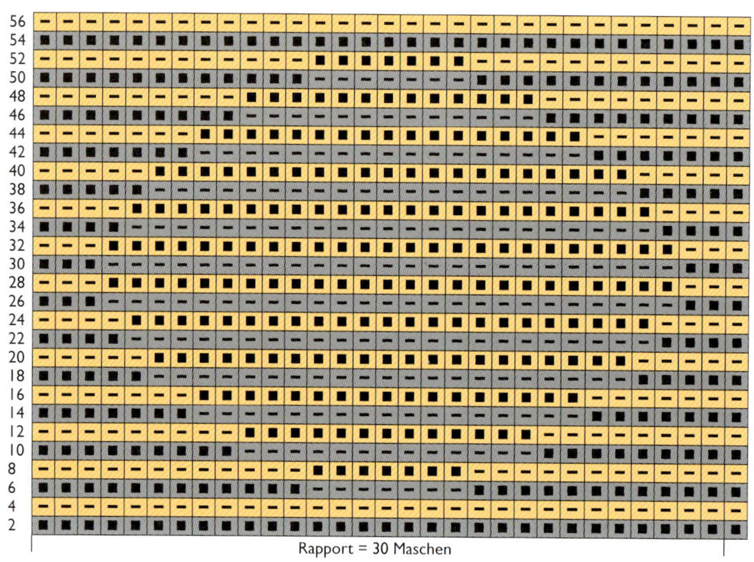

Legende

■ = In den Rückreihen 1 Masche rechts in Grau stricken.
– = In den Rückreihen 1 Masche links in Grau stricken.
■ = In den Rückreihen 1 Masche rechts in der jeweiligen 2. Farbe stricken.
– = In den Rückreihen 1 Masche links in der jeweiligen 2. Farbe stricken.

Schattentechnik

Nach der Strickschrift str. Es sind nur die Rückr gezeichnet. In den Hinr alle M rechts str, jeweils in derselben Fb wie die darauffolgende Hinr. Es sind keine Rdm gezeichnet. Auf beiden Seiten je 1 Rdm ergänzen und als Knötchenrand in der jeweiligen Fb in den Hin- und Rückr immer rechts str. Jede Rückr nach der Rdm wie gezeichnet beginnen, den Rapport 6x wdh, am R-Ende wie gezeichnet 1 M str, damit das Muster symmetrisch gehalten wird, und mit 1 Rdm die R beenden. Die 1.-56. R stets wdh.

Arbeiten mit Maschenmarkierern

Setzen Sie Maschenmarkierer ein, um einzelne Rapportabschnitte zu unterteilen. Dafür einfach nach jedem Rapportende einen Maschenmarkierer auf die Nadel fädeln, den Markierer in jeder Reihe beibehalten und an der entsprechenden Stelle einfach von der rechten auf die linke Nadel heben.

Anleitung

Damit das Muster gut zur Geltung kommt, etwas fester als üblich str.
Es werden immer 2 R in einer Fb im Wechsel gestrickt, die Hinr werden immer rechts gestrickt, in den Rückr werden dem Muster entsprechend rechte und linke M gestrickt, siehe Strickschrift.
Die Kissenhülle wird quer gestrickt, dafür wird ein rechteckiges Strickstück angefertigt, 70 cm breit und 50 cm hoch.
183 M in Grau anschl und in R in der Schattentechnik, wie beschrieben, arb. Die Anschlagreihe entspricht der ersten Hinr. Für die erste Fb jeweils immer Grau verwenden, die 2. Fb wechselt dabei immer nach einem Rapport, also nach 56 R: Für die ersten 56 R als 2. Fb Kürbis verwenden, für die zweiten 56 R als 2. Fb Pink, für die nächsten 56 R Goldgelb und für die letzten 56 R wieder Kürbis als 2. Fb verwenden.
Als Abschluss in ca. 50 cm Höhe noch 2 R in Grau str, dafür in der Hinr rechte M str, in der Rückr ebenfalls alle M rechts str und dabei abk.

Fertigstellen

Die Fäden vernähen. Das Strickstück auf die angegebene Größe spannen und anfeuchten, dann trocknen lassen. Nun das Strickstück längs zur Hälfte zusammenlegen und jeweils die Anschlag- und Abkettkante und die Seitenränder zusammennähen. In die untere Öffnung den Reißverschluss mittig einnähen, dafür auf beiden Seiten ein kleines Stück Naht schließen, sodass eine Öffnung von ca. 40 cm für den Reißverschluss verbleibt, dann den Reißverschluss einheften und anschließend von Hand festnähen.

Kantenabschluss

Für einen schönen Kantenabschluss die Ränder mit 2 Runden Kettmaschen in Grau umhäkeln.

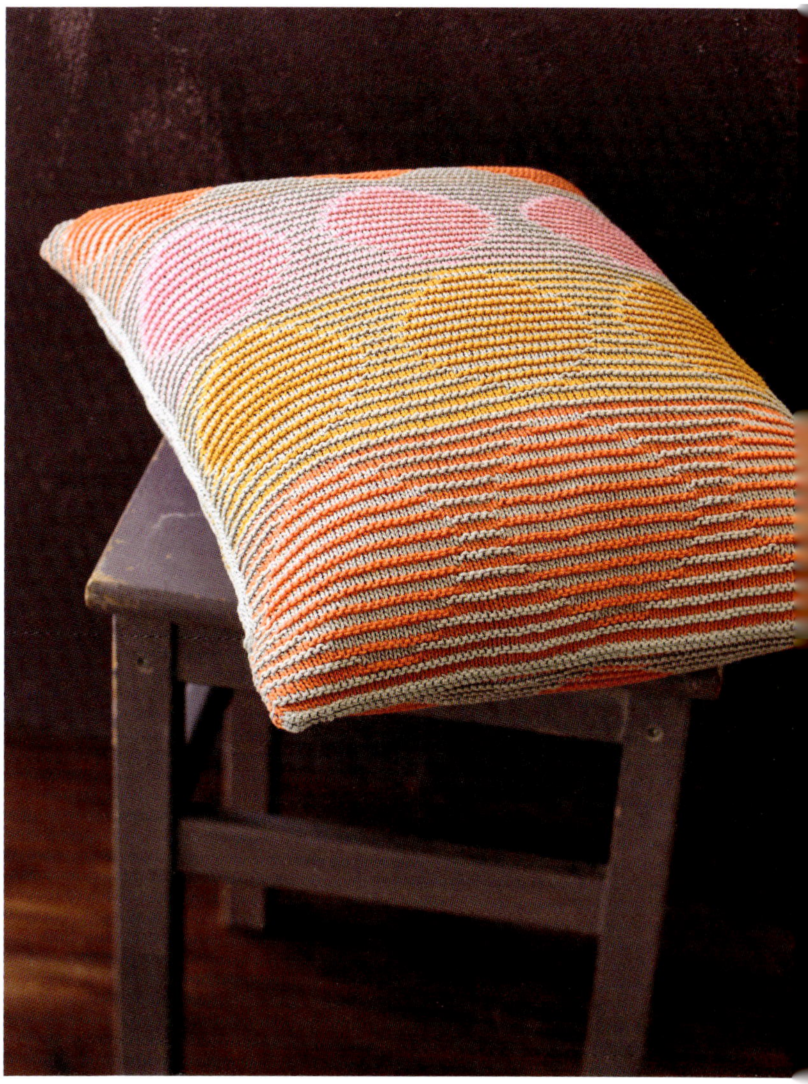

Ordnungsliebe

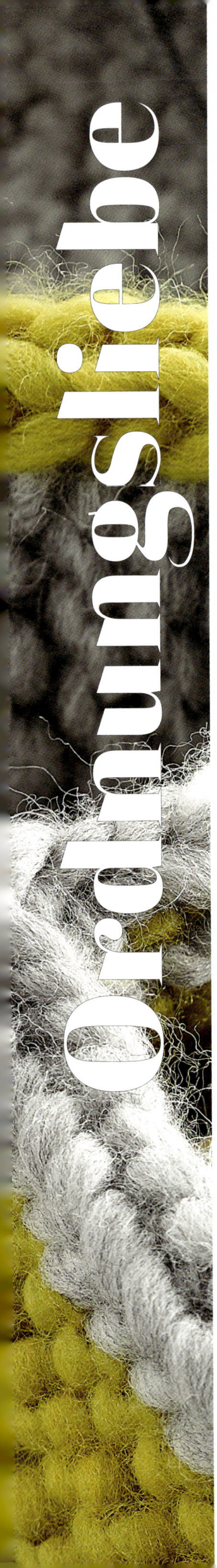

SCHWIERIGKEITSGRAD I

GRÖSSEN

Größe 1, ca. 12 cm x 12 cm, 6 cm hoch

Größe 2, ca. 20 cm x 20 cm, 8 cm hoch

Die Angaben für Größe 1 stehen vor dem Schrägstrich, für Größe 2 nach dem Schrägstrich. Steht nur eine Angabe, so gilt diese für beide Größen.

MATERIAL

GRÖSSE 1

- Lana Grossa Lei (LL 40 m/50 g) in Senfgelb (Fb 67) und Hellgrau (Fb 31), je 50 g oder Rest in Hellgrau von Größe 2

GRÖSSE 2

- Lana Grossa Lei (LL 40 m/50 g) in Hellgrau (Fb 31), 150 g, in Senfgelb (Fb 67), 50 g

BEIDE GRÖSSEN

- Rundstricknadel 8,0 mm, 60 cm lang
- Nadelspiel 7,0 mm
- 2 Maschenmarkierer
- Wollnadel

MASCHENPROBE

Kraus rechts mit Nd 8,0 mm 10 M und 21 R = 10 cm x 10 cm

Kraus rechts

In Hin- und Rückr rechte M str.

HINWEIS: Das Material fester verarbeiten als üblich, damit die Körbe mehr „Stand" haben.

Anleitung

In Senfgelb/Hellgrau 14/22 M anschl und 10/14 R kraus rechts über alle M arb, die Anschlagreihe zählt als 1. Hinr. Am Ende der 10./14. Rückr den Faden abschneiden, dabei ein längeres Fadenende zum Vernähen hängen lassen. An der Anschlagkante beginnen und mit Senfgelb/Hellgrau aus dem rechten Seitenrand 5/7 M herausstr, dann die 14/22 M des Strickstücks wie gewohnt rechts str, anschließend aus dem linken Seitenrand weitere 5/7 M herausstr.

Über alle 24/36 M noch 27/41 R kraus rechts weiterarb, in der letzten Rückr je einen MM nach der 6./8. und 18./29. M einsetzen.

* In der nächsten Hinr bis zum 2. MM gewohnt rechts str, den MM versetzen, die beiden M nach dem MM rechts zusammenstr, die Arbeit wenden und alle M bis zum 1. MM rechts str, den MM versetzen, die beiden M nach dem MM rechts zusammenstr und die Arbeit wenden. Ab * stets wdh bis nach dem 2. MM die letzten beiden M rechts zusammengestrickt wurden, noch einmal wenden, die M rechts str und dabei abk, dabei die MM herausnehmen und die letzten beiden M nach dem letzten MM vor dem Abk rechts zusammenstr. Den Faden abschneiden und durch die letzte M ziehen.

Fertigstellen

Das Körbchen am oberen Rand mit einem Kordelrand in Hellgrau/Senfgelb einfassen. Dafür mit der Rundstricknd aus der oberen Kante rundherum 52/82 M in Hellgrau/Senfgelb herausstr.

HINWEIS: Die Kante mit dem Kordelrand etwas einhalten, daher werden einige M weniger aus der Kante herausge-

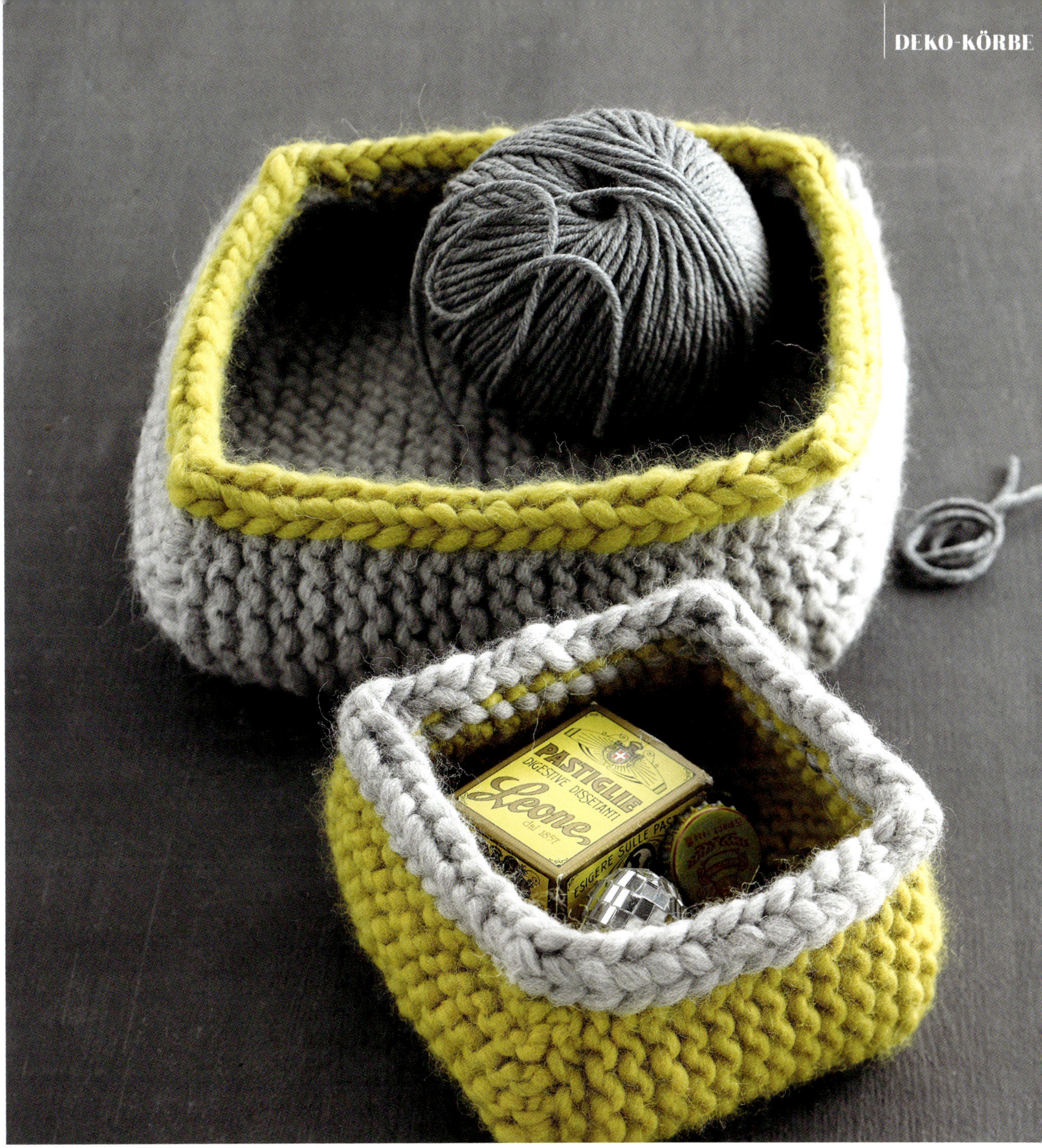

strickt, dabei um die Ecken zu betonen in diesem Bereich M übergehen.

Kordelrand

Mithilfe einer Ndspiel-Nd 2 M in Hellgrau/Senfgelb aus der ersten herausgestrickten M aufstr, dann mit der 2. Ndspiel-Nd * 1 M rechts str, anschließend 2 M rechts zusammenstr, dabei ist die letzte M eine M der oberen Kante. Nun die Ndspiel-Nd nicht wenden, sondern die Nd soweit durch die beiden M zurückschieben, dass am rechten Ende der Nd wieder weiter gestrickt werden kann. Den Arbeitsfaden an den Nd-Anfang holen und wie ab * beschrieben stets wdh bis alle M des Körbchens verarbeitet sind. Dabei den Arbeitsfaden immer wieder fest anziehen, sodass eine runde Kante entsteht.
Am Ende die M des Kordelrands abk, den Faden abschneiden, durch die letzte M ziehen und mit dem Kordelrandanschlag zur Rd zusammennähen. Alle Fäden vernähen.

GRUND-
WISSEN

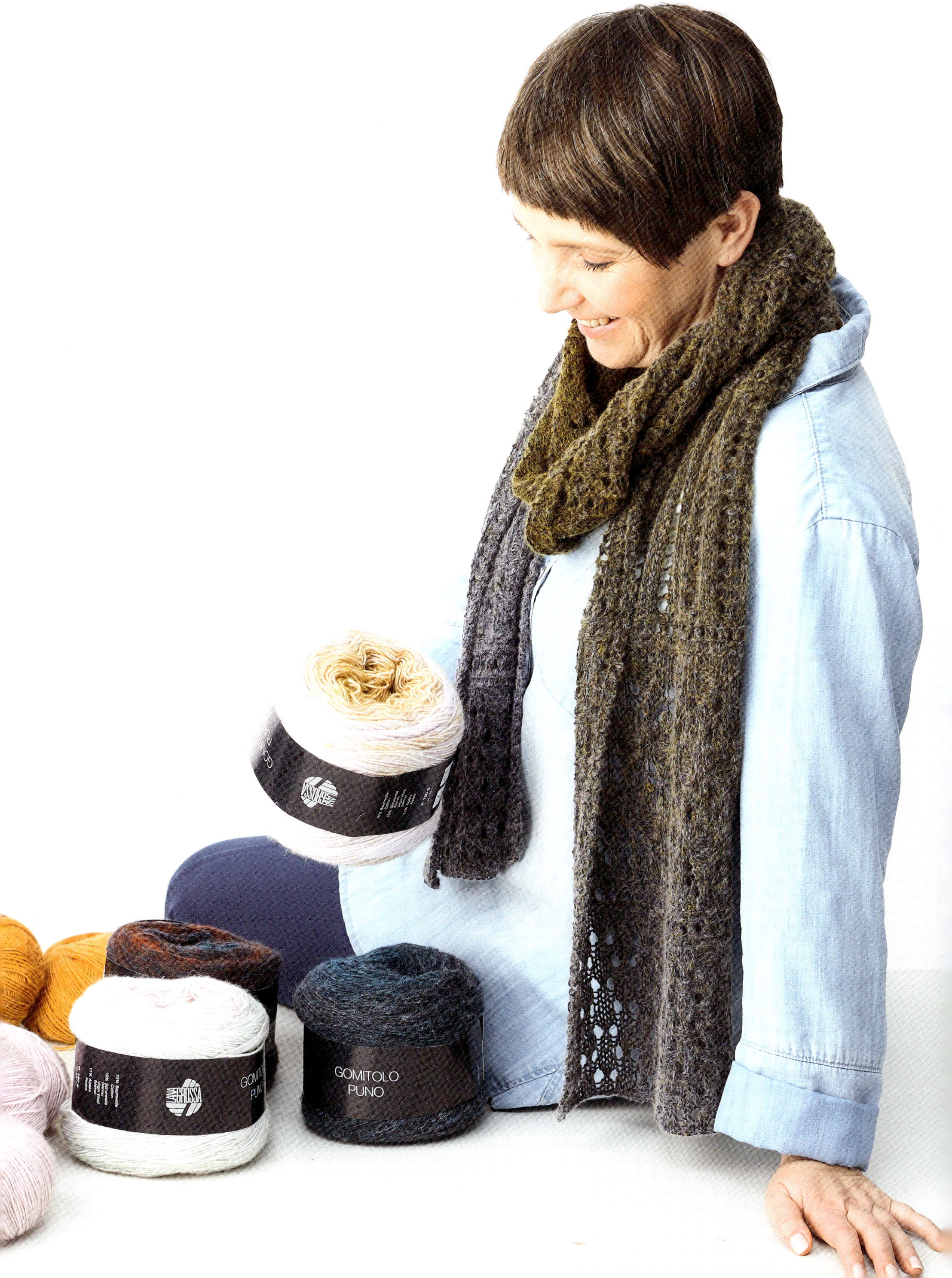
GOMITOLO
PUNO

Werkzeuge und Materialien

Die passenden Stricknadeln und das richtige Garn – viel mehr braucht man eigentlich nicht, um gleich mit dem Stricken loszulegen. Ein paar zusätzliche Dinge lassen die Arbeit leichter von der Hand gehen und tragen dazu bei, dass das Projekt ein Erfolg wird.

STRICKNADELN

Ohne sie geht beim Stricken nichts: Stricknadeln. Die Auswahl verschiedener Typen und unterschiedlicher Nadelstärken ist riesig – für jedes Projekt gibt es die passende Stricknadel. Welche Nadelstärke empfehlenswert ist sowie viele andere wissenswerte Infos finden sich auf der Garnbanderole.

Jackennadeln haben einen gleichbleibenden Schaftdurchmesser und an einem Ende einen Stopper, der das Herunterrutschen der Maschen verhindert. Rundstricknadeln bestehen aus zwei Nadelspitzen, die mit einem Seil verbunden sind: Die Maschen lassen sich somit von beiden Seiten oder in Runden abstricken.

Ein Nadelspiel besteht aus 5 Nadeln mit beidseitigen Strickspitzen. Sie kommen z.B. beim Socken stricken oder beim Rundstricken mit geringer Maschenzahl zum Einsatz. Sehr beliebt sind auch Stricknadelsysteme, die aus Seilen in verschiedenen Längen und austauschbaren Strickspitzen bestehen. Die Spitzen können mit einem Steck- oder Schraubsystem mit den Seilen verbunden werden, und mit einem kompletten Satz hat man stets die passende Nadel in der richtigen Länge griffbereit. Alle Nadeln gibt es aus verschiedenen Materialien wie Metall, Kunststoff, Bambus und Edelhölzern. Die passende Nadel wählt man je nach Projekt und persönlicher Vorliebe aus.

ZUBEHÖR

Maßband: Breite und Höhe des Strickprojekts sollten regelmäßig kontrolliert werden, ein flexibles Maßband ist unerlässlich. Praktisch ist auch ein Rollmaß, das sich leichter verstauen lässt.

Schere: Nie das Garn mit den Fingern reißen: Mit einer kleinen Schere oder Fadenschere werden die Fäden sauber abgeschnitten.

Maschenmarkierer: Mit Maschenmarkierern können Stellen im Gestrick oder der Maschenreihe gekennzeichnet werden, wie z.B. verschiedene Musterbereiche oder Abnahmestellen. Sie ersparen häufiges Nachzählen von Reihen und Maschen und helfen, Fehler zu vermeiden. Maschenmarkierer einfach an der entsprechenden Stelle auf die Nadel fädeln, den Markierer in jeder Reihe oder Runde beibehalten und an der entsprechenden Stelle von der linken auf die rechte Nadel heben.

Häkelnadeln: Passende Häkelnadeln erleichtern das Hochholen von heruntergefallenen Maschen, helfen bei der Ausarbeitung oder beim Herausstricken von Maschen. Es gibt sie in verschiedenen Stärken und aus unterschiedlichen Materialien. Praktisch ist es, die passende Stärke zu jedem begonnenen Projekt griffbereit zu haben.

Hilfsnadeln: Kurze Hilfsnadeln ermöglichen das Arbeiten von Zopfmustern. Sie haben oft in der Mitte eine Abknickung, die das Ablegen von Maschen einfacher macht. Es gibt sie nur in einigen wenigen Stärken, da die Maschen meist nur kurzzeitig darauf stillgelegt werden.

Wollnadel: Mit einer Wollnadel können Fäden vernäht oder einzelne Strickteile zusammengenäht werden. Ihr Nadelöhr ist groß genug für Wollfäden. Die Spitze der Wollnadel ist stumpf, damit das Strickgarn nicht aufspleißen kann.

Spannunterlage: Eine Spann- und Dämpfunterlage mit aufgedrucktem Raster erleichtert es, die fertigen Teile nach dem Stricken in Form zu bringen. Passende Spannnadeln sind meist beim Kauf der Unterlage mit dabei.

DAS RICHTIGE GARN

Alles Wissenswerte zum Garn steht auf der Banderole. Hier gibt es Infos zu Mate-

rialzusammensetzung, Lauflänge, Knäuelgewicht, Maschenprobe, empfohlener Nadelstärke, Partienummer und eine Waschempfehlung.
Anhand der Partienummer kann festgestellt werden, ob alle Knäuel aus der gleichen Produktion stammen. Kleine Farbabweichungen zwischen den Färbepartien sind nicht zu vermeiden und oft erst später im Gestrickten zu erkennen. Auf jeden Fall genügend Garn für das ganze Projekt kaufen, um sicherzustellen, dass alle Knäuel aus dem gleichen Farbbad sind.

Hilfreich

Ein Stückchen Garn an die Banderole heften und gut aufbewahren!

Für die ersten Strickversuche sind glatte Garne mit mittlerer Stärke und einer Lauflänge von 80-100 m pro 50 g ideal. Schurwollgarne sind leicht elastisch und daher gut für die ersten Maschen geeignet. Sie gleichen Spannungsunterschiede gut aus und erleichtern das Einstechen in die Maschen.

PERFEKT AUSGERÜSTET: DAS MATERIAL FÜR DAS PROJEKT

Alles, was zum Nachstricken eines Modells gebraucht wird, ist in der Strickanleitung aufgeführt. Dazu gehören das empfohlene Garn, der passende Nadeltyp in der richtigen Stärke sowie Zubehör, z.B. Häkel- oder Wollnadel, Reißverschlüsse oder Knöpfe zur Fertigstellung des Strickprojekts. Vor Beginn eines Projekts sollten alle Zutaten vorbereitet werden.

Ersatz gesucht?

Sie möchten nach einer Strickanleitung arbeiten, jedoch ein anderes Garn als das empfohlene verwenden? Dann sollte das Ersatzgarn möglichst aus dem gleichen Material bestehen und eine ähnliche Lauflänge haben, damit die Maschenprobe nicht abweicht und das Gestrickte nachher gut sitzt. Bei Projekten wie Schals, Decken, Tüchern und Mützen ist der Austausch einfacher, da kleinere Abweichungen in den Maßen des Modells nicht problematisch für die Passform sind.

DAS ANFERTIGEN EINER MASCHENPROBE

Auf der Garnbanderole und in der Anleitung wird die Anzahl der Maschen genannt, die für ein glatt rechts gestricktes Stück mit einer Breite von 10 cm benötigt werden. 1,5x so viele Maschen anschlagen und glatt rechts bis zu einer Höhe von 15 cm stricken. Abketten, Maschenprobe dämpfen oder waschen und nach dem Trocknen jeweils 10 cm in Breite und Höhe abmessen. Die Anzahl der Reihen in der Höhe, die Maschenzahl in der Breite und die verwendete Nadelstärke notieren.

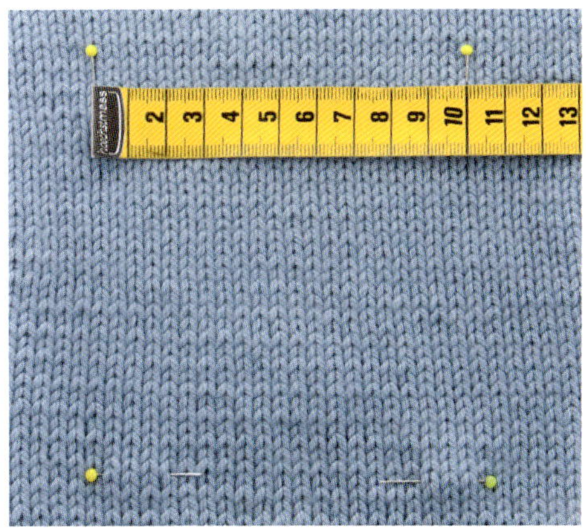

NADELSTÄRKE ANPASSEN

Zählt man in der gestrickten Maschenprobe mehr Maschen und Reihen als angegeben, ist das Gestrick zu fest und es müssen dickere Nadeln verwendet werden. Zählt man weniger Maschen und Reihen, ist das Gestrick zu locker und es müssen dünnere Nadeln verwendet werden.
Wird ein Strickstück mit unterschiedlichen Nadelstärken gestrickt, verändert sich die Maschengröße und damit auch die Breite des Strickstücks. Die Maschenprobe erneut mit der veränderten Nadelstärke anfertigen.

Ausgeleiert?

Bündchen leiern häufig bei längerem Tragen aus. Selbst Gestrick aus Baumwollgarnen erhält durch ein Rippenmuster Stretch-Eigenschaften. Um Bündchen mehr Festigkeit und Elastizität zu geben, sollte bei diesen Garnen das Bündchen mit einer kleineren Nadelstärke gearbeitet werden.

Maschenanschlag und Grundmaschen

MASCHEN ANSCHLAGEN

1| Für den Kreuzanschlag liegt das Fadenende über dem Daumen, der Arbeitsfaden über dem Zeigefinger. Mit den übrigen Fingern den Faden leicht spannen.

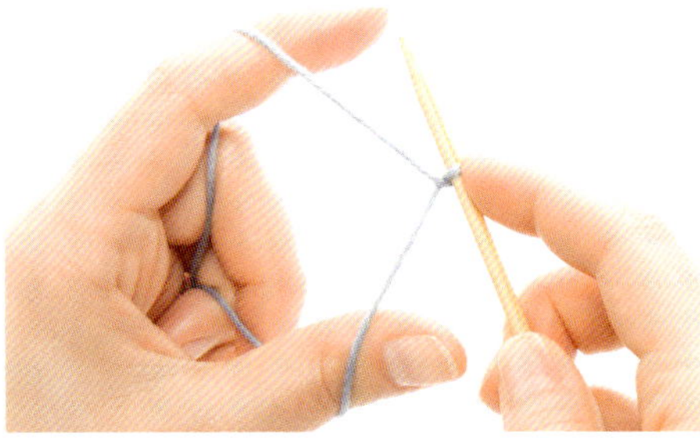

2| Den Daumen anheben und die Arbeitsnadel so nach unten ziehen, dass sich die Fäden kreuzen und sich eine Schlinge über dem Daumen bildet.

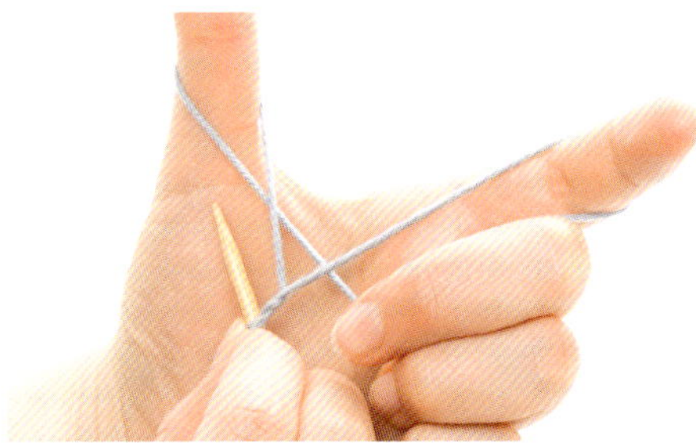

3| Mit der Arbeitsnadel unter dem vorderen Daumenfaden einstechen.

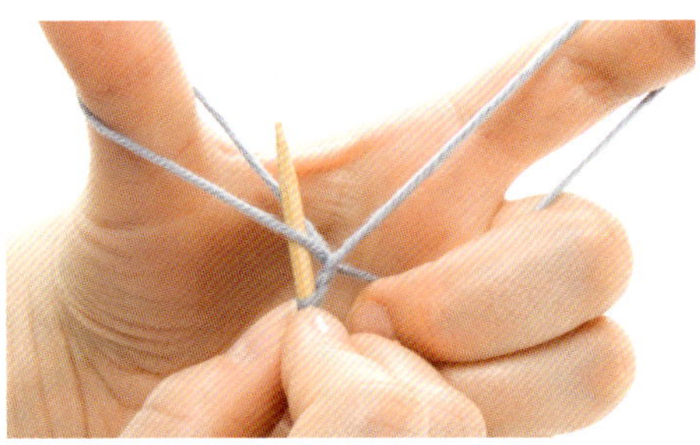

4| Nun die Nadel von rechts nach links hinter den Zeigefingerfaden führen, um den Arbeitsfaden zu erfassen.

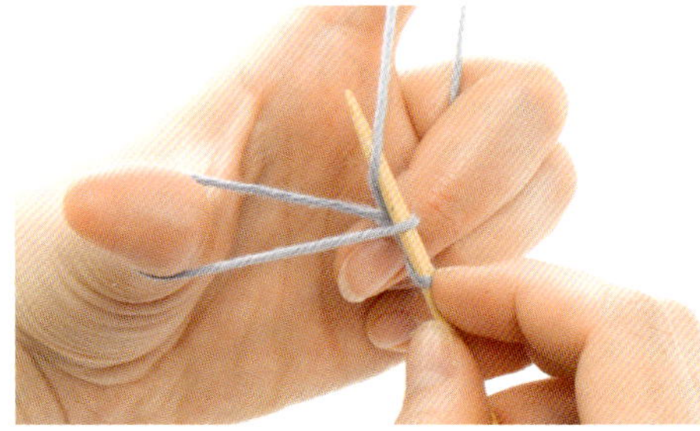

5| Den Zeigefingerfaden mit der Nadel durch die Daumenschlinge ziehen.

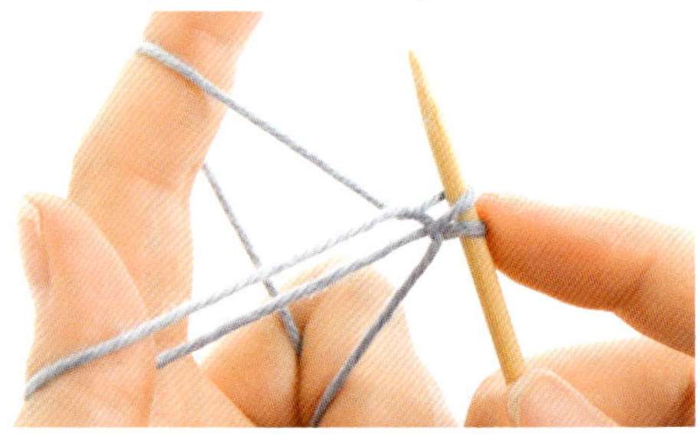

6| Schlinge vom Daumen gleiten lassen und Faden anziehen, bis die Masche auf der Nadel liegt.

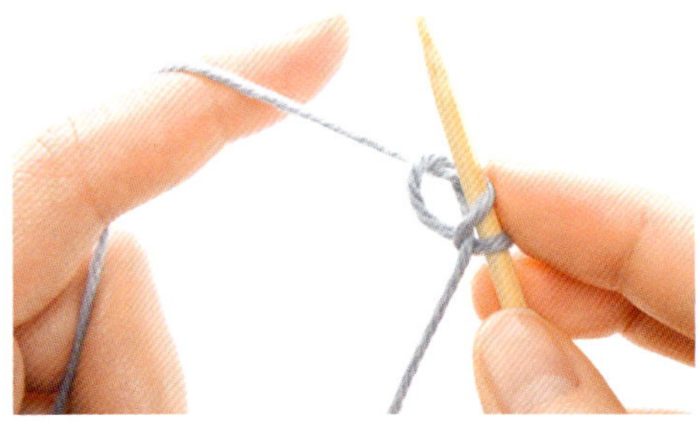

7| Daumen leicht anheben. Mit gesenkter Nadel kann dann gleich die nächste Daumenschlinge gebildet werden. Die Schritte 3-7 wiederholen, bis die erforderliche Maschenzahl angeschlagen ist.

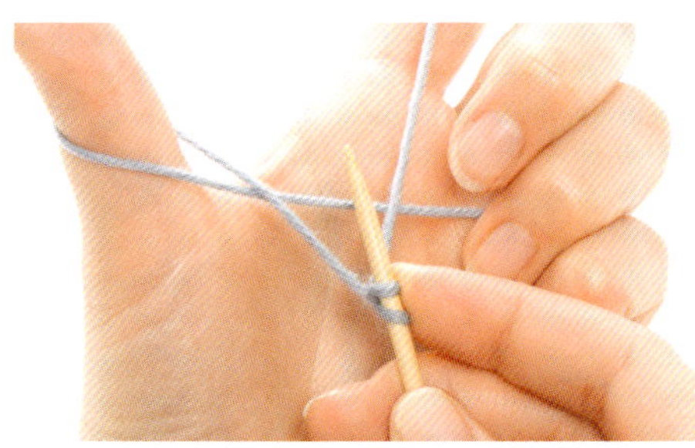

RECHTE MASCHEN STRICKEN

1| So wird die Strickarbeit richtig gehalten: Die Maschennadel liegt in der linken, die Arbeitsnadel in der rechten Hand. Der Arbeitsfaden befindet sich am linken Maschenrand der Arbeitsnadel und verläuft hinter der Nadel über den linken Zeigefinger.

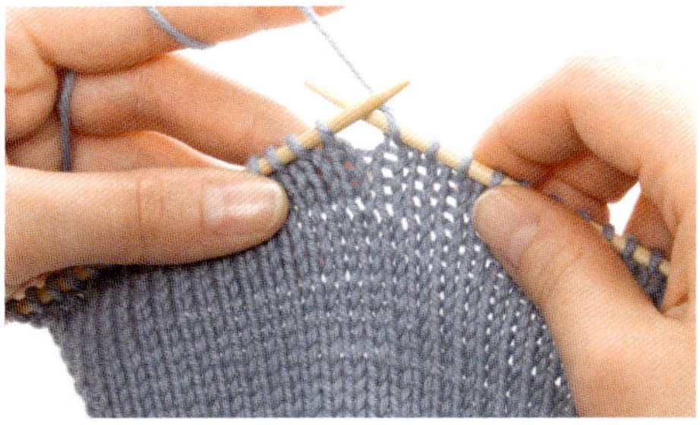

2| Mit der Arbeitsnadel von vorne nach hinten so in die Masche einstechen, dass sich die Nadel nun unter der Maschennadel befindet.

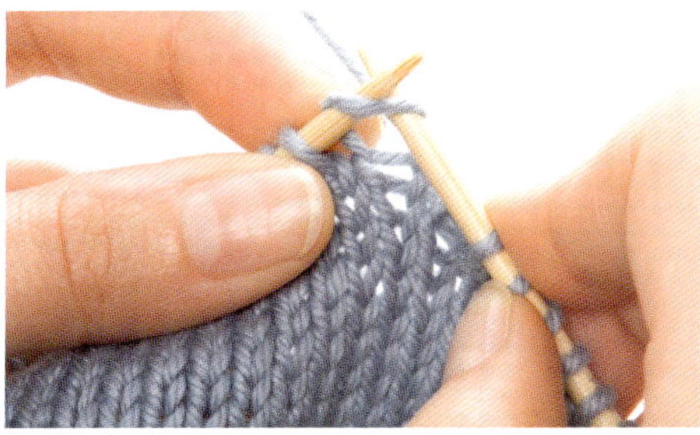

3| Mit der Nadelspitze der Arbeitsnadel den Arbeitsfaden erfassen.

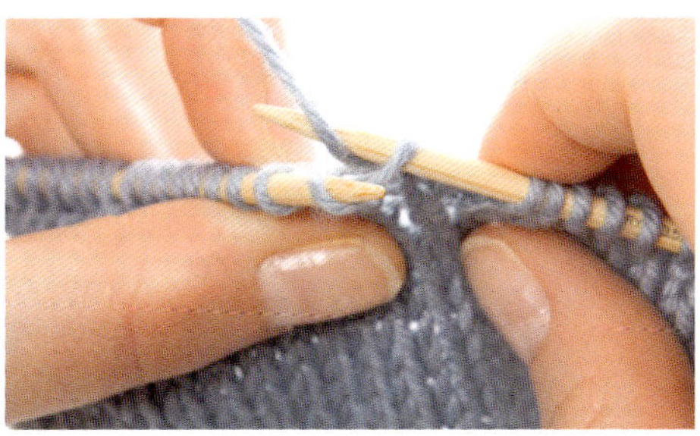

4| Den Faden durch die Masche ziehen.

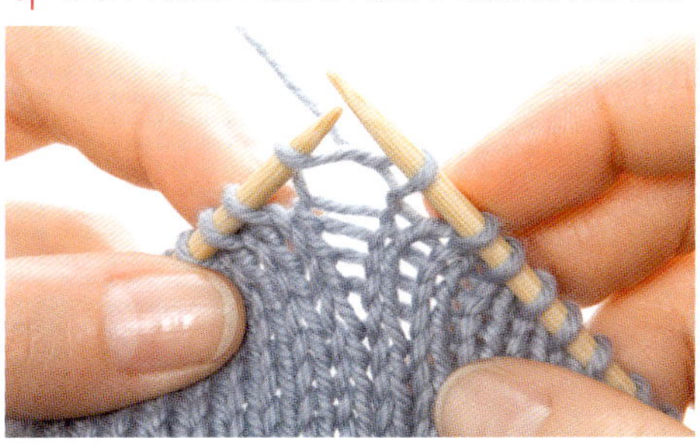

LINKE MASCHEN STRICKEN

1| Die Nadel mit den zu strickenden Maschen liegt in der linken, die Arbeitsnadel in der rechten Hand. Den Faden von hinten nach vorne holen, sodass er vor der zu strickenden Masche und der linken Nadel liegt.

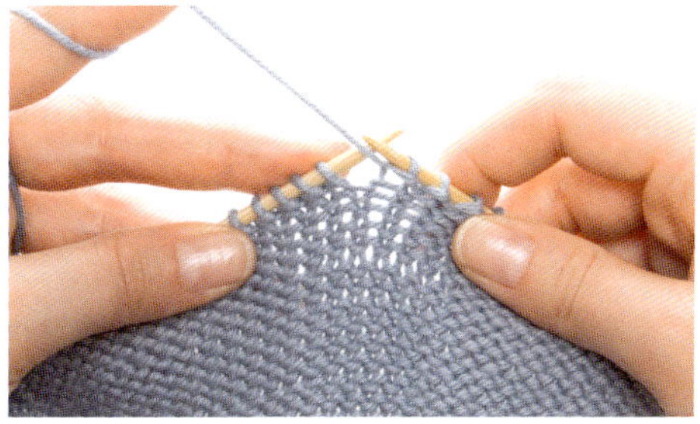

2| Mit der Arbeitsnadel von rechts nach links in die Masche einstechen.

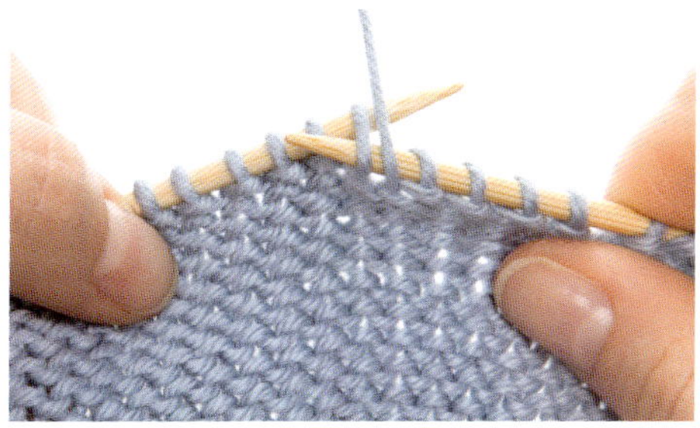

3| Der Arbeitsfaden liegt vor den Nadeln. Den Faden nun mit der Arbeitsnadel erfassen.

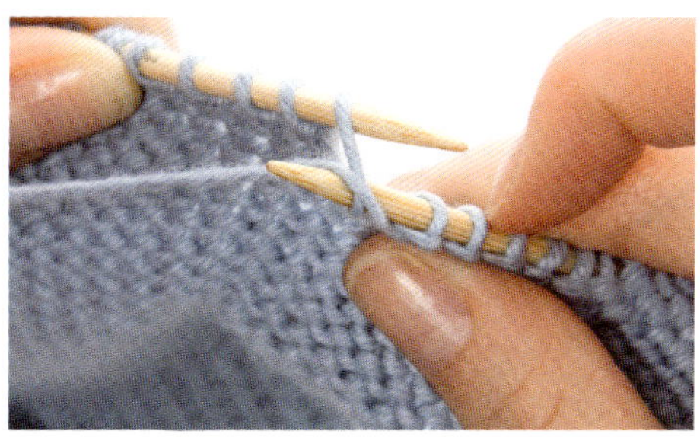

4| Die Fadenschlinge nach hinten durch die Masche ziehen.

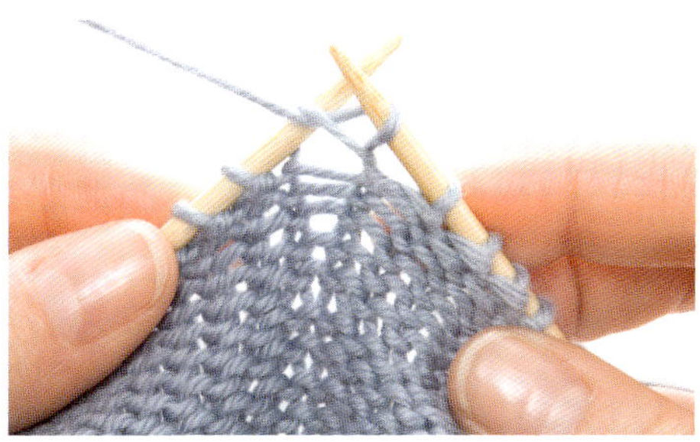

Maschen abnehmen

2 MASCHEN RECHTS ZUSAMMENSTRICKEN

Eine einfache Abnahme entsteht, wenn 2 Maschen rechts zusammengestrickt werden.

1| Mit der Arbeitsnadel in 2 Maschen gleichzeitig einstechen.

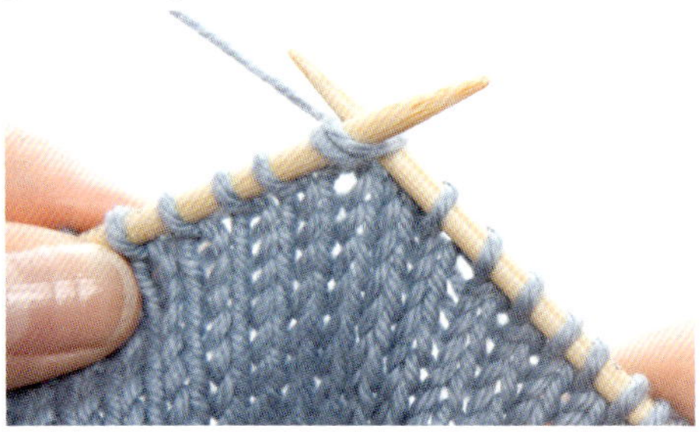

2| Arbeitsfaden holen und durch beide Maschen ziehen. Die abgestrickten Maschen von der Nadel gleiten lassen.

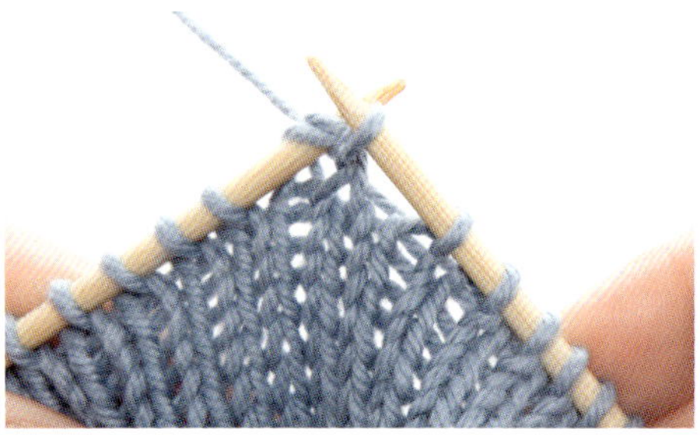

3| Die Abnahme erscheint nach rechts geneigt.

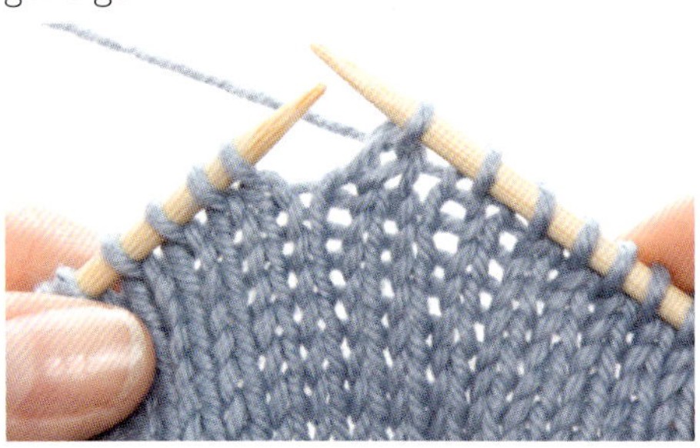

2 MASCHEN RECHTS ÜBERZOGEN ZUSAMMENSTRICKEN

1| Um 2 Maschen rechts überzogen zusammenzustricken, zunächst die 1. Masche wie zum Rechtsstricken abheben, dafür mit der rechten Nadel von links in die Masche auf der Maschennadel einstechen und die Masche auf die rechte Nadel gleiten lassen.

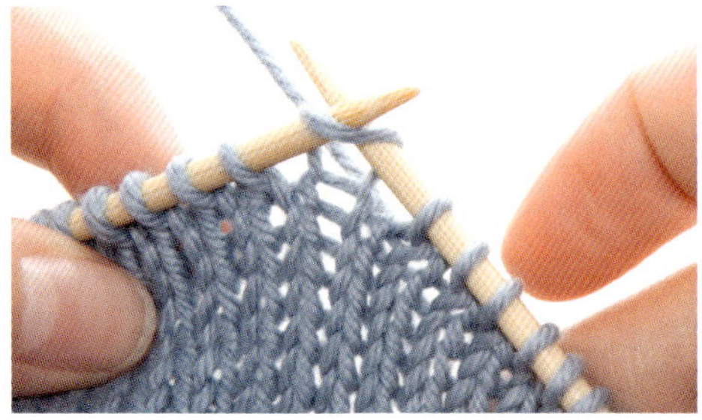

2| Die folgende Masche rechts stricken.

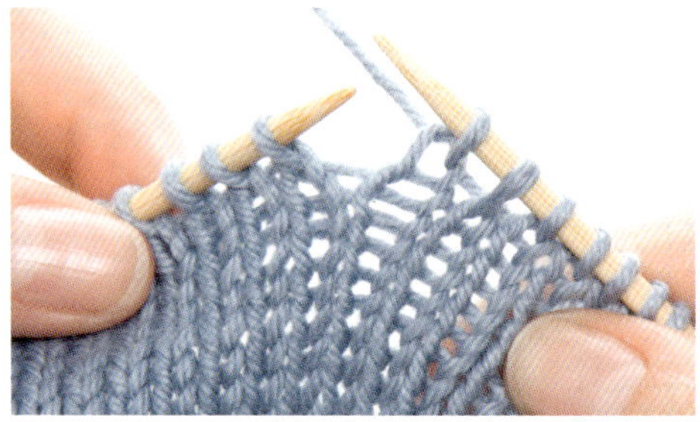

3| Mit der linken Nadel in die abgehobene Masche von links nach rechts einstechen, diese über die 2. Masche und die Nadelspitze ziehen und von der linken Nadel gleiten lassen.

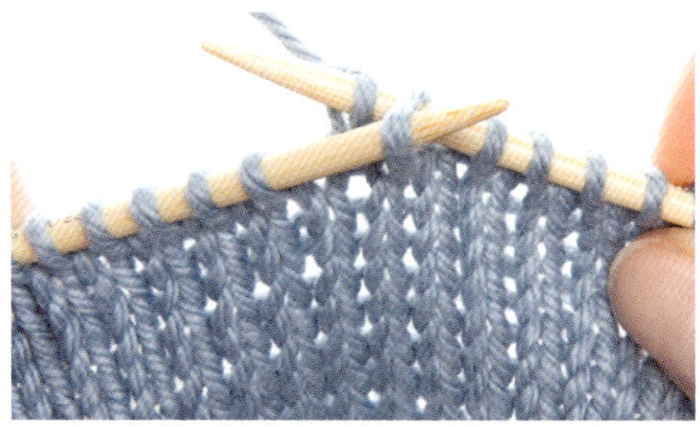

4| Die Abnahme erscheint nach links geneigt.

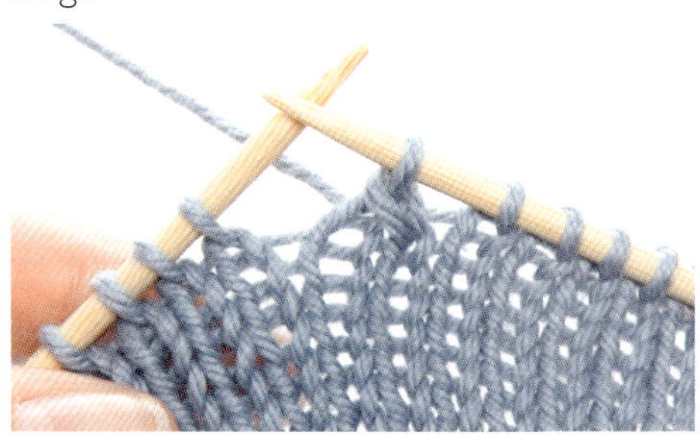

Maschen abketten

MASCHEN RECHTS ABKETTEN

Bei glatt rechts gestrickten Teilen werden in den Hinreihen die Maschen rechts, in den Rückreihen links abgekettet.

1| Beim Abketten von rechten Maschen zunächst wie gewohnt 2 Maschen rechts stricken.

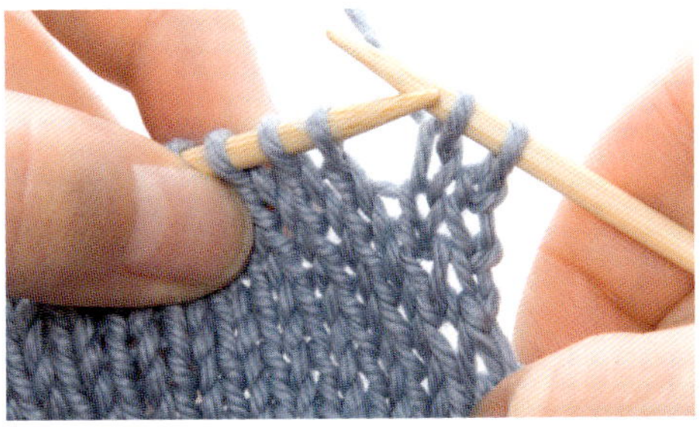

2| Mit der linken Nadelspitze in die rechte der beiden gestrickten Maschen einstechen.

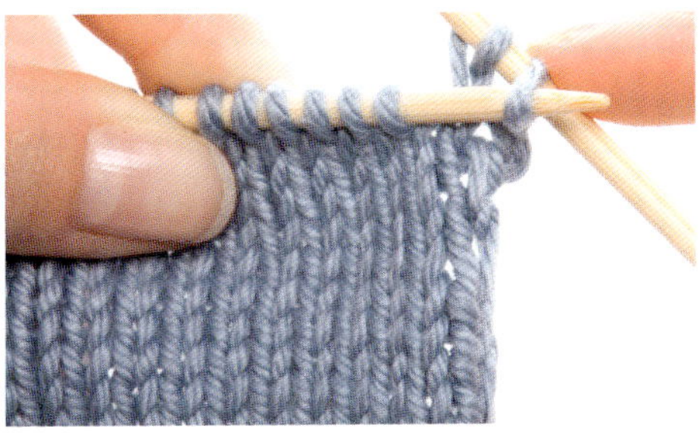

3| Diese Masche über die linke Masche und die Nadelspitze ziehen. Die Masche von der Nadel gleiten lassen. Eine Masche ist abgekettet. Nun eine weitere rechte Masche wie gewohnt stricken.

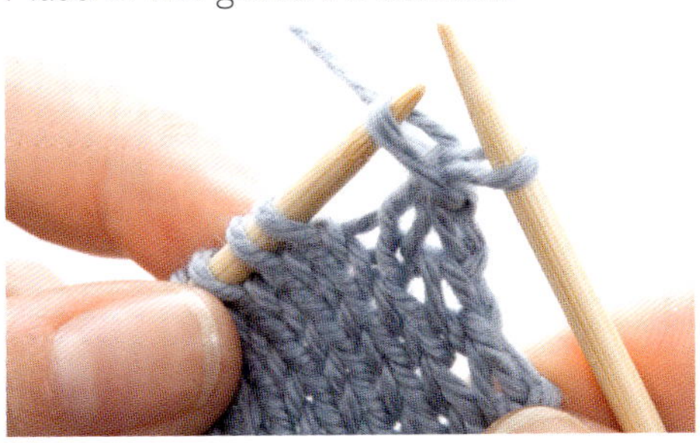

4| Erneut die rechte der beiden bereits gestrickten Maschen über die links davon liegende Masche ziehen.

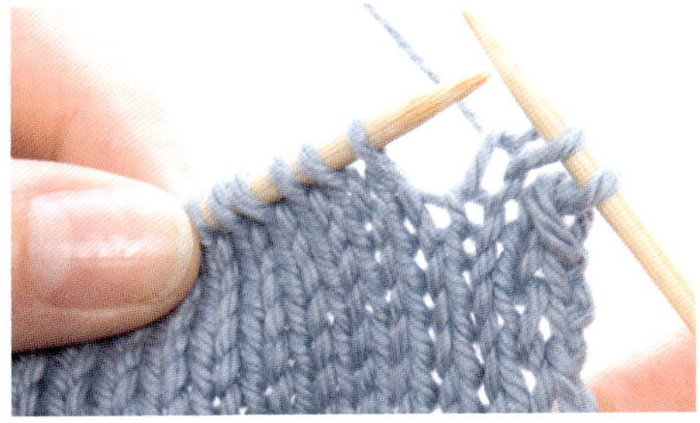

5| Arbeitsschritte wiederholen, bis alle gewünschten Maschen abgekettet sind. Wird eine ganze Reihe abgekettet, zum Schluss den Faden abschneiden und durch die letzte verbliebene Masche ziehen.

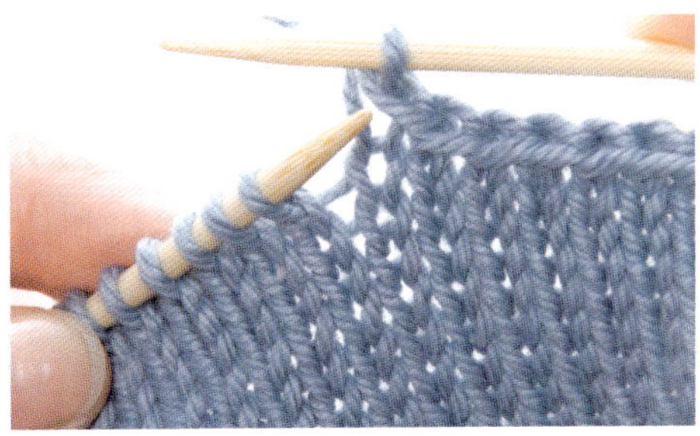

Schöne Abkettkante

Häufig ist die letzte Masche der Abkettkante etwas größer bzw. offener als die restlichen Maschenglieder. Bei Strickstücken, bei denen die Abkettkante sichtbar bleibt kann dies störend sein. Um das zu verhindern gibt es einen einfachen, aber wirkungsvollen Trick: Wie gewohnt die Maschen abketten bis noch eine Masche übrig ist, nun die letzte Masche ungestrickt auf die rechte Nadelspitze heben, die linke Nadelspitze ist nun frei. Mit dieser Nadelspitze von hinten nach vorne unterhalb der letzten Masche einstechen, anschließend die letzte, ungestrickte Masche von der rechten Nadelspitze zurück auf die linke Nadel nehmen. Beide Maschen, die ungestrickte und die aufgefasste Masche der Vorreihe, zusammenstricken und wie gewohnt abketten. Anschließend den Arbeitsfaden abschneiden und durch die letzte Masche ziehen.

Maschen aufstricken

Diese Zunahmen werden immer am rechten Rand des Strickstückes gearbeitet. Wenden Sie ggf. das Strickstück so, dass Arbeitsfaden und 1. Masche in der Ausgangsposition (= linke Nadel, 1. Masche am rechten Rand) liegen, den Arbeitsfaden hinter die Nadel legen. * Stechen Sie nun mit der rechten Nadel in die 1. Masche wie zum Rechtsstricken ein und bilden eine Schlinge, die Schlinge und die Masche dabei nicht von den Nadel gleiten lassen. Stechen Sie nun mit der linken Nadelspitze von vorne nach hinten in die Schlinge auf der rechten Nadel ein und nehmen diese als neue Masche auf die linke Nadel.

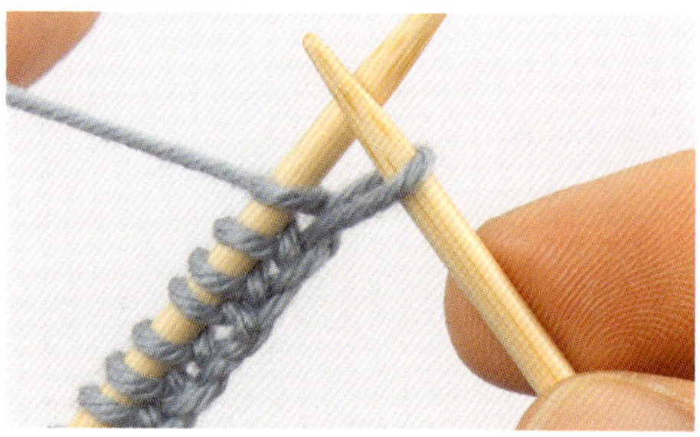

Abketten mit einer Strickkordel

Für den Kordelrand wird 1 kurze Nadelspielnadel mit einer etwas kleineren Nadelstärke benötigt.

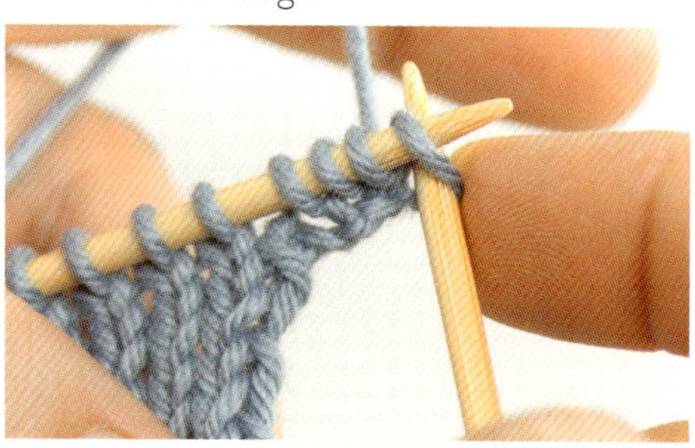

Am Reihenbeginn 3 Maschen aufstricken.

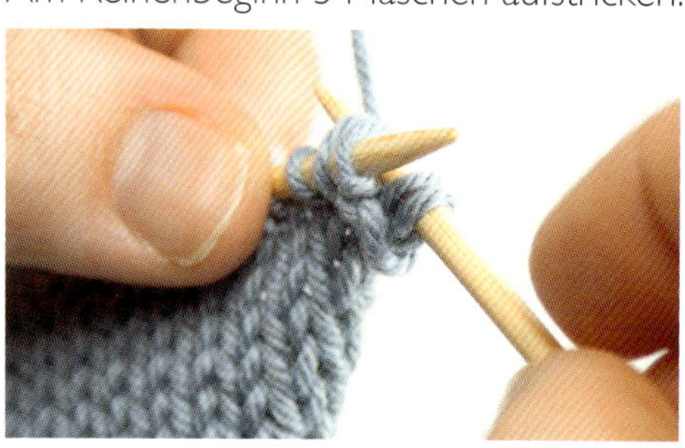

Mit der Nadelspielnadel * 2 Maschen rechts stricken, anschließend 2 Maschen rechts überzogen zusammenstricken, dafür 1 Masche abheben, 1 Masche rechts stricken und dann die abgehobene Masche überziehen.

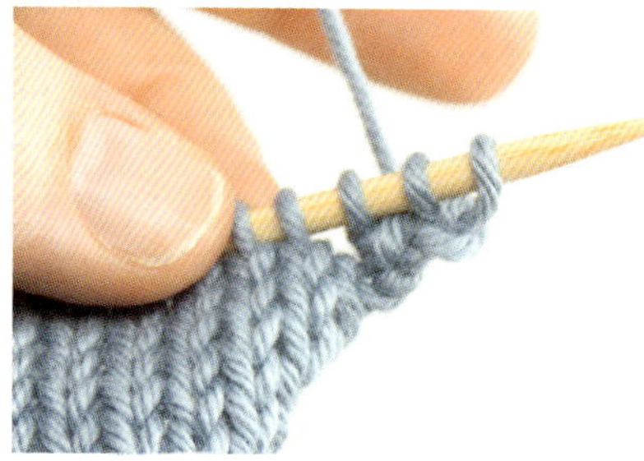

Nun die Nadelspielnadel nicht wenden, sondern die Nadel soweit durch die 3 Maschen zurückschieben, dass am rechten Ende der Nadel wieder weiter gestrickt werden kann. Den Arbeitsfaden an den Nadelanfang holen und wie ab * beschrieben stets wiederholen bis alle Maschen verarbeitet sind. Dabei den Arbeitsfaden immer wieder fest anziehen, damit eine runde Kante entsteht. Am Ende die Maschen des Kordelrands abketten, den Faden abschneiden und durch die letzte Masche ziehen.

Socken stricken

TABELLEN FÜR 4-FÄDIGES SOCKENGARN

LL = 210 m/50 g, 30 Maschen x 42 Reihen = 10 cm x 10 cm

Maschenzahl

LL = 210 m/50 g, 30 Maschen x 42 Reihen = 10 cm x 10 cm

Größe	36/37	38/39	40/41	42/43	44/45	46/47
Maschenzahl gesamt/Nadel	60/15	60/15	64/16	64/16	68/17	72/18

Mascheneinteilung für Bumerangferse

Größe	36/37	38/39	40/41	42/43	44/45	46/47
Anzahl Fersenmaschen	30	30	32	32	34	36
Maschenaufteilung nach der 1. Hälfte der Ferse	10/10/10	10/10/10	10/12/10	10/12/10	11/12/11	12/12/12

Abnahmeschema der Bandspitze

Größe	36/37	38/39	40/41	42/43	44/45	46/47
Länge Fersenmitte bis Spitzenbeginn in cm	18,5	20,0	21,0	22,0	22,5	24,0
in jeder 4. Runde	1x	1x	1x	1x	1x	1x
in jeder 3. Runde	2x	2x	2x	2x	2x	2x
in jeder 2. Runde	3x	3x	3x	3x	4x	4x
in jeder Runde	6x	6x	7x	7x	7x	8x
Gesamte Fußlänge in cm	23,5	25	26,5	27,5	28,5	30

TABELLEN FÜR 6-FÄDIGES SOCKENGARN

LL = 125 m/50 g, 22 Maschen x 30 Reihen = 10 cm x 10 cm

Maschenzahl

Größe	36/37	38/39	40/41	42/43	44/45	46/47
Maschenzahl gesamt/Nadel	48/12	48/12	52/13	52/13	56/14	56/14

Mascheneinteilung für Bumerangferse

Größe	36/37	38/39	40/41	42/43	44/45	46/47
Anzahl Fersenmaschen	24	24	26	26	28	28
Maschenaufteilung nach der 1. Hälfte der Ferse	8/8/8	8/8/8	8/10/8	8/10/8	9/10/9	9/10/9

Abnahmeschema der Bandspitze

Größe	36/37	38/39	40/41	42/43	44/45	46/47
Länge Fersenmitte bis Spitzenbeginn in cm	18,0	20,0	21,5	22,5	23,0	24,5
in jeder 3. Runde	1x	1x	1x	1x	1x	1x
in jeder 2. Runde	4x	4x	4x	4x	4x	4x
in jeder Runde	4x	4x	5x	5x	6x	6x
Gesamte Fußlänge in cm	23,5	25	26,5	27,5	28,5	30

TABELLEN FÜR 8-FÄDIGES SOCKENGARN

LL = 100 m/50 g, 20 Maschen x 28 Reihen = 10 cm x 10 cm

Maschenzahl

Größe	36/37	38/39	40/41	42/43	44/45	46/47
Maschenzahl gesamt/Nadel	44/11	44/11	48/12	48/12	52/13	52/13

Mascheneinteilung für Bumerangferse

Größe	36/37	38/39	40/41	42/43	44/45	46/47
Anzahl Fersenmaschen	22	22	24	24	26	26
Maschenaufteilung nach der 1. Hälfte der Ferse	7/8/7	7/8/7	8/8/8	8/8/8	8/10/8	8/10/8

Abnahmeschema der Bandspitze

Größe	36/37	38/39	40/41	42/43	44/45	46/47
Länge Fersenmitte bis Spitzenbeginn in cm	19,0	20,5	21,5	22,5	23,0	24,5
in jeder 3. Runde	1x	1x	1x	1x	1x	1x
in jeder 2. Runde	3x	3x	4x	4x	4x	4x
in jeder Runde	4x	4x	4x	4x	5x	5x
Gesamte Fußlänge in cm	23,5	25	26,5	27,5	28,5	30

DAS BÜNDCHEN

Traditionell werden Socken mit dem Maschenanschlag am Bündchen begonnen und dann nach unten Richtung Spitze gestrickt. Wie viele Maschen für eine bestimmte Sockengröße und Garnstärke angeschlagen werden, kann den Tabellen auf den Seiten 121 und 122 entnommen werden. Dafür ist es jedoch wichtig, dass auch die eigene Maschenprobe stimmt!

MASCHEN ANSCHLAGEN

Um später auf dem Nadelspiel in Runden stricken zu können, müssen die angeschlagenen Maschen gleichmäßig auf 4 Nadeln verteilt und zur Runde geschlossen werden. Der Rundenschluss gelingt sehr einfach, wenn die Maschen zuerst auf 2 Nadeln angeschlagen werden.

1| Die Hälfte der benötigten Maschen auf einer Spielnadel anschlagen.

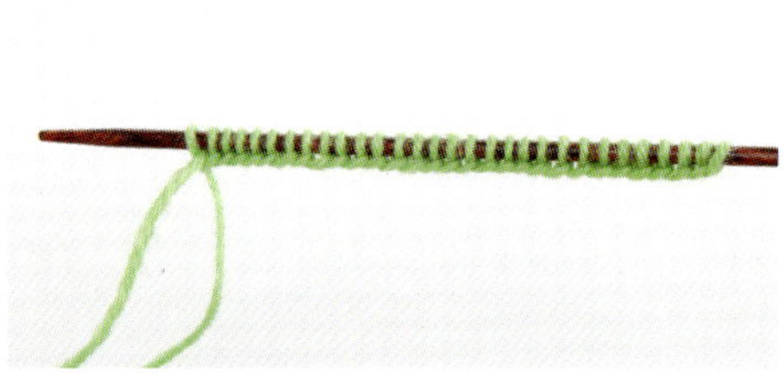

2| Nun mit der zweiten Maschenhälfte auf der zweiten Spielnadel nahtlos fortfahren.

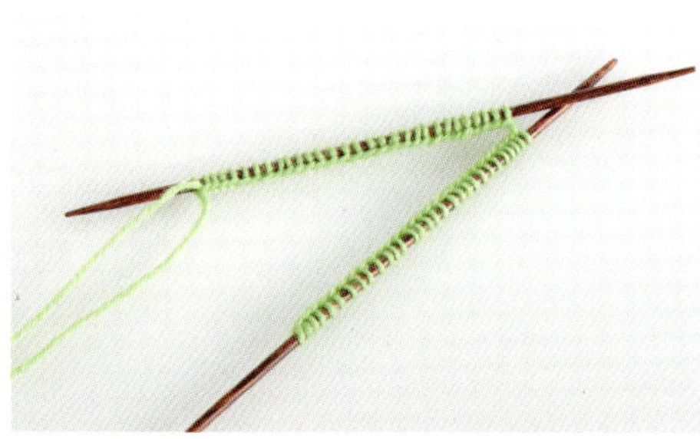

Die Unterkanten der angeschlagenen Maschen so aneinanderlegen, dass jeweils die gleichen, kordelartigen Seiten des Anschlags nach oben zeigen. Darauf achten, keine der Nadeln zu verdrehen! Die erste und die letzte angeschlagene Masche liegen direkt nebeneinander.

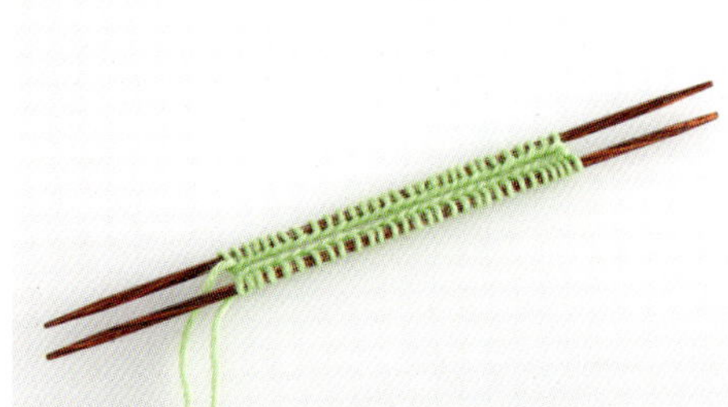

3| Eine dritte Spielnadel hinzunehmen und die erste angeschlagene Masche mit doppeltem Faden aus Arbeitsfaden und Fadenende stricken.

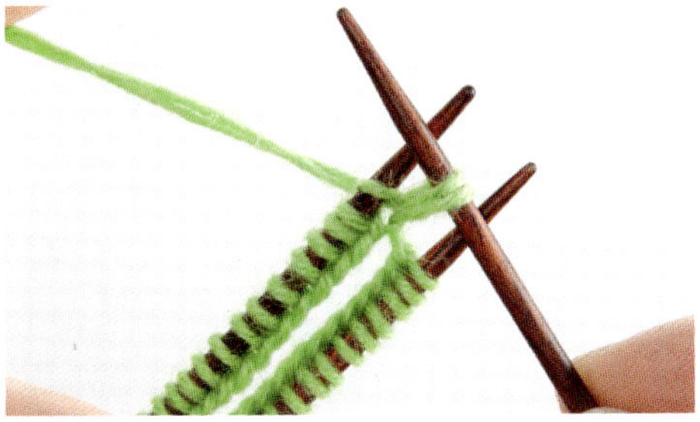

4| Alle weiteren Maschen im gewählten Bündchenmuster nur mit dem Arbeitsfaden stricken. Wenn ein Viertel der Maschen gestrickt ist, eine weitere Spielnadel hinzunehmen und mit dieser das nächste Viertel stricken.

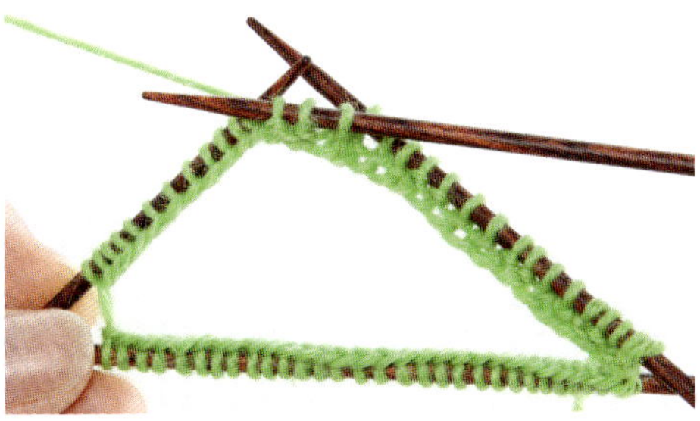

5| Auf diese Weise die Maschen in der 1. Runde abstricken und auf 4 Nadeln verteilen.

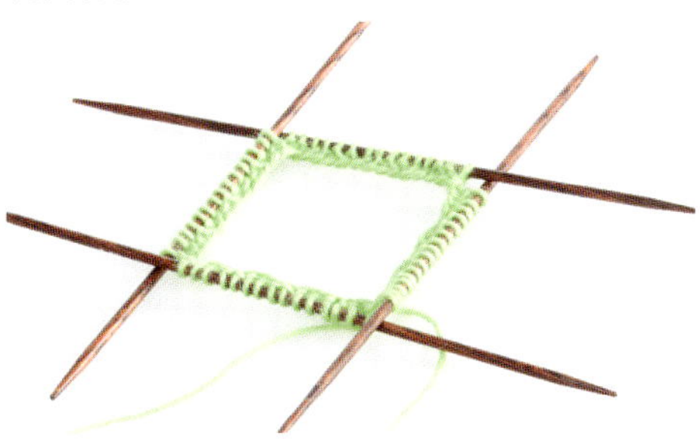

STRICKEN MIT DEM NADELSPIEL

Wenn alle Maschen gleichmäßig auf 4 Nadeln verteilt sind, kann mit dem Nadelspiel in Runden gestrickt werden. Die 5. Nadel ist die Arbeitsnadel, mit der gestrickt wird.

Um den Überblick zu behalten, werden die Nadeln des Nadelspiels gedanklich durchnummeriert, und zwar beginnend beim Anfangsfaden, der den Rundenbeginn markiert, im Uhrzeigersinn.

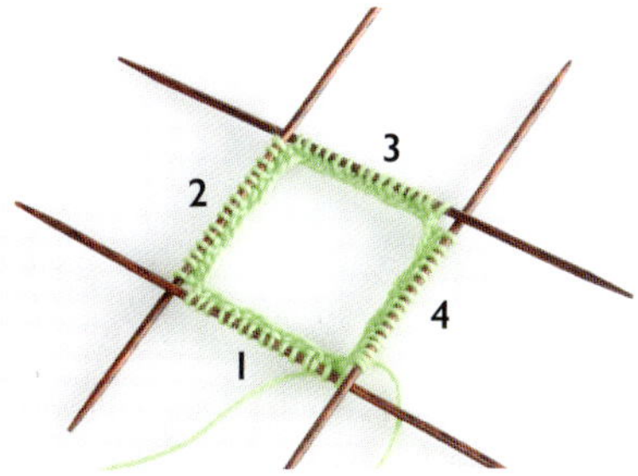

1| Mit der freien Arbeitsnadel die Maschen der 1. Nadel im gewünschten Muster stricken, die restlichen Nadeln werden dabei nicht beachtet.

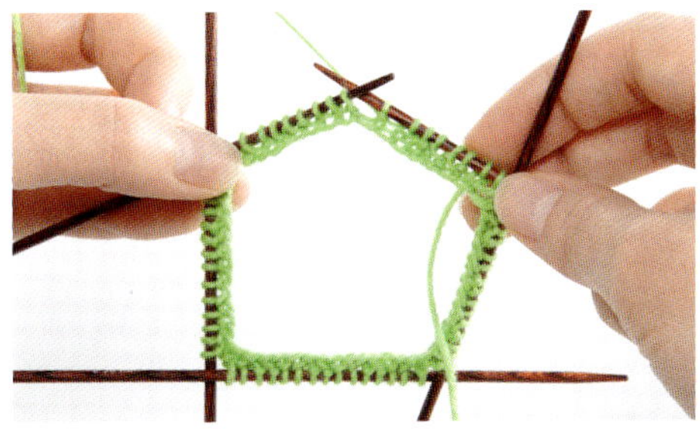

2| Ist die letzte Masche gestrickt, ist die 1. Nadel nun frei und wird zur neuen Arbeitsnadel. Die ehemalige Arbeitsnadel ist nun die neue 1. Nadel.

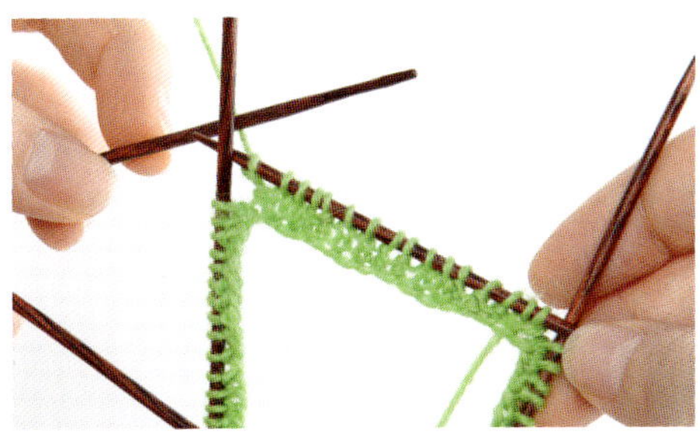

3| Die Arbeit nun nach rechts drehen, sodass die 2. Nadel strickbereit vorne liegt. Mit der Arbeitsnadel alle Maschen im gewünschten Muster stricken.

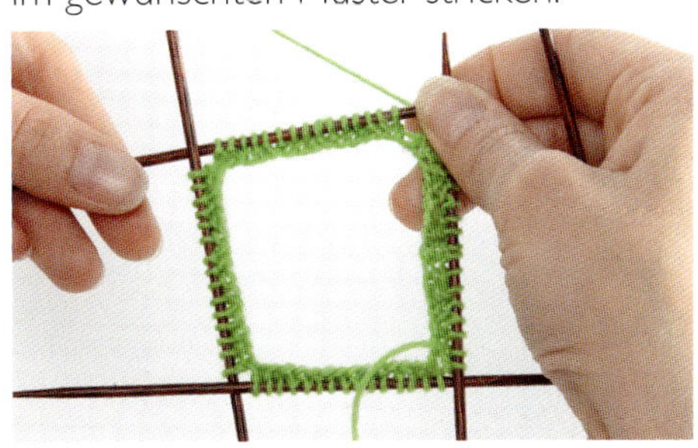

4| Auf diese Weise alle 4 Nadeln abstricken. Wenn der Anschlagfaden wieder erreicht ist, ist eine vollständige Runde gestrickt, mit der nächsten Drehung beginnt eine neue Runde.

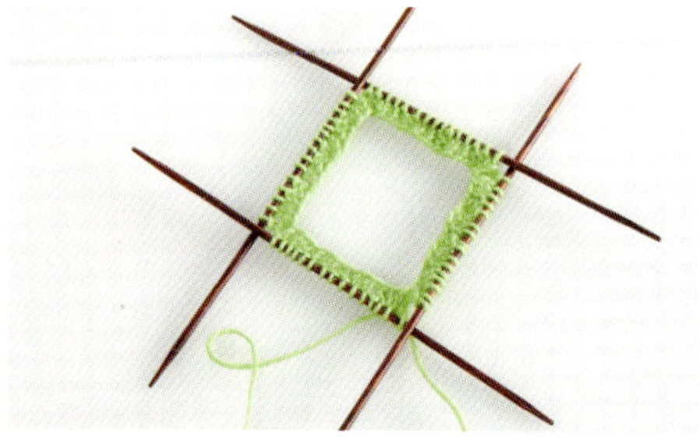

BUMERANG- ODER JOJOFERSE

Diese Ferse eignet sich sehr gut für Füße mit niedrigerem Spann. Sie wird in zwei Teilen über die Hälfte der gesamten Maschenzahl gestrickt, meist über die Maschen der 1. und 4. Nadel.

1. Reihe (Hinreihe): Alle Maschen einschließlich der letzten Masche der 1. Nadel rechts stricken, wenden.

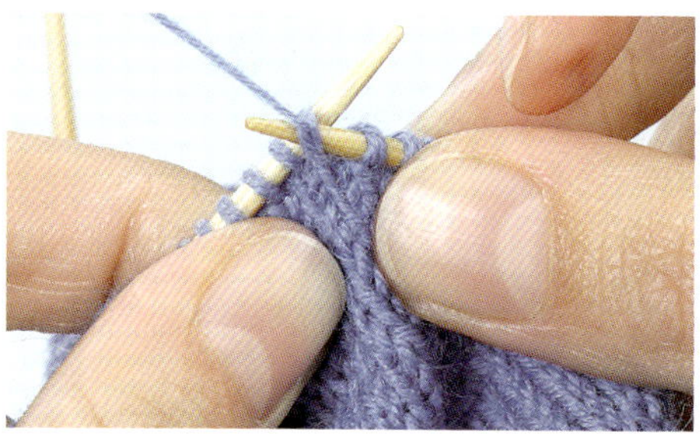

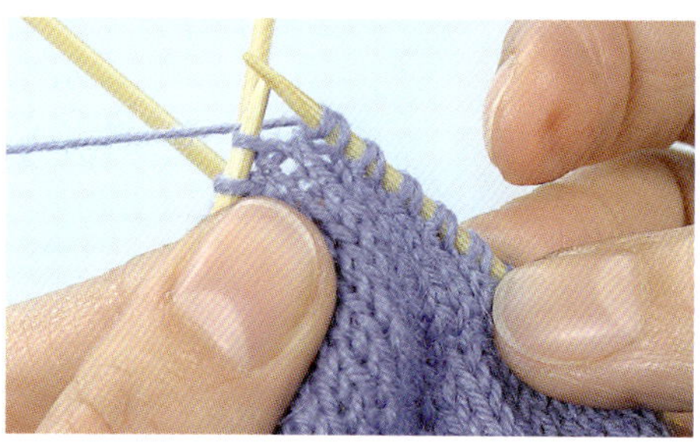

2. Reihe (Rückreihe): 1 Doppelmasche arbeiten: Dafür den Faden vor die Arbeit legen, von rechts in die 1. Masche einstechen, dann Masche und Faden zusammen abheben und den Faden fest nach hinten ziehen. Dabei wird die Masche über die Nadel gezogen und liegt doppelt. Wird der Faden nicht fest genug angezogen, entstehen später Löcher. Den Faden wieder nach vorn nehmen und alle Maschen einschließlich der letzten Masche der 4. Nadel links stricken, wenden.

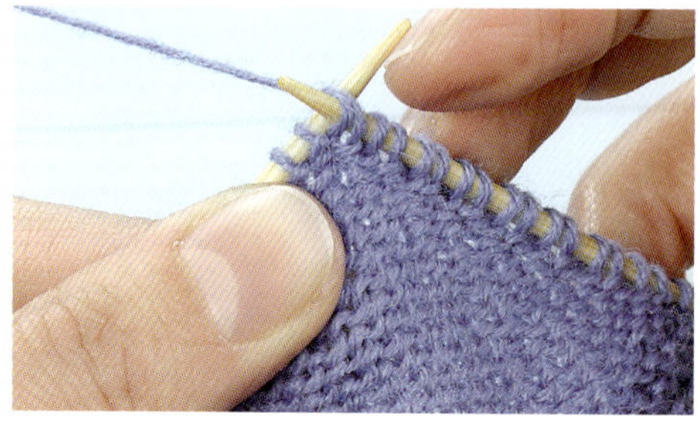

3. Reihe: 1 Doppelmasche arbeiten, dann alle Maschen bis zur Doppelmasche am Reihenende rechts stricken (die Doppelmasche bleibt ungestrickt), wenden.

4. Reihe: 1 Doppelmasche arbeiten und wieder bis vor die Doppelmasche links stricken, wenden.
Die 3. und 4. Reihe wiederholen, bis die letzten Doppelmaschen mit den äußeren Maschen des mittleren Drittels der Fersen-Maschen gearbeitet sind.

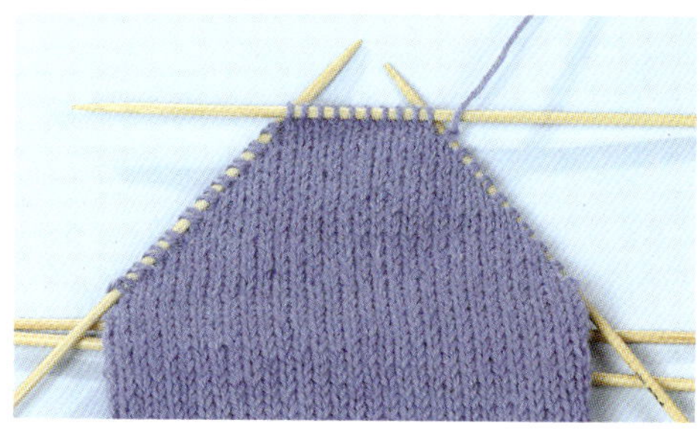

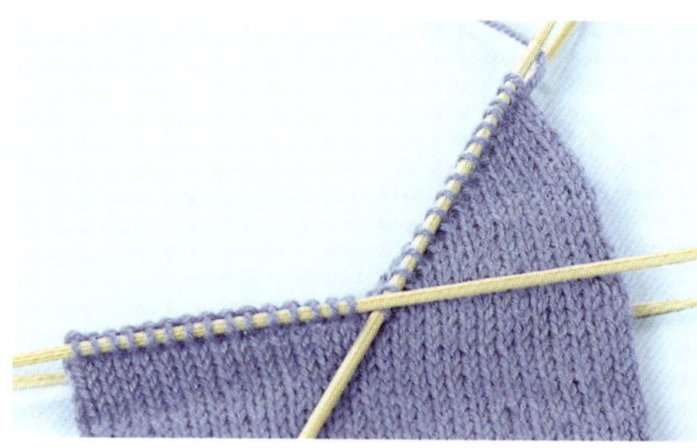

Nun 2 Runden über alle Maschen, über die Fersen-Maschen rechts, über die Maschen der 2. und 3. Nadel im Schaftmuster stricken. Dabei in der 1. Runde bei den Doppelmaschen beide Maschenteile zugleich erfassen und als 1 Masche rechts abstricken. Nach den 2 Runden wieder verkürzte Reihen mit Doppelmaschen, aber jetzt in entgegengesetzter Richtung von innen nach außen stricken.

1. Reihe (Hinreihe): Die Maschen des mittleren Drittels rechts stricken, wenden.

2. Reihe (Rückreihe): 1 Doppelmasche arbeiten. Nun links bis einschließlich der letzten Masche des mittleren Drittels zurückstricken, wenden.

3. Reihe: 1 Doppelmasche arbeiten. Nun rechts bis zur Doppelmasche stricken, diese wie beschrieben rechts zusammenstricken und die folgende Masche rechts stricken, dann wenden.

4. Reihe: 1 Doppelmasche arbeiten. Nun links bis zur Doppelmasche stricken, diese wie beschrieben links zusammenstricken, die folgende Masche links stricken und wenden.
Die 3. und 4. Reihe wiederholen, bis auch über den äußeren Fersenmaschen eine Doppelmasche gestrickt wurde. Nach der letzten Rückreihe (in der folgenden Reihe bzw. zu Rundenbeginn wird noch einmal 1 Doppelmasche gearbeitet) in Runden weiterarbeiten, dabei in der 1. Runde die Doppelmasche wie beschrieben rechts abstricken.

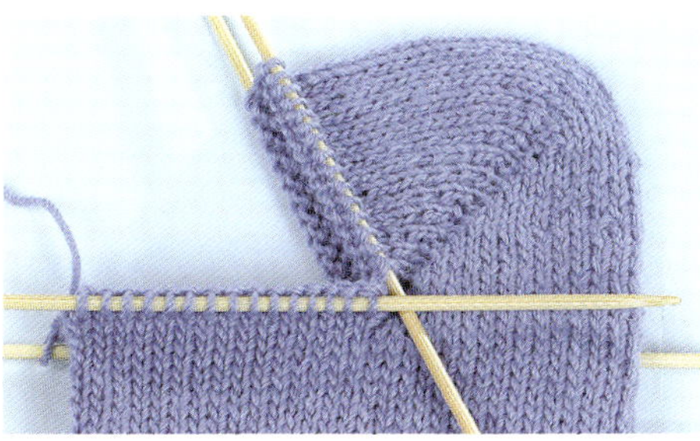

HINWEIS: Bei dieser Ferse wird kein Spickel gearbeitet

DIE BANDSPITZE

Für die Bandspitze werden Abnahmerunden in bestimmten Abständen gearbeitet, sodass sich eine schöne Rundung ausformt. Die Spitze beginnt am Rundenbeginn in der Mitte der Sohle.
Bei der 1. und bei der 3. Nadel bis 3 Maschen vor Ende der Nadel stricken, dann 2 Maschen rechts zusammenstricken und die letzte Masche rechts stricken. Bei der 2. und 4. Nadel die 1. Masche rechts stricken und die beiden folgenden Maschen rechts überzogen zusammenstricken. Diese Abnahmen wie in den Tabellen angegeben wiederholen, bis noch 8 Maschen übrig sind. Den Endfaden mit einer Sticknadel ohne Spitze zweimal durch die 8 Maschen ziehen und vernähen.

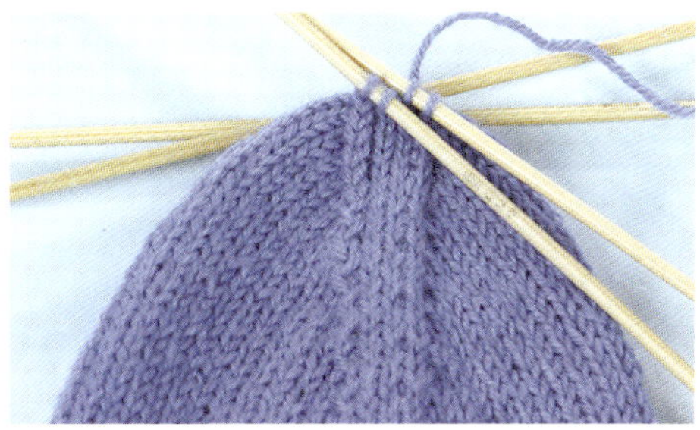

Ein zusätzliches Sockenmodell mit dem Design von Tanja Steinbach gibt es zum kostenlosen Download unter: http://frech.de/8177anleitung

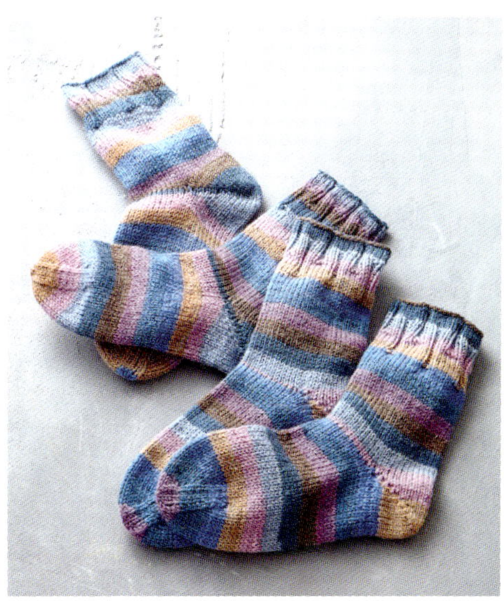

Patchworkstricken

Bei der Patchworktechnik werden einzelne Teile, die Patche, gestrickt und durch Herausstricken von Maschen miteinander verbunden. Die einzelnen Teile werden also gleich aneinander gestrickt, es ist kein Zusammennähen erforderlich.

DIE 1. PATCH-REIHE

1. Patch: 29 Maschen in Farbe A anschlagen und kraus rechts str.

1. Reihe (Rückreihe): Alle Maschen rechts stricken.

2. Reihe: Alle Maschen bis vor die mittleren 3 Maschen rechts stricken (= 13 Maschen), dann die folgenden 2 Maschen zusammen rechts abheben, 1 Masche rechts stricken und die 2 abgehobenen Maschen darüber heben, die mittlere Masche liegt jetzt obenauf, die restlichen Maschen rechts stricken.
Die 1. und 2. Reihe so oft wiederholen, bis noch 1 Masche übrig ist. Die letzte Masche stilllegen.

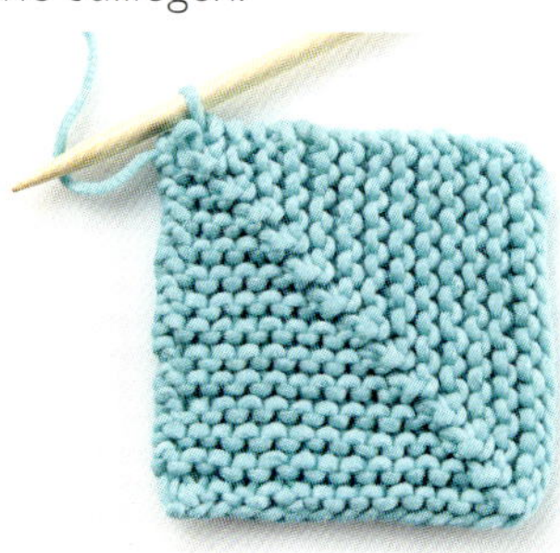

Das Bild zeigt den fertigen 1. Patch.

NEBENEINANDER GESTRICKTE PATCHES

Alle Patch-Reihen werden von rechts nach links in der Reihenfolge der Nummerierung gestrickt.
Für den **2. Patch** in Farbe A aus dem Seitenrand von Patch 1 zu der stillgelegten Masche noch 14 Maschen herausstricken, dann 14 Maschen dazu anschlagen (= 29 Maschen). Patch 2 ebenso wie Patch 1 stricken, dabei die Farbkombination beachten (= jeweils 2 Reihen in Farbe A und 2 R in Farbe B arbeiten), die letzte Masche stilllegen.

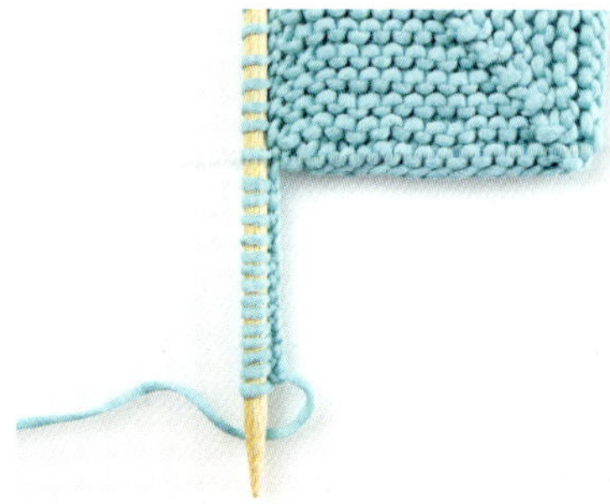

Das Bild zeigt die für Patch 2 aufgefassten und neu angeschlagenen Maschen.

Herausstricken von Maschen bei den Patches

Für unauffällige, flache „Nähte" bei den Patches beim Herausstricken der Maschen mit der rechten Nadel in die äußerste Masche jeder Hinreihe einstechen und den Faden durchholen.

Patch 3-10: Ebenso stricken, dabei die unterschiedlichen Farben bzw. Farbkombinationen beachten. Nach Patch 10 den Faden abschneiden und durch die Maschen ziehen.

DIE 2. PATCH-REIHE

Patch 11: 15 Maschen in Farbe A neu anschlagen und 14 Maschen aus dem oberen Seitenrand von Patch 1 herausstricken (= 29 Maschen). Den Patch kraus rechts stricken, dabei immer 2 Reihen in Farbe A und 2 Reihen in Farbe B im Wechsel arbeiten, die letzte Masche stilllegen.

Patch 12: Zu der stillgelegten Masche 14 Maschen in Natur aus dem anschließenden Seitenrand und 14 Maschen aus dem oberen Seitenrand des darunter liegenden Patches (= 2. Patch) herausstricken (= 29 Maschen), den Patch kraus rechts stricken, die letzte Masche stilllegen.

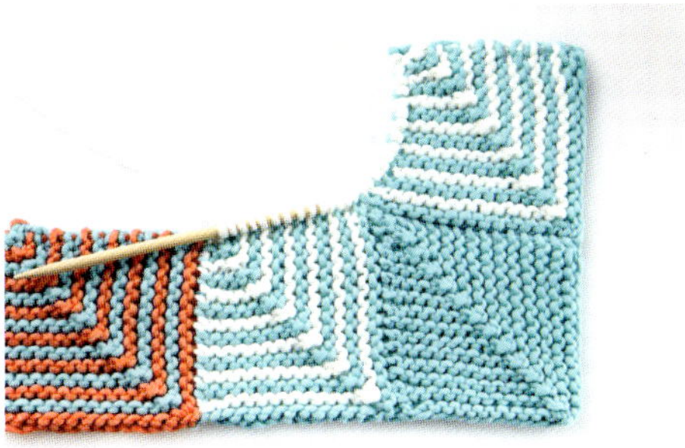

Das Bild zeigt den Beginn des 2. Patches der 2. Patch-Reihe (= 12. Patch) mit den aufgefassten Maschen für den nachfolgenden Patch. Die erste Masche ist die stillgelegte letzte Masche des ersten Patches der 2. Reihe.

Patch 13-20: Ebenso stricken, dabei die unterschiedlichen Farben bzw. Farbkombinationen beachten. Nach Patch 20 den Faden abschneiden und durch die Maschen ziehen.
Die 2. Patch-Reihe für die nachfolgenden Reihen stets wiederholen.

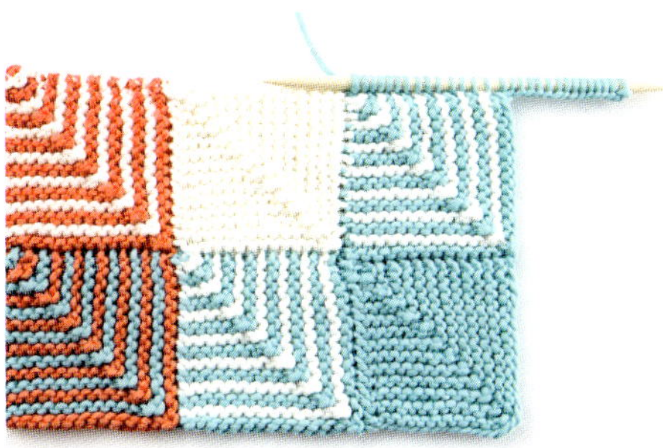

Das Bild zeigt den Beginn der 3. Patch-Reihe mit den neu angeschlagenen und herausgestrickten Maschen für den 1. Patch der 3. Patch-Reihe.

Impressum

Abkürzungen

abk = abketten
anschl = anschlagen
arb = arbeiten
Dm = Doppelmasche(n)
DRdm = Doppelte Randmasche(n)
Fb = Farbe(n)
fM = feste Masche(n)
Hinr = Hinreihe(n)
Hilfsnd = Hilfsnadel
Km = Kettmasche(n)
LL = Lauflänge
M = Masche(n)
MM = Maschenmarkierer
Nd = Nadel(n)
Ndspiel = Nadelspiel
P = Patentrand
R = Reihe(n)
Rd = Runde(n)
Rdm = Randmasche(n)
Rückr = Rückreihe(n)
Rundstricknd = Rundstricknadel
str = stricken
U = Umschlag/Umschläge
wdh = wiederholen

Hilfestellung zu allen Fragen, die Materialien und Kreativbücher betreffen: Frau Erika Noll berät Sie. Rufen Sie an: 05052/91 1858*

*normale Telefongebühren

Ich danke den Firmen Lana Grossa GmbH, Gaimersheim und Schachenmayr, MEZ GmbH, Herbolzheim, für die großzügige Unterstützung mit Garnen.

Ein ganz besonderen Dank gebührt den vielen hilfreichen Händen, ohne die es dieses Buch nicht geben würde: Stefanie Biendel, Thea Bliestle, Renate Glomba, Jutta Hartmann, Jane Hinz, Annette Huber, Andrea Lorenz, Magda Pawlas und Manuela Pohl.

Buch zur Fernsehproduktion „ARD-Buffet" des SWR in Zusammenarbeit mit der SWR Media Services GmbH

Eine ausführliche Strickschule von Tanja Steinbach und dem ARD-Buffet finden Sie im Internet unter http://frech.de/ARDstrickschule.

FOTOS: frechverlag GmbH, 70499 Stuttgart; Olaf Szczepaniak (S. 97, 101, 102); lichtpunkt, Michael Ruder, Stuttgart (alle übrigen)

STYLING: Beate Brückner & Ute Wilckens (S. 97, 101, 102)

PRODUKTMANAGEMENT: Eva-Barbara Zirn

LEKTORAT: Brigitte Zimmermann, Brakel

LAYOUT UND GESTALTUNG: Petra Theilfarth

DRUCK UND BINDUNG: BALTO print, Litauen

Materialangaben und Arbeitsweisen in diesem Buch wurden von der Autorin und den Mitarbeitern des Verlags sorgfältig geprüft. Eine Garantie wird jedoch nicht übernommen. Autorin und Verlag können für eventuell auftretende Fehler oder Schäden nicht haftbar gemacht werden. Das Werk und die darin gezeigten Modelle sind urheberrechtlich geschützt. Die Vervielfältigung und Verbreitung ist, außer für private, nicht kommerzielle Zwecke, untersagt und wird zivil- und strafrechtlich verfolgt. Dies gilt insbesondere für die Verbreitung des Werkes durch Fotokopien, Film, Funk und Fernsehen, elektronische Medien und Internet sowie für eine gewerbliche Nutzung der gezeigten Modelle. Bei Verwendung im Unterricht und in Kursen ist auf dieses Buch hinzuweisen.

© 2020 frechverlag GmbH, Turbinenstraße 7, 70499 Stuttgart

5. Auflage 2022

ISBN 978-3-7724-8177-2 • Best.-Nr. 8177